Tatjana Kuschtewskaja

Russinnen ohne Rußland
Berühmte russische Frauen in 18 Porträts

Aus dem Russischen von Elke Heinicke und Jule Blum

Mit 18 Illustrationen von Janina Kuschtewskaja

Grupello Verlag

Das Auge liest mit – schöne Bücher für kluge Leser
www.grupello.de

1. Auflage 2012

© by Grupello Verlag
Schwerinstr. 55 · 40476 Düsseldorf
Tel. 0211–498 10 10 · E-Mail: grupello@grupello.de
Herstellung: Müller, Grevenbroich
Lektorat: Kathrin Heper

Alle Rechte vorbehalten

ISBN 978-3-89978-162-5

Inhalt

Vorwort 7

Königin von Frankreich
Anna von Kiew (ca. 1024 – ca. 1075) 19

Die Zarentochter am Weimarer Hof
*Maria Pawlowna
Großherzogin von Sachsen-Weimar-Eisenach (1786 – 1859)* 27

Die Reiterin des Blauen Reiters
Marianne von Werefkin (1860 – 1938) 45

»Humor ist meine einzige Waffe ...«
Nadeshda Teffi (1872 – 1952) 65

Eine Tochter Lew Tolstojs
Alexandra Tolstaja (1884 – 1979) 73

Der Mythos einer Frau
Ida Rubinstein (1885 – 1960) 87

»Ich passe einfach auf, daß die Welt ihren Zauber nicht verliert!«
Sonia Delaunay (1885 – 1979) 99

Ein russischer Hollywoodstar
Alla Nazimova (1879 – 1945) 109

»Erkenne das Geheimnisvolle und Unsichtbare«
Helena Roerich (1879 – 1955) 123

Die siamesische Prinzessin
Jekaterina Desnizkaja (ca. 1886 – 1960) 137

»Die Eiserne Frau« namens Moura
Maria Zakrewskaja-Benckendorff-Budberg (1892 – 1974)   145

Die Milchfrau aus dem Ural
Alja Rachmanowa (1898 – 1991)   155

Die Yoga-Königin
Indra Devi (1899 – 2002)   165

»Man darf nicht eine Minute vergessen, daß …«
Irène Némirovsky (1903 – 1942)   179

Die Muse des Operettenkönigs
Vera Kálmán (1907 – 1999)   189

Die letzte Liebe von Henri Matisse
Lydia Delectorskaya (1910 – 1998)   203

Zwischen den Sprachen
Swetlana Geier (1923 – 2010)   213

»Für mich ist es schon zu spät, um Pessimist zu sein.«
Tatjana Kuschtewskaja (* 1947)   221

Vorwort

> »Der russische Mensch kann jede beliebige Rolle in jedem beliebigen Land der Welt spielen – nur nicht in Rußland. Nachdem ich die Lebensgeschichte von Frau Swetschina gelesen habe, wäre ich nicht erstaunt, wenn man mir sagen würde, daß ein gewisser Pjotr Iwanowitsch erster Mandarin in Peking und Iwan Petrowitsch Papst in Rom geworden seien.«
>
> *Dmitrij Tolstoj*

Russinnen ohne Rußland – das wäre früher undenkbar gewesen! Vor dreieinhalb Jahrhunderten hatte man von den rätselhaften Moskowitern in Europa kaum etwas gehört. Sie reisten nur in allerdringendsten Staatsangelegenheiten in fremde Länder. Unter Zar Michail I. (1596 – 1645) galt nicht nur das Überschreiten der Grenze, sondern bereits der Wunsch danach als Verbrechen. Aber die Russen zog es ohnehin nicht in die Ferne. Wozu in die Fremde reisen? Erschien doch den Russen zu jener Zeit das Ausland als Brutstätte verwerflicher Häretiker, die den Untergang des orthodoxen Glaubens planten. Fürst Iwan Chworostinin (gest. 1625) war mit seiner Behauptung, daß das Ausland so übel nicht sei und es sogar einiges gebe, das die Russen dort lernen könnten, eine große Ausnahme und wurde deswegen ins Kloster verbannt.

Abgesehen von Dmitrij II. (dem sogenannten Falschen Dmitrij) war Zar Peter der Große (1672 – 1725) das erste russische Staatsoberhaupt, das im Ausland weilte. Es folgten russische Studenten. Am häufigsten schickte man die männlichen Sprößlinge aus adligen Familien zum Studium nach England. Glaubt man allerdings den Worten der »Aufseher«, die den Studenten zur Seite gestellt wurden, dann lernten sie vor allem das Trinken und Geldverschwenden.

Was aber war mit den Frauen? In jenen Zeiten reisten nur Zarentöchter außerhalb ihres Heimatlandes. Sie wurden aus politischem Kalkül mit den Söhnen ausländischer Königshäuser verheiratet. Nur sehr selten spielte dabei die persönliche Zuneigung der jungen Leute eine Rolle. Die Namen kluger und großherziger Regentinnen – die französische Königin Anna Jaroslawna, die Großherzogin von Sachsen-Weimar-Eisenach Maria Pawlowna, die Königin von Württemberg Katharina Pawlowna und viele andere – gingen in die Geschichte ein. In russischen Chroniken sind sehr aufschlußreiche Heiratsverhandlungen erhalten geblieben, so zum Beispiel auch eine tragikomische Begebenheit von der Brautschau eines dänischen Prinzen: Waldemar Christian von Schleswig-Holstein, Sohn des dänischen Königs Christian IV., kam im Mai 1645 nach Moskau, da er um die Hand der Zarentochter Irina anhalten wollte. Als Mitgift versprach Zar Michail I. reiche Siedlungen und sogar die beiden Städte Susdal und Jaroslawl. Er verlangte außerdem nicht, daß Waldemar Christian zum russisch-orthodoxen Glauben konvertieren müsse. Zudem hieß es, daß die zukünftige Braut eine Schönheit sei. Als Waldemar jedoch tatsächlich in Moskau eintraf, war von der Mitgift keine Rede mehr, das Konvertieren wurde zum vorherrschenden Thema, und seine Braut bekam er auch nicht zu Gesicht. All dies beunruhigte den Prinzen so sehr, daß er beschloß, die Flucht zu ergreifen. Doch seine Pläne wurden vereitelt; mit den Moskauer Soldaten war schließlich nicht zu spaßen. In einer Chronik heißt es, daß Waldemar am 9. Mai 1645 gefangengenommen und mißhandelt wurde und der Zar ihn nach einem tollkühnen Fluchtversuch streng bewachen ließ. Man hätte den dänischen Prinzen sicher unter Zwang mit der Zarentochter vermählt, wäre es nicht zu einem tragischen Zwischenfall gekommen: Der Zar starb plötzlich, woraufhin ihm sein Sohn Aleksej der Sanftmütigste auf den Thron folgte. Dieser ließ den Gefangenen schon bald laufen.

In den folgenden Jahrhunderten wurde Rußland allmählich europäisiert, doch auch weiterhin bekamen die russischen Frauen nicht das westliche Europa und das westliche Europa nicht die russischen Frauen zu sehen. Weil sie keine Möglichkeit hatten, selbst durch die Welt zu reisen, lebten russische Frauen in einer Phantasiewelt, die ihren Ursprung in den Bücherregalen hatte. Von Frankreich und den dort lebenden Russen erfuhren sie beispielsweise durch die damals sehr populären *Briefe eines russischen Reisenden* von Nikolaj Karamzin. Im letzten Viertel des 18. Jahrhunderts schrieb der Dramatiker und Diplomat Denis Fonwisin in einem Brief an seine Schwester mit sehr ironischem Ton über die Russen in Frankreich: »Was mich hier am meisten erstaunt, sind meine lieben Landsleute. Unter ihnen sind merkwürdige Käuze, die allein bei der Nennung des Namens Paris außer sich geraten ... Morgens, nach dem späten Aufstehen, zieht der Mann Frack und Wams an, genauer gesagt kein wirkliches Wams, sondern nur ein durch und durch unanständiges ›Seelenwärmerchen‹. Ganz zerzaust rennt er zum Palast, wo er haufenweise Jungfern vorfindet, von denen er eine oder auch gleich mehrere zum Mittagessen mit nach Hause nimmt.«

Die Schlußfolgerung aus solcher Art Lektüre war einfach – wir brauchen das Ausland nicht: »Wer nicht reich ist, lebt in Paris genauso wie in Uglitsch. Die eigenen vier Wände sind überall gleich.«

Und dann erschütterte die Französische Revolution Europa. Katharina die Große verbot ihren Untertanen, nach Frankreich zu reisen. Eine größere Anzahl Russen erblickte Paris das erste Mal im Jahr 1814, als das russische Heer in die französische Hauptstadt einmarschierte. Um die französischen Köche in den Restaurants anzutreiben, schrien die hungrigen russischen Offiziere: »Bystro! Bystro!«, auf deutsch soviel wie »Schnell! Schnell!« Seit jener Zeit kennt die ganze Welt dieses russische Wort, es bezeichnet Cafés und Restaurants, in denen einfache Gerichte schnell serviert werden: die Bistros.

Unter dem restriktiven Regime von Zar Nikolaj I. (1796 – 1855) bekam nicht jeder einen Reisepaß. Eine Lockerung trat erst ab 1856 ein, und sofort stürzten viele Untertanen in Richtung Westen. Die treffendsten Schilderungen über jene Zeit stammen von unserem großen Satiriker Michail Saltykow-Schtschedrin (1826 – 1889). Seine Beschreibungen lesen sich, als wären sie über die heutigen neureichen Russen verfaßt, die wie die Heuschrecken über ganze Landstriche herfallen und sie ausrauben, während ihre Frauen Arm in Arm mit der Politprominenz flanieren.

»Stellen Sie sich vor, irgendwann früher kannten Sie einmal einen ganz armen Schlucker, verloren ihn für lange Zeit aus den Augen und treffen ihn plötzlich hier im Westen wieder. Und wie es aussieht, ist der gesamte Kurort zu seiner Dienerschaft, zu seinen Sklaven geworden. Er residiert wie ein Fürst und schläft in feinstem Leinen. Er speist nicht mit dem gewöhnlichen Volk, sondern verschlingt Ausgefallenes im Séparée, und obendrein poussiert seine Frau zur Musik mit einem Würdenträger. Es ist klar, daß sein Reichtum nicht ehrlicher Arbeit zu verdanken ist ...«

Im Jahr 1857, bald nachdem Alexander II. den Zarenthron bestiegen hatte, wurden die Universitäten allgemein zugänglich. Hinsichtlich der Frauenbildung war Rußland fortschrittlicher als das übrige Europa. Jungen Frauen wurde es gestattet, sich an den Hochschulen einzuschreiben. 1868 begaben sich zwei unerschrockene junge Russinnen nach Zürich, um Medizin zu studieren. Doch das war nur der Anfang, später gingen Hunderte von Russinnen zum Studium ins Ausland. So reiste zum Beispiel Maria Wassiljewa, später bekannt als Marie Vassilieff, 1905 nach Paris, um bei Henri Matisse Malerei zu studieren. In ihrem Atelier befindet sich heute das *Musée du Montparnasse*. An ihrer Tafel für Mittellose speisten Léger, Picasso und Braque. Im Restaurant *La Coupole* sind heute noch die von ihr bemalten Säulen zu bewundern.

In München wurde vor einigen Jahren ein Weg nach Marianne von Werefkin benannt, die 1896 zum Studium dorthin gekommen war. Sie war eine der Begründerinnen des deutschen Expressionismus, und sowohl die Deutschen als auch die Schweizer und die Russen beanspruchen sie als »ihre« Künstlerin.

Doch kehren wir zurück zur Geschichte Rußlands. 1861, im Jahr der Entlassung der Bauern aus der Leibeigenschaft, reisten bereits 200.000 Russen ins Ausland: Fürsten, Großgrundbesitzer, bürgerliche Millionäre und Beamte. Dieser neue Typ des Russen im Ausland ist in Romanen von Turgenjew, Dostojewskij und Tolstoj beschrieben. In *Anna Karenina* entwickelt Tolstoj zwei gegensätzliche Charaktere. Dem Fürsten Schtscherbazkij mißfällt alles Fremde, und er will auf keinen Fall europäisch erscheinen, während seine Frau, die Fürstin Schtscherbazkaja, alles großartig findet und sich gern für eine europäische Dame halten läßt. Noch heute gibt es diese beiden Typen, wenn man über Russen im Ausland spricht.

Als er erfuhr, daß ich das Buch *Russinnen ohne Rußland* schreibe, hat mein weiser 93jähriger Vater, ein ruhiger, mutiger und fröhlicher Mensch, zu mir gesagt: »Woher nimmst du denn das für dein Buch notwendige Zahlenmaterial? Wie viele Frauen sind wann, warum und wohin ins Ausland gegangen? Du brauchst doch aussagekräftige Zahlen, oder wie wir sagen: ›Um Hasenragout zu machen, braucht man wenigstens eine Katze.‹ Weißt du, daß allein zwischen 1926 und 1940 die Leiter des sowjetischen Amts für Statistik fünfmal ausgewechselt wurden? Alle fünf wurden erschossen. Es ist riskant, genaue Zahlen zur Emigration zu erstellen, wenn ein Land unter seinem großartigen Anführer von Sieg zu Sieg marschiert. Erst als man verstand, daß Statistiken keine exakte Wissenschaft sein mußten, sondern den Kontrahenten als verläßliche Waffen im Propagandakrieg zu dienen hatten, brauchte man niemanden mehr zu erschießen.«

Mein Vater sollte recht behalten: Es war schwer, statistisches Material für dieses Buch zu finden, aber dennoch konnte ich mich während meiner Recherchen in alle sechs Emigrationswellen einarbeiten, die es im Rußland des 20. Jahrhunderts gegeben hat.

Zahlreiche Russinnen und Russen emigrierten jeweils vor den Revolutionen von 1905 und 1917, ohne daß man dabei schon von einer Welle sprechen könnte. Damals flüchteten vor allem jene, die von der Zarenmacht wegen ihrer revolutionären Aktivitäten verfolgt wurden, unter ihnen auch viele Revolutionärinnen. So lebten beispielsweise 1912 in Davos 3.422 Personen russischer Herkunft, und fast die Hälfte waren Frauen.

Russische Kolonien gab es zudem in Argentinien, Brasilien und den USA. Dorthin strebten religiöse Gruppen wie die Altgläubigen und die Molokanen. In Amerika gibt es wohl deshalb bis heute 23 Ansiedlungen, die den Namen Moskau tragen, und auch St. Petersburg gibt es dreimal.

Die erste Emigrationswelle datiert in die Zeit nach dem Oktoberumsturz von 1917. Damals verließ sogar die 71jährige »Großmutter der Revolution«, Jekaterina Breschko-Breschkowskaja, das Land. Sie war eine der Organisatorinnen der Partei der Sozialrevolutionäre und hatte bereits 22 Jahre lang in der Verbannung leben müssen. Die Oktoberrevolution lehnte sie ab, und Gerüchten zufolge gab sie als Grund für ihre Ausreise in einem offiziellen Dokument an: »Ich möchte hier nicht alt werden.«

Unsichere Zeiten wecken den Wunsch nach Veränderungen. Den einen treibt die Angst, den anderen der Haß und den dritten die Suche nach Arbeit. Die im Jahr 1917 beginnende Emigrationswelle hielt bis Anfang der 1920er Jahre an; interessant sind ihre geographischen Richtungen: Wissenschaftler, Ingenieure und Geschäftsleute schlugen sich nach Amerika, Intellektuelle und Angehörige des Militärs nach Paris oder wenigstens nach Prag durch. Doch alle, die ausreisten, hatten ihr Leben lang große Sehnsucht nach Rußland. Diejenigen, die die Revolution von 1917 begrüßten, flohen zu großen Teilen während der stalinistischen Terrorherrschaft der 1930er Jahre. Den einen wie den anderen ging es schlecht.

Die Schriftstellerin Nadeshda Teffi, die das Land 1920 verließ, schrieb über jene Zeit: »Sei gegrüßt, neues Mittelalter!« Die Verhältnisse in Rußland waren katastrophal – es wüteten Typhus, Cholera und am Schwarzen Meer sogar die Pest; es herrschten Bürgerkrieg, Zerstörung und Hunger. Zwei Millionen Menschen verließen Rußland in diesen Jahren, darunter auch viele Kinder. Während ich an diesem Buch arbeitete, fielen mir zufällig Dokumente mit ihren Erinnerungen in die Hände. Woran erinnerten sich diese Kinder? An Hurra-Geschrei, Tränen und Leichengeruch in den Städten. Mich interessierte sehr, was aus ihnen geworden ist, doch konnte ich lediglich eine einzige Spur finden: die von Ariadna Efron, der Tochter der großen Dichterin Marina Zwetajewa. Als sie volljährig geworden war, beschloß sie, 1937 in die UdSSR zurückzukehren. Dort verbrachte sie 16 Jahre im Gefängnis. In ihrer Autobiographie beschreibt sie, wie sie durch Folter gezwungen wurde, die Falschaussage zu machen, eine französische Spionin zu sein …

Im November 1920 wurde die Armee von General von Wrangell von der Krim evakuiert. Zusammen mit den Soldaten verließen auch ihre Frauen und Kinder, Adlige, Kosaken, Intellektuelle, Geistliche und Mönche das Land, denn sicherlich hätten ihnen die Bolschewiken schon bald nach dem Leben getrachtet. Auf der griechischen Insel Lemnos gibt es Spuren von Kosakenlagern und verwitterte Grabtafeln mit kaum noch lesbaren russischen Namen. Viele Kinder sind hier begraben, die damals in der Hoffnung, sie zu retten, hierher gebracht worden waren. Von den zahlreichen Zeugnissen von Frauen über jene Zeit ist mir besonders die Schilderung einer älteren Frau in Erinnerung geblieben:

»Auf Lemnos gab es ein Internierungslager unter freiem Himmel; es war so heiß, daß die Steine rissig wurden. Ständig war man durstig. Das Lager war mit Stacheldraht eingezäunt und wurde von englischen Soldaten bewacht. Doch eines Tages wurde ich Zeugin einer erstaunlichen Begebenheit. Gemeinsam mit vielen anderen saß auch eine alte Frau in der Sonnenglut – die Fürstin Obolenskaja. Ringsumher lagen Menschen, viele einer Ohnmacht nahe, die Fürstin jedoch hielt sich kerzengerade, mit strengem, stolzem Gesichtsausdruck. Ein englischer Soldat sprach sie durch den Zaun hindurch an: ›Sollen wir Ihnen vielleicht einen Stuhl bringen, meine Dame?‹ Sie antwortete gleichmütig: ›Nein, warum denn? Alle sitzen auf dem Boden, und ich mache es genauso.‹ Der Offizier trat noch näher und sagte: ›Aber ich kann Ihnen doch helfen. Was hätten Sie gern?‹ Die Antwort lautete: ›Wenn Sie darauf bestehen, habe ich eine einzige Bitte – ich möchte der Queen einen Brief überbringen lassen, sie ist meine Verwandte.‹ Der Offizier leitete den Brief umgehend weiter, und bereits nach einer Woche gab es eine Antwort: ›Halten Sie durch, und verlieren Sie nicht Ihren Mut, wir unternehmen alles zu Ihrer Rettung.‹ Der Kommandeur erhielt den Befehl, den Emigranten umgehend einen Dampfer nach Konstantinopel zur Verfügung zu stellen. Sie brachen sofort auf und dieses Mal nicht wie Vieh in stinkenden Schiffsbäuchen wie zuvor, sondern wie Menschen, in sauberen Kajüten.«

All die Adligen, die sorglosen, jungen Damen, die vom Ball in die Emigration gegangen waren, nahmen im Ausland jede beliebige Arbeit an – sie nähten Hüte, eröffneten Schneidereien, arbeiteten als Mannequins und Sekretärinnen, und sie gingen putzen. Grafen und Fürsten fuhren Taxi oder verkauften gerösterte Kastanien an der Straße. Doch viele hielten nicht lange durch, ließen sich gehen und begannen zu trinken. Das Leben weit entfernt von der Heimat erforderte Mut, und es waren die russischen Frauen, die ihn aufbrachten.

Zur zweiten Emigrationswelle gehörten auch diejenigen, die sich aus verschiedenen Gründen im Ausland aufhielten und nicht nach Rußland zurückkehrten. So erzähle ich später in diesem Buch die Geschichte von Alexandra Tolstaja, der Tochter Lew Tolstojs; wie viele andere blieb sie im Ausland. Dieser Strom von Emigranten sollte die gesamte Sowjetzeit hindurch nicht abreißen. Folgende Anekdote war zur Zeit des Eisernen Vorhangs ausgesprochen beliebt: Sophia Loren bittet Breschnew: »Genosse Generalsekretär, öffnen Sie doch die Grenzen, erlauben Sie jedem, der es möchte, das Land zu verlassen.« Breschnew antwortet geschmeichelt: »Oh, Sie möchten also mit mir allein sein.«

Die dritte Emigrationswelle wurde durch den Zweiten Weltkrieg ausgelöst und erfaßte nach vorsichtigen Schätzungen Hunderttausende von Menschen. Diese Zahlen wurden allerdings von Stalin ebenso geheimgehalten wie alle anderen demographischen Statistiken, damit nur ja kein schlechtes Licht auf die Errungenschaften des Sozialismus fiel. Als Beispiel für diese Welle stelle ich in diesem Buch das Schicksal von Swetlana Geier dar.

Die vierte Emigrationswelle führte Flüchtlinge während der Breschnew-Ära über Israel in alle Welt. Mehr als zwei Millionen Russen entdeckten plötzlich ihre jüdischen Wurzeln, die ihnen zur Ausreise verhalfen.

Die fünfte Emigrationswelle fiel auf das Ende der 1980er und den Anfang der 1990er Jahre und wird in Rußland »Wurstemigration« genannt. Die Wurst galt als das Symbol des Wohlstands, nach dem sich viele Russen sehnten. Doch neben den wirtschaftlichen Erwägungen hatten die Menschen auch ideelle Beweggründe. Erstmals hatten sie die freie Wahl, in Rußland zu bleiben und für annehmbare Lebensbedingungen zu kämpfen oder auszureisen. Diejenigen, die sich entschlossen aufzubrechen, verkauften ihr gesamtes Eigentum. Diejenigen, die blieben, setzten ihre Hoffnung auf die sich neu eröffnenden Perspektiven.

Zur sechsten Emigrationswelle zählten all jene, die es während der fünften Welle zunächst abgelehnt hatten auszureisen, weil sie aufgrund ihrer Jugend und ihres angeborenen Optimismus geglaubt hatten, daß in Rußland das Zeitalter der Freiheit angebrochen sei. Die zehn Jahre nach der Jahrtausendwende ernüchterten diese Enthusiasten. War dein Vater nicht General des KGB, oder warst du nicht bei Gazprom beschäftigt, dann war das Leben in der Heimat ziemlich schwierig ...

Während all dieser Emigrationswellen verließen die Menschen Rußland sowohl aus politischen wie aus ökonomischen Gründen. Dies schlug sich auch in ihren Bezeichnungen nieder: Weiße Emigration 1917 bis 1921, Kriegsemigration 1941 bis 1945, jüdische Emigration und Wurstemigration 1970 bis 1990, intellektuelle Emigration seit den 1990er Jahren. Die vorerst letzte erhielt den Namen »Emigration Facebook«, zu der überwiegend junge russische Akademiker gehören.

Ich öffne mein Notizbuch mit den Aufzeichnungen der letzten Jahre. Darin stehen die Antworten von Frauen, die ich nach den Gründen für ihre Emigration fragte:

»In Rußland hatte ich keine Aussicht auf berufliche Entwicklung oder Karriere.«

»Ich wollte in Deutschland studieren.«

»Ich bin vor Übergriffen geflohen und aus Angst vor der Macht der Kriminellen.«

»Ich konnte mit der Korruption nicht leben. Bürokratie, Handel und Gewerbe sind durch und durch bestechlich und kriminell.«

»Ich bin ausgereist, weil es in Rußland kaum eine Mittelschicht gibt. Eine meiner Freundinnen hat angefangen zu trinken, eine andere hat sich umgebracht.«

Was aber haben diese Frauen verloren, als sie nach Deutschland gingen? Hier ist eine sehr offene Antwort:

»Sie können an keinem Gebäude in Moskau vorbeigehen, ohne daß nicht viele Erinnerungen wachgerufen werden – an Verabredungen, an Treffen. Hier haben Sie geliebt, hier wurden Sie verlassen. Doch wenn Sie durch Berlin gehen, passiert nichts dergleichen, es ist, als hätte man Ihnen Ihr früheres Leben gestohlen.«

Seit Beginn des 21. Jahrhunderts verlassen zunehmend eigenständige und gut qualifizierte Frauen das Land, mit ihren Familien oder auch allein. Eine meiner Gesprächspartnerinnen, eine Literaturwissenschaftlerin, die heute an einer deutschen Universität unterrichtet, gab mir folgende Begründung für die sechste Emigrationswelle:

»Erinnerst du dich an die Erklärung des Dichters Alexander Blok zum Tod von Puschkin? – Die Luft reichte nicht. Auch im heutigen Rußland ist es für einen freiheitsliebenden Menschen schwer zu atmen, niemand braucht ihn. Was zählt, ist das Öl und das sorglose Leben der Mächtigen.«

Moskau. Früher Morgen. Vor einer Botschaft steht eine lange Schlange von Ausreisewilligen. »Wer ist der Letzte in der Reihe?« fragt eine hinzutretende junge Frau. In der Hand hält sie einen Becher mit schmelzendem Sahneeis, aus dem eine schiefe Waffel ragt wie die Trümmer eines sinkenden Schiffs.

Anfang 2011 hat der Leiter des staatlichen Amts für Statistik bekanntgegeben, daß 1,25 Millionen Menschen Rußland in den letzten Jahren verlassen haben, nicht wesentlich mehr flohen damals nach der Oktoberrevolution. Die Russen bringen ihren Protest nicht mit Demonstrationen zum Ausdruck, sondern sie verlassen das Land.

Ein ganz anderes Beispiel ist Jelena Baturina, die Frau von Jurij Luschkow, dem ehemaligen Oberbürgermeister von Moskau, die zu den reichsten Frauen der Welt gehört und sich ihr Vermögen »selbst erarbeitete«, jedenfalls weder ererbte oder erheiratete – eine absolute Ausnahme. Sie geriet in Konflikt mit dem Kreml; zwar wurde sie nicht, wie in früheren Zeiten üblich, als »Spionin« erschossen, mußte aber das Land verlassen und eine Russin ohne Rußland werden – immerhin auch ein Fortschritt ...

Während meiner Recherchen für dieses Buch las ich Briefe und Aufzeichnungen von Zeitzeugen und versuchte, die zufällig oder bewußt verborgenen Momente der Biographien zu rekonstruieren. Dort, wo die Dokumente nichts mehr preisgaben, folgte ich der eigenen Intuition und den Hinweisen, die zum Beispiel in Bildern, Gedichten und Büchern meiner Heldinnen versteckt sind.

Alle Porträtierten sind mir ans Herz gewachsen, ich habe versucht, mich in ihr Leben hineinzuversetzen, damit mein Bild von ihnen der Realität möglichst nahe kommt. In meinem Buch *Liebe – Macht – Passion. Berühmte russische Frauen* habe ich bereits Sofja Kowalewskaja, Anna Pawlowa, Olga Tschechowa und andere berühmte Russinnen ohne Rußland vorgestellt. Mein neues Buch enthält neue Geschichten von Frauen, die Rußland aus unterschiedlichen Gründen verließen und auch in der neuen Heimat beharrlich an ihrer Selbstverwirklichung arbeiteten:

Die Malerin Marianne von Werefkin, die Hollywoodlegende Alla Nazimova, die Philosophin Helena Roerich, die siamesische

Vorwort

Prinzessin Jekaterina Desnizkaja, die Muse von Matisse Lydia Delectorskaya, die Dostojewskij-Übersetzerin Swetlana Geier und viele andere. Gerade diese Frauen prägten und prägen das Bild von Rußland in der Welt. Aber in Rußland selbst gibt es wenig Material über sie; sie sind im Westen bekannter als in ihrem Geburtsland. Über die französische Schriftstellerin Irène Némirovsky, deren tragischer Lebensweg von Kiew über Paris nach Auschwitz führte, hieß es in einem deutschen Zeitungsartikel im Jahr 2010: »Sie ist die spektakulärste literarische Entdeckung der vergangenen Jahre.« Materialien über sie fand ich im Dezember 2010 in Paris in einer Ausstellung im Museum *Mémorial de la Shoah*.

Oft sind diese Frauen in Rußland vergessen, sie galten als Verräterinnen der Heimat, später als »Feindinnen der Sowjetmacht« und wurden totgeschwiegen, denn jedes neue Regime schreibt auch die Geschichte um. Nun endlich werden die Russinnen ohne Rußland für die russische Kultur wiederentdeckt; sie haben erstaunliche Biographien, unglaubliche Schicksale. Jede einzelne von ihnen liefert Stoff für Romane, durch jede dieser Lebensgeschichten schimmert die Geschichte des Landes und der Familie, Leidenschaft und Verlust, Unruhe und Aufbruch, Suche nach sich selbst, Leid und Mitleid, Liebe und die Unerbittlichkeit des Todes. Ich machte es mir zur Aufgabe, all dies vor dem Vergessen zu retten.

Das Land, in dem Emigrantinnen leben, bestimmt weitgehend ihr Schicksal, doch einigen wenigen von ihnen gelingt es, in ihrem Emigrationsland selbst Einfluß zu nehmen und nicht selten dadurch Berühmtheit zu erlangen. Zu letzteren gehören die in diesem Buch beschriebenen Frauen.

»Es ist wichtig, von solchen Menschen zu erfahren, daß sie einmal gelebt haben.« (Friedrich Nietzsche)

Königin von Frankreich

Anna von Kiew (ca. 1024 – ca. 1075)

Wohin hast du mich geschickt?« schrieb die russische Fürstin Anna Jaroslawna im Jahr 1051 von Paris aus an ihren Vater, den Fürsten Jaroslaw den Weisen, in Kiew. »Das ist ein Land der Barbaren, wo die Häuser düster, die Kirchen häßlich und die Sitten rauh sind.«

Paris war zu jener Zeit tatsächlich eine dunkle und im wahrsten Sinne des Wortes stinkende Stadt, wo die Abwasserkanäle unter den Fenstern entlang plätscherten und das Vieh durch die Hauptstraßen zum Markt getrieben wurde. In Kiew, der Heimatstadt der Fürstin, lebten damals fast 100.000 Menschen, doppelt so viele wie in Paris. Kiew war eine ansehnliche Stadt am Dnjepr mit goldenen Kirchenkuppeln und weißen Palästen.

Fürst Jaroslaw der Weise (ca. 978 – 1054) war der Sohn Wladimirs des Heiligen, der das Christentum in Rußland eingeführt hat. Er herrschte über Rostow, Nowgorod und fast 40 Jahre lang über Kiew. Unter seiner Herrschaft wurde die Kiewer Rus einer der mächtigsten Staaten Europas. Jaroslaw schuf die *Russkaja Prawda* (Russische Wahrheit), die erste Gesetzessammlung der Rus, und trug eine legendäre Bibliothek zusammen. Nicht ohne Grund sprach ihn die russisch-orthodoxe Kirche heilig; der 5. März ist sein Gedenktag, er ist der Schutzpatron von Juristen, Bibliothekaren, Archivaren und Lehrern.

All seinen Kindern brachte der Fürst das Lesen und Schreiben bei. Aus diesem Grund wurden später in Frankreich nicht nur die Schönheit und »die wilden goldenen Locken« von Fürstin Anna, sondern auch ihre Gelehrsamkeit gerühmt. Jaroslaw der Weise suchte für seine Töchter Ehemänner aus Bündnisstaaten, die für Kiew von Vorteil waren. Alle seine Töchter machten glänzende Partien und wurden Königinnen: Anna von Frankreich, Anastasia von Ungarn, Elisabeth von Norwegen.

Der französische König Heinrich I. (1008 – 1060) hatte lange kein Glück mit dem Heiraten. Seine erste Verlobte verstarb unerwartet. 1043 heiratete er die Tochter des Markgrafen von Friesland; sie hieß Mathilde, wie seine verstorbene Verlobte, und auch sie starb sehr früh, ein Jahr nach der Hochzeit. Für den 40jährigen kinderlosen Witwer gab es nichts Schlimmeres, als ohne Erben zu bleiben, und so lenkte er seinen Blick auf die Kiewer Rus. Der Reichtum des Fürsten war ebenso legendär wie die Schönheit, Güte und Fruchtbarkeit der russischen Frauen. Also schickte er im Jahr 1048 Diplomaten nach Kiew, um Fürst Jaroslaw den Weisen dazu zu bringen, ihm die fast 20 Jahre jüngere Anna zur Frau zu geben. Die Verhandlungen zogen sich über zwei Jahre hin, denn Jaroslaw der Weise liebte seine jüngste Tochter mehr als alle anderen Kinder und wollte sie lange nicht fortlassen. Sie war ihm auch äußerlich sehr ähnlich: ein langes Gesicht mit weichen, regelmäßigen Zügen und ausdrucksvollen großen Augen.

In der Kiewer Sophienkathedrale wurde im 19. Jahrhundert durch Zufall eine über die Jahrhunderte verblaßte und zudem übermalte Freske entdeckt, auf welcher die Familie des Fürsten dargestellt ist. Das kleinste auf dem Gemälde abgebildete Mädchen ist Anna, sie trägt ein weißes Leinenkleid mit Gürtel und einen dunkelroten Seidenüberwurf mit Goldbesatz. Ihr Haar ist von einem Tuch bedeckt, aber von Historikern wissen wir, daß Anna »wilde goldene Locken« und im Gegensatz zu ihren Schwestern eine längliche Gesichtsform hatte.

Heinrich I. wartete zwei Jahre lang geduldig auf eine Entscheidung Jaroslaws des Weisen, denn er wollte Anna, »die Verkörperung von Weisheit und Schönheit«, wie die Chronisten schrieben, unbedingt zur Frau haben. Im Winter 1050 kam dann endlich die Einwilligung zur Hochzeit, und ein langer Troß machte sich auf den Weg. Die Braut, ihre Dienerschaft samt der Mitgift und die Wachen zogen über das Eis der zugefrorenen Flüsse in Richtung Westen. Weil die Wege zu jener Zeit sehr schlecht waren, wählte man im allgemeinen den Winter, um zu

Anna von Kiew (ca. 1024 – ca. 1075)

reisen. Über Krakau, Prag und Regensburg erreichten sie im Frühjahr 1051 Reims, wo der König sie erwartete. »Dies ist der Augenblick, auf den ich schon immer gewartet habe«, rief er begeistert aus, als er seine Braut erblickte. Er fühlte, daß sie sein Leben verändern, es freudvoller und leuchtender machen würde. Auch Anna war bewußt, daß sich nun endlich ihr Schicksal erfüllen würde, denn »Braut und Bräutigam waren sofort von Liebe zueinander erfüllt.«

Im Mai fand in Reims die prachtvolle Hochzeit statt; auf einer alten französischen Gravur ist die Darstellung der Heiratszeremonie zu sehen. Es folgte die Krönung Annas, eine Ehre, die noch nie zuvor einer französischen Königin zuteil geworden war.

Heinrich war der Ansicht, daß ein solcher Schritt die Rechte seiner zukünftigen Erben besser absichern würde. Während der Krönung schwor Anna auf ein von ihr mitgebrachtes Evangeliar in altslawischer Sprache. In Reims ist die Bibel ausgestellt, auf die die späteren Könige ihren Eid ablegten. Diese ist zwar auch in altslawisch abgefaßt, kam aber erst im 16. Jahrhundert nach Frankreich und hat deshalb, anders als lange angenommen, keinerlei Bezug zu Anna.

Ihre Charakterstärke, ihr scharfer Verstand und ihre gute Bildung erlaubten der jungen Königin rasch, eine wichtige Rolle bei den Staatsgeschäften zu spielen. Ihre Unterschrift erschien neben der des Königs auf allen wichtigen Dokumenten. Oft hieß es in Berichten über Staatsakte: »In Anwesenheit von Königin Anna«; auf Staatsurkunden stand in der Regel: »Mit Einverständnis meiner Gemahlin Anna«. Dies zeigt, daß der König ihrer Meinung besondere Bedeutung beimaß.

Als er von ihren vielseitigen Talenten erfuhr, schickte Papst Nikolaus II. einen persönlichen Brief an Königin Anna:

»Die Kunde Ihrer Wohltätigkeit drang an Unsere Ohren, und mit großer Freude vernehmen Wir, daß Sie in jenem christlichen Land Ihre königlichen Verpflichtungen mit lobenswertem Eifer und bemerkenswertem Geist erfüllen.«

Ein Jahr nach der Hochzeit wurde Anna Mutter. Sie hatte das Gelöbnis abgelegt, ein Kloster zu gründen, wenn sie einen Erben zur Welt bringen würde, und als 1052 ihr ältester Sohn Philipp, der zukünftige König von Frankreich, geboren wurde, ließ sie in Senlis das Kloster Saint-Vincent errichten. Emma, ihr zweites Kind, wurde später Nonne, der Sohn Robert starb sehr früh, und ihr letztgeborener Sohn Hugo erhielt den Titel Graf von Vermandois. Der König war häufig auf Feldzügen unterwegs, und so mußte Anna ihre Kinder ohne ihn erziehen.

Anna Jaroslawna ging nicht allein deshalb in die Geschichte ein, weil sie Königin war, sondern vor allem wegen ihrer Weisheit, Kultiviertheit und Gelehrtheit. Der König liebte sie von ganzem Herzen, und er bewunderte sie sein Leben lang wie am ersten Tag.

König Heinrich I. starb 1060. In seinem Testament hatte er Anna die Vormundschaft über den Thronfolger, Prinz Philipp, übertragen. Sie blieb Königin und wurde Regentin, doch die Vormundschaft konnte sie nach den Gesetzen jener Zeit nicht übernehmen, denn dies war Männern vorbehalten. Und so wurde Graf Balduin von Flandern Philipps Vormund.

Hinsichtlich des weiteren Lebens von Anna Jaroslawna gehen die Meinungen der Historiker auseinander. Die einen behaupten, daß die Königin einen mächtigen Verbündeten brauchte, um ihrem Sohn Philipp die Krone zu sichern. Deshalb heiratete sie 1061 einen der einflußreichsten Männer Frankreichs, den Grafen Raoul de Valois, einen Nachfahren Karls des Großen. Raoul hatte sich von seiner ersten Frau wegen deren Untreue getrennt, und nach der Scheidung heiratete er Anna mit dem Segen der Kirche.

Nach einer anderen Version verliebte sich Graf Raoul in Anna, kaum daß sie in Frankreich angekommen war, wagte jedoch erst nach dem Tod des Königs, ihr seine Gefühle zu offenbaren. Es heißt, er habe Anna während einer Jagd entführt und sie in seine Residenz Montdidier gebracht. Sie heirateten im Jahr 1061, allerdings legte seine frühere Ehefrau bei Papst Alexander II. Beschwerde über die Hinterhältigkeit ihres Gatten ein. Daraufhin wurde Raoul exkommuniziert, und der Papst erklärte die Eheschließung mit Anna Jaroslawna für ungültig. Raoul de Valois scherte sich nicht um das päpstliche Verdikt und lebte mit seiner Auserwählten bis zu seinem Tod im Jahr 1074 in Montdidier.

König Philipp I. von Frankreich hatte leider weder die Weitsicht seines Vaters noch das diplomatische Geschick seiner Mutter geerbt. Er wurde als sturer und aufbrausender Mensch beschrieben, und während seiner Regentschaft liefen die Staatsgeschäfte schlecht. Darüber hinaus lag er im Streit mit dem Vatikan und wurde schließlich ebenfalls exkommuniziert, da er sich hatte scheiden lassen, um eine schönere Frau zu heiraten. Es wird berichtet, daß er bei seiner Mutter Rat suchte, und so kehrte diese wieder zurück zu den Staatsgeschäften, und wichtige Dokumente trugen wieder ihre Unterschrift.

Über die letzten Jahre Anna Jaroslawnas ist wenig bekannt. Es ist denkbar, daß sie 1054 noch einmal in ihre Heimat zurückkehrte und der Beisetzung ihres Vaters beiwohnte.

In der Sophienkathedrale, einem Wahrzeichen Kiews, befindet sich der fast tausend Jahre alte Sarkophag des Fürsten Jaroslaw des Weisen. Der Totenschrein aus Marmor wiegt sechs Tonnen, der allein zwei Tonnen schwere Deckel ist nur mit Spezialtechnik anzuheben. Im Jahr 2009 sollten die Gebeine Jaroslaws mit modernen Verfahren untersucht werden, doch beim Öffnen des Sarkophags fand man ein Frauenskelett. Es konnte sich hierbei nicht um die Überreste von Jaroslaws Ehefrau handeln, einer schwedischen Prinzessin, die zum orthodoxen Glauben konvertiert war und den Namen Irina erhalten hatte. Es ist bekannt, daß sie bereits mehrere Jahre vor Jaroslaw verstorben war und in Weliki Nowgorod bestattet wurde, wo ihr Sohn Wladimir als Fürst herrschte. Das Skelett der Unbekannten wurde in den Sarkophag zurückgelegt, und erst vor kurzem hat sich geklärt, was mit den Überresten des Fürsten geschehen ist. Während der Sowjetzeit wurde der Sarg mehrfach geöffnet, 1936 entdeckte man ein männliches und ein weibliches Skelett darin; 1939 wurde der Leningrader Anthropologe Ginsburg hinzugezogen. Er nahm die Gebeine mit in sein Institut nach Leningrad, um sie zu untersuchen. Es stellte sich heraus, daß das männliche Skelett einer zwischen 60 und 70 Jahre alten Person mit einer Größe von etwa 1,75 Meter, einem angeborenen Gehfehler und einer Fußverletzung zuzuordnen war. Alles stimmte: Jaroslaw hinkte von Kindesbeinen an und wurde später bei einem Kampf am Fuß verletzt. Auch das Alter war zutreffend.

Als sich 1943 die deutschen Truppen aus Kiew zurückzogen, verließ auch eine Reihe von Vertretern der ukrainisch-orthodoxen Kirche die Stadt. Der Erzbischof nahm aus der Sophienkathedrale die Überreste Jaroslaws sowie eine wundertätige Ikone mit. Die Gebeine legten einen schwierigen und langen Weg zurück, von Kiew nach Polen, von Polen nach Deutschland, von Deutschland in die USA. Dort geriet die Reliquie in die Hände des Geistlichen Iwan Tkatschuk. Er lebte in einem winzigen Zimmerchen in New York und bewahrte die Überreste Jaroslaws 20 Jahre lang unter seinem Bett auf. Nach dem Tod Tkatschuks erhielt die ukrainisch-orthodoxe Kirche in den USA die Gebeine; heute liegen sie zusammen mit der Ikone, mit der sie 1943 aus Kiew fortgeschafft worden waren, in einer Kirche in Brooklyn.

In ihren letzten Jahren war Anna Jaroslawna einsam; ihre Eltern, ihre Geschwister, ihre Verwandten und Vertrauten waren nicht mehr am Leben. Keiner ihrer Gefährten, die damals mit ihr nach Frankreich gekommen waren, war noch bei ihr; viele waren gestorben, manche in die Heimat zurückgekehrt.

Wann genau Anna Jaroslawna starb und wo sich ihr Grab befindet, ist nicht mehr bekannt. Angeblich wurde sie in der Abtei Villiers unweit von Paris beigesetzt; die Grablege wurde allerdings während der Französischen Revolution zerstört. Anderen Berichten zufolge verstarb sie in Worms, und wieder andere Quellen behaupten, sie sei nach Kiew zurückgekehrt. Im von ihr gegründeten Kloster in Senlis gibt es eine Statue der Anna mit der Aufschrift: »Anna kehrte ins Land ihrer Vorfahren zurück«. Jedoch erscheint Historikern diese letzte Version als die unwahrscheinlichste. Königin Anna hinterließ in Frankreich einige Kirchen, die denen in Kiew ähnlich sind. Die Klosterkirche in Senlis ist bis heute erhalten geblieben, und die Legende besagt, daß Anna hier ihre letzte Ruhe fand. Das letzte Dokument, das sie gemeinsam mit ihrem Sohn unterzeichnete, datiert aus dem Jahr 1075. Die Mehrzahl der Wissenschaftler ist geneigt, dieses Jahr als Annas letztes Lebensjahr anzunehmen; manche meinen indes, daß sie erst 1082 starb. Wie auch immer es gewesen sein mag, in Senlis hat sich ihr zu Ehren bis zum heutigen Tag der schöne Brauch erhalten, die 30 ärmsten Witwen der Stadt zu einem Essen einzuladen.

Ich denke oft darüber nach, warum die Russen solch eine Liebe zu Frankreich empfinden. Liebe braucht keine Argumente oder Erklärungen, aber vielleicht begann diese Faszination schon zu Zeiten von Königin Anna, und so zog es fast alle, die sich nicht vom russischen Nationalismus einengen und begrenzen ließen, nach Paris. Trotz aller Skepsis großer Schriftsteller wie Gogol, Tolstoj oder Dostojewskij schlägt das Herz jedes Russen höher, wenn er den Namen dieser Stadt hört. Seit 40 Jahren versuche ich, diesen Mythos zu enträtseln, ich lese Bücher oder schreibe, bummle über die Pariser Boulevards und suche nach russischen Spuren. Ich setze meine stummen Dialoge mit dieser Stadt fort, die vor fast tausend Jahren zu einer neuen Heimat für eine russische Frau, die junge Fürstin Anna von Kiew, wurde.

Paris liebt nicht die Trübsinnigen und Verzagten, hat aber immer ein offenes Herz für jene, die mutig und freien Geistes sind. Auch deshalb hat die Stadt so viele »russische Französinnen« willkommen geheißen, von Maria Baschkirzewa bis Sonia Delaunay.

Der Mensch ist erst wirklich tot, wenn niemand mehr an ihn denkt, sagt man in Rußland. Über Anna Jaroslawna werden auch heute noch Bücher geschrieben und Filme gedreht. Im Jahr 1976 wurde in einem Schlößchen in Montgeron, einer Kleinstadt bei Paris, das *Musée de l'art russe contemporain* (Museum für moderne russische Kunst im Exil) eröffnet. Vor den altertümlichen Mauern hielt eine Limousine nach der anderen, und russische Gesprächsfetzen waren zu vernehmen.

Die Tore des Schlosses wirken wie im Märchen, bewacht von grimmigen Greifen. Es trägt den Namen *Château du Moulin-de-Senlis* (Schloß Zur Senliser Mühle), denn auf dem Gelände befand sich zu Annas Zeiten eine Mühle, in der sie ihr Getreide mahlen ließ, bevor es über 200 Kilometer weit nach Senlis transportiert wurde. Nach dem Tod von Königin Anna wurde aus der Mühle eine Abtei, danach errichtete man an dieser Stelle ein königliches Jagdschloß. Später waren dort in einem russisch-orthodoxen Waisenhaus Kinder untergebracht, und noch später lebten mittellose russische Emigrantinnen in dem Gebäude.

Im Jahr 1976 schließlich wurden die nonkonformistischen russischen Künstler die »Erben« der Königin. Einzig Ilja Kabakow wurde bekannt. Auf einem der ausgestellten Bilder ist die Stadt Kiew zu sehen: das alte Kloster, das noch von Annas Vater, Jaroslaw dem Weisen, gegründet wurde, das klare Wasser des Dnjepr, Ruhe und Stille. Die Stadt gleicht einem wunderbaren Traum. Dieses Bild hätte Anna Jaroslawna sicher gefallen.

Die Zarentochter am Weimarer Hof

Maria Pawlowna
Großherzogin von Sachsen-Weimar-Eisenach (1786 – 1859)

Den Namen der Großherzogin Maria Pawlowna hörte ich erstmals, als ich 12 Jahre alt war. Ich erinnere mich daran, wie ich einmal mit meiner Großmutter in Jalta durch den Massandrowskij-Park spazierte und wir zum Polikurowskij-Hügel gelangten. Großmutter wollte mir dort eine altertümliche Siedlung des geheimnisvollen Taurenvolkes zeigen und erzählte mir dessen Geschichte. Von dem Hügel aus eröffnete sich ein beeindruckender Blick auf Jalta und das Schwarze Meer – und Großmutter sagte nachdenklich: »Weißt du, wie ich mir mein eigenes Paradies vorstelle? Ganz einfach – Sommer, Meer und Bücher. Aber vor allem ohne Sowjetmacht.«

Auf dem Hügel befand sich auch ein uralter Friedhof, ganz versunken unter hohem Gras und Zypressen. Meine Großmutter führte mich an eines der vernachlässigten Gräber, das von allen vergessen zu sein schien, und sagte: »Schau, hier liegt Anna Grigorjewna Dostojewskaja, die Frau des großen Schriftstellers.« 1968, 50 Jahre nach ihrem Tod, wurden ihre sterblichen Überreste zu Fjodor Michailowitsch Dostojewskij in das Alexander-Newskij-Kloster in St. Petersburg übergeführt.

Dann zeigte meine Großmutter mir ein anderes altes Grab und begann, mir von dem Leben der ungewöhnlichen Frau, die hier bestattet war, zu erzählen. Diese Geschichte hat mich so sehr beeindruckt, daß ich, lange nachdem ich erwachsen geworden war, begann, Material über sie zu suchen – Marfa Stepanowna Sabinina (1831 – 1913). Und es stellte sich heraus, daß das, was in Großmutters Erzählung so märchenhaft geklungen hatte, der

Wahrheit entsprach. Marfa, die das Schicksal in die Fremde verschlagen hatte, war als Kind am Weimarer Hof der Liebling der Zarentochter Maria Pawlowna gewesen. Sie war die talentierteste Schülerin von Franz Liszt, Komponistin zweier Lieblingsballaden meiner Großmutter zu Texten von Fjodor Tjutschew, darüber hinaus Stifterin einer Kirche in der Nähe von Jalta, in der meine Großmutter getauft wurde, und auch Begründerin des Roten Kreuzes in Rußland.

Später verschwand Marfas Grab vom Polikurowskij-Friedhof; man erzählte mir, daß in den 1960er Jahren Grabplatten als Baumaterial verwendet worden waren und auch der Haupteingang des Friedhofs mit Grabsteinen zugemauert worden war. Vermutlich war bei dieser Gelegenheit auch die Abdeckung von Marfas Grab entfernt worden.

Wie aber kam dieses russische Mädchen ins ferne Weimar? Sie war die Tochter des Geistlichen Stepan Sabinin, der 1837 in Weimar zum Probst und Beichtvater der Großherzogin Maria Pawlowna ernannt wurde. Über deren Religiosität äußerte er sich wie folgt: »Sie konnte mit der ganzen Kraft ihrer Seele jene innere Flamme bewahren, die kein Wind der Welt ausblasen kann ...« Sabinin war Probst der russisch-orthodoxen Hauskirche der heiligen Maria Magdalena. Dank der Bemühungen Maria Pawlownas wurde das Haus der Sabinins in Weimar ein einzigartiges kulturelles Zentrum; alle russischen Reisenden kamen hierher.

Das zweite Mal begegnete mir der Name Maria Pawlowna zwei Jahrzehnte später, als ich bereits Drehbuchautorin war. Nichts im Leben geschieht zufällig, und so war es, als hätte ich eine Vorahnung gehabt, daß mich das Schicksal Jahre später einmal nach Weimar führen sollte.

Seinerzeit wollte ich ein Drehbuch für einen Dokumentarfilm über die Freunde Puschkins schreiben. Ich begann Material zu sammeln, als erstes über den Fürsten Wladimir Odojewskij, den Romantiker, Philosophen und Freidenker, den »russischen Faust« und »russischen E. T. A. Hoffmann«, wie ihn seine Freunde gerne nannten, den Autor von *Russische Nächte* und *Silfida*. Seine Zeitgenossen beschrieben ihn folgendermaßen: »Ungeachtet dessen, daß er der erste Aristokrat Rußlands war, war er nichtsdestoweniger ein großartiger Demokrat.«

Maria Pawlowna (1786 – 1859)

Und so begab ich mich ins Odojewskij-Archiv, das in der Nationalbibliothek in St. Petersburg aufbewahrt wird. Doch wie das Leben manchmal so spielt: Man sucht das eine und findet etwas ganz anderes. Unerwartet stieß ich auf Briefe aus den Jahren 1858/59, die Odojewskij seiner Tante Maria Pawlowna, der verwitweten Großherzogin von Sachsen-Weimar-Eisenach, geschrieben hatte. Es stellte sich heraus, daß Zar Alexander II. selbst im März 1858 Odojewskij gebeten hatte, einen Brief mit kulturellen, politischen und familiären Neuigkeiten aus Rußland nach Weimar zu schicken.

Mich beeindruckte die enzyklopädische Weitsicht dieser Briefe, das universelle Interesse an allem, vom Gartenbau (Odojewskij schickte mit den Briefen sogar Samen seltener Pflanzen nach Weimar) bis zur Kochkunst. Mit seinem letzten Brief kurz vor dem Tod Maria Pawlownas sandte er ihr die traditionelle russische Vogelbeerkonfitüre, die bei Erkältungen hilfreich ist, als hätte er geahnt, daß sie seinen nächsten Brief schon nicht mehr erhalten würde.

Der Briefwechsel zwischen Odojewskij und Maria Pawlowna ist zu einem beredten Zeugnis der kulturellen Beziehungen Rußlands mit Deutschland geworden. In Odojewskijs Briefen finden sich Schilderungen von St. Petersburger Kostümfesten, Ausführungen zum russischen Eisenbahnwesen, Erläuterungen zum Bau eines Russischen Ofens, Gedanken über die Besonderheiten des Chorgesangs in der Isaakskathedrale in St. Petersburg … Nur Odojewskij mit seinem beeindruckenden Gedächtnis und der tiefen Sympathie für die Adressatin dieser Briefe vermochte so zu schreiben.

Damals entstand in mir der Wunsch, das berühmte Weimar und das Residenzschloß einmal zu sehen, wovon Odojewskij mit Bewunderung berichtet hatte. Nach einem Besuch in Weimar schrieb er einem seiner Freunde: »Die Großfürstin führte mich durch den ganzen Palast, der Palast ist wunderbar, klug und geschmackvoll erbaut.«

Im Musikzimmer des Schlosses scheint noch immer der Klang des alten Klaviers in der Luft zu hängen, auf dem Maria Pawlowna bis ins hohe Alter spielte. Sie war so talentiert, daß sogar Katharina die Große, ihre Großmutter, in einem Brief an Baron von Grimm schrieb:

»Am Abend gehe ich zu einem Hauskonzert. Alexander und Platon Graf Zubow werden Geige spielen, Jelizaweta, Alexandra und Jelena werden singen, und begleiten wird sie am Klavier Maria, die die Musik von Herzen liebt; sie ist erst neun Jahre alt, aber sie hat mit Sarti bereits die Lehre des Baßschlüssels durchgenommen. Sarti sagt, daß sie ein außergewöhnliches musikalisches Talent habe und darüber hinaus sehr klug sei, alle möglichen Begabungen habe und später gewiß eine beeindruckend verständige junge Frau werden würde. Sie liebt das Lesen, und nach den Worten der ›General-Erzieherin‹ Lieven verbringt sie Stunden über Büchern. Dabei ist sie fröhlich, lebhaft und tanzt wie ein Engel.«

Maria Pawlowna (1786 – 1859)

Ich weiß nicht, warum ich immer schon einmal im November nach Weimar reisen wollte – in dem Monat, in dem die junge Zarentochter Maria im Jahr 1804 dort angekommen war. In jenem Jahr hatte sie Carl Friedrich, den zukünftigen Großherzog von Sachsen-Weimar-Eisenach, geheiratet. 1828 wurde sie Großherzogin; bis zu ihrem Tod lebte sie in Weimar. Hier wurde die »kleine Prinzessin« am großen Hof Gesprächspartnerin der Geistesgrößen Wieland, Goethe und Schiller. Eine ganze Reihe von Kultur- und Wohltätigkeitseinrichtungen verdankt ihre Existenz dem Engagement Maria Pawlownas. Sie förderte Berlioz, Liszt und Wagner. Dank ihres Wirkens wurde Weimar zwischen 1840 und 1850 zum musikalischen Zentrum Deutschlands.

Es vergingen Jahre, ehe ich meinen Traum verwirklichen konnte. Die Stadtbibliothek Weimar lud mich zu einer Lesung aus meinem Buch *Liebe – Macht – Passion. Berühmte russische Frauen* ein. Die Veranstaltung war am 10. November 2010. Als ich am 9. November in Weimar eintraf, begab ich mich sogleich ins Schloß. Ich schaute in den Ausstellungskatalog *»Ihre Kaiserliche Hoheit«. Maria Pawlowna – Zarentochter am Weimarer Hof* und war verblüfft: Am 9. November vor genau 206 Jahren war die junge Zarentochter in Weimar eingetroffen, vielleicht war es ein genauso grauer, regnerischer und kalter Tag gewesen. In einem Bericht über das Ereignis heißt es folgendermaßen: »Es war Freitag, der 9. November 1804, als sich nachmittags um halb drei Uhr endlich das in Weimar seit langem schon mit großer Spannung Erwartete ereignete – die höchst erfreuliche Ankunft unseres Durchlauchten Erbprinzen mit Frau Gemahlin Maria Pawlowna, Kaiserliche Hoheit, Großfürstin von Rußland.«

Der Palast war in der Tat schön. Und wie viele Originale aus dem Nachlaß Maria Pawlownas gab es dort: Möbel aus den Werkstätten russischer Meister, wundervolles Porzellan, die Auflistung des Brautschatzes (»31 Meter hellblauer Samt, 22 Meter dunkelroter Samt, 25 Meter weißer Samt mit violetten Streifen ...«) und sogar das luxuriöse Ehebett mit goldenen Vogelfiguren und hellblauem Überwurf.

Völlig unerwartet war für mich die Entdeckung eines dreiteiligen Reisealtärchens, welches Maria Pawlowna unterwegs stets mit sich führte. Genauso eines hatte meine Großmutter besessen, und jetzt bewahre ich es auf. Selbst während der atheistischen Sowjetzeit behüteten viele Familien solche kleinen Ikonen. Rechts auf diesem Triptychon sind die beiden Heiligen Florus und Laurus dargestellt, die in Rußland »die heiligen Pferdehirten« genannt werden. Sie hatten die seltene Gabe, mit Tieren sprechen zu können, was ihnen Einblicke in die Geheimnisse der Natur erlaubte. Meine Großmutter gehörte zu jenen Menschen, die eine besondere Beziehung zu Tieren haben – nicht Macht über sie, sondern Freundschaft mit ihnen und Vertrauen zueinander. Im Zentrum der Ikone ist die Höllenfahrt Christi zu sehen. Auf der linken Seite befindet sich die Darstellung der Gottesmutter von Kasan. Dies war die Familienikone meiner Großmutter!

Außerdem beeindruckte mich in dieser Ausstellung das Taufkleid ihres Bruders Alexander, des künftigen Zaren. Dieses weiße Kleidchen aus Batist bewahrte Maria Pawlowna ihr ganzes Leben lang auf.

Einige Zeit ist seit meiner Reise nach Weimar vergangen, doch ich erinnere mich noch an das sogenannte Zedernzimmer mit der Pedalharfe im Schloß und an jenes kleine Porträt Maria Pawlownas, das ich zufällig in der St. Petersburger Eremitage entdeckt hatte. Auf dem Bild, das Zar Alexander I. bei dem englischen Maler George Dawe in Auftrag gegeben hatte, ist Maria Pawlowna 32 Jahre alt. Wenn man lange genug in ihr Gesicht schaut, fühlt man, daß diese junge Frau keinen leichten Weg zur Selbsterkenntnis und Selbstachtung zurückgelegt hat.

Liebte sie ihren Mann? Ihr ganzes Leben lang ließ sie keinen Zweifel daran, daß diese Ehe aus gegenseitiger Zuneigung und Liebe und nicht aus politischem Kalkül geschlossen worden war. Im ersten Jahr ihres Lebens in Weimar bekannte sie etwas verschämt und mit kindlicher Direktheit in einem Brief an ihre Mutter, daß sie nicht anders könne, als mit Stolz zu denken, was für ein schöner Anblick ihr Gemahl doch sei (»un beau garçon«), wenn sie ihn morgens zur Jagd gehen sehe. Schon im folgenden Jahr, nach vielen Schicksalsschlägen, darunter auch der Tod ihres Erstgeborenen, schrieb sie jedoch: »Ich bin so glücklich, wie man nur sein kann – das ist eine gute Einleitung, nicht wahr, Mama? – zumindest ist sie wahrhaftig. Ich kann mir kein ruhigeres Familienleben vorstellen, und ich kenne auch keinen, der im Charakter dem Prinzen gleichkäme; er ist die Beständigkeit und Güte selbst: Wir sind schon fast zwei Jahre verheiratet, aber er verhält sich mir gegenüber immer noch ganz wie zu Beginn. Seinen Geschäften und Verpflichtungen kommt er mit einer solchen Freude und Gewissenhaftigkeit nach, daß ich hoffe, daß er in einigen Jahren seinen Vater tatkräftig unterstützen kann. Zurück zu meinem Familienleben: Mein Glück war vollkommen, solange mein Kind am Leben war, doch die Erinnerung an es verdüstert all meine Freude, verfolgt mich überall hin. Mein Leid, als ich Euch im vergangenen Jahr verließ, der Schmerz, den ich empfand, als ich in diese Fremde kam, die so anders war als alles, was ich bis dahin kannte, die Unruhe der stürmischen Tage des letzten Winters, der schreckliche Verlust, den ich vor zwei Monaten erleiden mußte, all das waren schreckliche, schreckliche Prüfungen, aber ich habe sie bestanden, ich kann nicht sagen, daß ich zerstört bin, im Gegenteil, ich habe das Gefühl, daß ich mich allen Schlägen entgegenstellen möchte.«

Als ich an jenem Novembertag durch das Schloß schlenderte, schaute ich mir aufmerksam einige Porträts Maria Pawlownas an. Die Zarentochter reichte hinsichtlich ihrer Schönheit zwar nicht an ihre Schwestern heran, da eine Pockenerkrankung in der Kindheit Spuren in ihrem Gesicht hinterlassen hatte, übertraf sie aber deutlich an Talenten. Noch Anfang des 20. Jahrhunderts schrieb man über sie: »Mit den Jahren immer schöner werdend, obwohl immer noch leicht pockennarbig, erwarb sich die talentierte, belesene und im Zeichnen begabte (viele ihrer Bilder werden in Gatschina aufbewahrt) Großfürstin Maria Pawlowna den Beinamen ›la perle de la famille‹.«

Auch die Porträts der Schwestern Maria Pawlownas hängen in der Weimarer Schloßgalerie. Eine der Schwestern, Alexandra, war die erste Frau des Erzherzogs Joseph Anton von Habsburg-Lothringen, des Palatins von Ungarn; eine andere, Katharina, wurde in zweiter Ehe Königin von Württemberg; und die jüngste, Anna, hätte angeblich sogar die Frau Napoleons und damit Königin von Frankreich werden können, wurde dann aber immerhin Königin der Niederlande.

Auf einem Bild in der Weimarer Schloßgalerie ist die freudige Begrüßung des Erbprinzenpaares durch die Weimarer Bevölkerung dargestellt.

Mit dem größten Enthusiasmus äußerte sich Christoph Martin Wieland über Maria Pawlowna, als er zutreffend vorhersagte, daß sie in der Zukunft das Werk Anna Amalias fortsetzen würde. »Sie ist unbeschreiblich zauberhaft und vereint angeborene Größe mit ungewöhnlicher Liebenswürdigkeit, Feingefühl und Takt. Ich danke dem Himmel«, schrieb er in einem Brief an den Mitherausgeber der Zeitschrift *Der Teutsche Merkur*, Karl August Böttiger, »daß er mich so lange hat leben lassen, daß ich mich mit meinen 72 Jahren an dem schönen Anblick eines Engels in Jungfrauengestalt ergötzen kann. Mit ihr beginnt ohne Zweifel eine neue Epoche für Weimar, dank ihres alles belebenden Einflusses setzt sie fort und führt zu vollendeter Vollkommenheit, was Anna Amalia vor mehr als 40 Jahren begonnen hat.«

Und Schiller schrieb über sie: »Sie ist talentiert in Malerei und Musik, belesen und zeigt eine auf ernsthafte Themen gerichtete Zielstrebigkeit. Dumme und oberflächliche Menschen, Schwätzer werden bei ihr keinen Erfolg haben. Mich interessiert, wie sie hier ihr Leben einrichten und wohin sie ihre Tätigkeit lenken wird.«

Was aber schrieb Maria Pawlowna selbst im Jahr 1804 an ihre Mutter?

»Können Sie sich vorstellen, liebe Mama, daß Weimar eine unglaubliche Mischung aus Höherem und Niederem ist? Auf der einen Seite gibt es diese drei großen Häupter [gemeint sind Wieland, Goethe und Schiller], ungewöhnliche Menschen, jeder von ihnen zeichnet sich durch Originalität aus und ist sehr gelehrt; weiterhin der Herzog, dessen Originalität man sich nur schwer vorstellen kann, er ist glücklich, wenn er sich ein Bonmot ausdenken kann, ein so unterhaltsames, daß es seine Zuhörer Tränen lachen läßt; die Herzogin ist gebildet, liebenswürdig, und wenn man sie besser kennenlernt, ist sie aufrichtig und geistreich; die Mutter der Herzogin hat ein bewunderungswürdiges Talent, Alte und Junge anzuziehen, die sie gern besuchen und sich in ihrer Gesellschaft gleichermaßen frei fühlen ... Auf der anderen Seite gibt es ganz unbedeutende Männer und Frauen, sehr unangenehme ... und schlußendlich die Mittelmäßigen, die sich in die Richtung bewegen, in die sie irgendwas oder irgend jemand stößt, und die ihre Zeit damit verbringen, Maulaffen feilzuhalten, zu gaffen oder interessante und dumme Menschen gleichermaßen zu bewundern: Und all das ist Weimar.«

Und in einem anderen Brief heißt es: »Liebe Mama, was die Gelehrten betrifft, so sind sie derart gehemmte Bürschchen, daß es geradezu lächerlich ist. Es fehlt ihnen an Grazie. Der alte Wieland trägt ein Käpchen, welches mich ihn für einen Juden halten ließ, als ich ihn das erste Mal sah. Goethe drückt seinen Hut an den Körper wie einen Blumentopf, und Schiller, der, obgleich krank, sehr hübsch ist, schwankt oft beim Laufen.«

Überhaupt war Maria Pawlowna von den ersten Jahren ihres Aufenthalts in Weimar an eine Botschafterin, wenn nicht der gesamten deutschen Literatur, so zumindest der Weimarer Klassik. Ständig sandte sie neu erschienene Werke der damaligen Geistesgrößen nach St. Petersburg und diskutierte über sie in ihren Briefen mit der Mutter und manchmal auch mit den Brüdern.

Außerdem verpaßte Maria Pawlowna nicht eine einzige Aufführung von Schillers Dramen. Im Jahr 1807, bereits nach Schillers Tod, der sie tief erschüttert hatte, bekannte sie ihrer Mutter nach einer Vorstellung von *Don Carlos*, welch wohltuende Wirkung »die schönen Ideen und starken Gedanken« des Dichters auf sie hätten. Übrigens betonte sie schon zu seinen Lebzeiten immer wieder, welch zärtliche Gefühle Schiller bei ihr hervorrufe.

Wenn mich jemand fragen würde, in welche Epoche oder in welches Land ich versetzt werden möchte, gäbe es denn die Möglichkeit, eine Zeitreise zu machen, so würde ich sogleich antworten: in die Zeit Maria Pawlownas, nach Weimar, in Goethes Heimat. Es würde mich interessieren zu sehen, wie es dort wirklich war und inwieweit es der Wahrheit entspricht, was ich nur aus Büchern weiß. Besonders berührte mich ein Brief der Erbprinzessin, den sie am 12. Mai 1805 der Witwe Schillers schrieb und in dem sie anbot, für die Erziehung ihrer Kinder aufzukommen: »Madame! Gestern bin ich zu Ihrem Haus gelaufen, aber ich wollte nicht eintreten, denn ich verstehe, wie sehr meine Anwesenheit Sie hätte beschämen müssen: Doch, Madame, erlauben Sie mir wenigstens, Ihnen meine tief empfundene Anteilnahme an Ihrem Verlust auszudrücken, der uns alle getroffen hat. Ich möchte diesen Moment nicht damit vergeuden, Ihnen Trost zuzusprechen, denn Trost gibt es keinen, und gäbe es ihn, Sie könnten ihn nicht annehmen. Vielmehr möchte ich von jenen sprechen, denen im Augenblick Ihre ganze Zärtlichkeit gilt. Ihre Kinder sind bei Ihnen, Madame, und mehr denn je brauchen sie Sie: Erweisen Sie mir die Ehre, Ihre Absichten in ihnen verwirklichen zu dürfen? Ich wäre glücklich, wenn Sie mir die Sorge für einen solch wertvollen Schatz übertragen würden, was mir gestatten würde, meinen aufrichtigen Gefühlen für Sie und auf ewig für Ihren Gatten Ausdruck zu verleihen. Madame, verzeihen Sie die Taktlosigkeit, die ich begehe, wenn ich mit Ihnen darüber spreche; aber meinem Herzen ist es zu wichtig, daß Sie mich als jenen Menschen auswählen, auf den Sie sich in Zukunft immer werden verlassen können, als daß ich meinen Wunsch aufschieben könnte. Maria«.

Maria Pawlownas Freundschaft mit Goethe dauerte mehr als 25 Jahre, sie fiel in eine Ära politischer Umbrüche. Es war außerdem die Zeit der persönlichen und kulturellen Reifung Maria Pawlownas, und es waren ab 1828 die ersten Jahre der Herrschaft gemeinsam mit ihrem Gemahl Carl Friedrich. Für Maria Pawlowna war der Gedankenaustausch mit Goethe zwar nicht so harmonisch und unproblematisch wie mit Wieland und Schiller, gab ihr dafür aber unvorstellbar viel für ihre persönliche Entwicklung und sogar für ihre politische Souveränität. Insbesondere in den ersten Jahren ihres Aufenthaltes in Weimar unterstützte Goethe ihre Bestrebungen, sich ins Weimarer Kulturleben hineinzufinden.

Im Laufe der Zeit begann sie, ihm Morgenbesuche abzustatten, in ihren Briefen findet man immer häufiger solche Wendungen wie »comme d'usage le mercredi chez Goethe« (wie immer am Mittwoch bei Goethe). Das erste Tagebuch Maria Pawlownas beginnt mit einem Eintrag über die berühmte Minerva-Statue in Goethes Haus.

Die anfängliche Skepsis Goethes, hervorgerufen durch den pompösen Empfang Maria Pawlownas in Weimar im Herbst 1804, die ihn sogar die ihm angetragene poetische Begrüßung ablehnen ließ, wandelte sich recht schnell in aufrichtige Sympathie, wenn auch nicht ganz ohne Ironie und vielleicht auch eine Spur Selbstironie: »Kommen Sie zu uns, Sie sehen bei uns viel Neues«, schrieb er schon 1805 an Friedrich August Wolf, »das Herrlichste und Bedeutsamste ist die Erbprinzessin, wegen deren Bekanntschaft es sich schon lohnen würde, die lange Pilgerfahrt auf sich zu nehmen.«

In den folgenden Jahren widmete Goethe Maria Pawlowna mehrere Gedichte: *Epilog zu Schillers Glocke, Vorspiel zur Eröffnung des Weimarischen Theaters am 19. September 1807 nach glücklicher Wiederversammlung der Herzoglichen Familie* und *Ihro Kaiserlichen Hoheit der Frau Erbgroßherzogin von Sachsen-Weimar und Eisenach.*

Der Höhepunkt der Beziehung zwischen Maria Pawlowna und Goethe fiel nach Angaben von Historikern in das Jahr 1813. Maria Pawlowna trug in jenem Jahr in ihr Tagebuch ein: »Nie zuvor schien Goethe so gern zu lachen, und nie zuvor war er so liebenswürdig.« Erstmals, so scheint es, ließ er sich zu einem Gespräch über Politik herab: »Er sprach mit mir sogar über die aktuelle Lage, teilte mir seine Befürchtungen mit. Viel Interessantes und Aufrichtiges war in seiner Rede.«

In den 1820er Jahren unterstützte Goethe sie bei der Erziehung ihrer Töchter (eine von ihnen, Augusta, wird später preußische Königin und deutsche Kaiserin). Maria Pawlowna half ihrerseits auch Goethe, nicht nur finanziell, sondern auch bei der Einrichtung und dem Ausbau von zoologischen, botanischen, mineralogischen, anatomischen und numismatischen Kabinetten an der Jenaer Universität, indem sie zum Beispiel orientalische Münzen kaufte sowie astronomische Instrumente oder Mineralien aus St. Petersburg bestellte. Auch die Weimarer Bibliothek – noch eines der besonderen Anliegen Goethes – verdankt ihre Vervollständigung in jener Zeit Maria Pawlowna.

Die täglichen Treffen mit Goethe, entweder bei ihm zu Hause oder bei Hof, wurden für Maria Pawlowna zur lieben Gewohnheit, so daß sie 1824, als Goethes Gesundheit diese regelmäßigen Besuche nicht mehr zuließ, schrieb: »Seien Sie versichert, daß der Erbherzog und auch ich viel verloren haben, als wir die liebe Gewohnheit aufgeben mußten, Sie jede Woche zu besuchen. Er hat Ihnen dies natürlich selbst schon mitgeteilt, doch ich warte nur auf eine Erlaubnis des Arztes, um wieder bei Ihnen sein zu dürfen, ohne Ihrer Gesundheit zu schaden.«

Als Goethe in den letzten Jahren gar nicht mehr am Hof erscheinen konnte, stattete Maria Pawlowna ihm jede Woche einen einstündigen Besuch ab, welchen dieser laut Eckermann als »ein großes Geschenk« empfand. Und wiederum laut Eckermann sagte Goethe 1828 über Maria Pawlowna: »Ich kenne die Großherzogin seit dem Jahre 1805 und habe Gelegenheit in Menge gehabt, ihren Geist und Charakter zu bewundern. Sie ist eine der besten und bedeutendsten Frauen unserer Zeit und würde es sein, wenn sie auch keine Fürstin wäre.«

Als Goethe 1832 starb, schien es den meisten Zeitgenossen, als wäre in Weimar eine Zeitenwende eingetreten. Viele waren der Meinung, daß eine goldene Ära für die Stadt zu Ende gegangen sei. Maria Pawlowna war tief erschüttert über den Tod des Freundes, des umsichtigen Ratgebers in allen Lebenslagen. Dennoch war sie fest entschlossen, die Rolle Weimars als kulturelles Zentrum zu erhalten und damit die Tradition der Landesmutter Anna Amalia fortzusetzen. Ab 1836 wurden die von Goethe begründeten »wissenschaftlichen und literarischen Abende« von der Großherzogin neu belebt.

Im Jahr 1841 gelang es Maria Pawlowna, Franz Liszt nach Weimar zu verpflichten, der für lange Jahre Hofkapellmeister wurde. Sie wollte Weimar nicht wie ein Museum »mumifizieren«, dennoch tat sie alles, was in ihren Kräften stand, um das Andenken an die Geistesgrößen, die ihre jungen Jahre geprägt hatten, in Ehren zu halten. Aus ihrem Privatvermögen stiftete sie ein Museum für diejenigen, die den Ruhm Weimars begründet hatten.

Neben ihren vielen Talenten hatte Maria Pawlowna die seltene Gabe, Güte, Menschlichkeit und Takt in sich zu vereinen. Als ich einmal ein Buch über Carolyne zu Sayn-Wittgenstein las, die größte Liebe von Franz Liszt, entdeckte ich die erstaunliche Tatsache, daß Liszt ohne den Anteil Maria Pawlownas an dieser Liebesgeschichte seine glücklichsten Jahre im geliebten Weimar nicht erlebt hätte. Diese Geschichte ist mit Rußland verbunden.

Im Jahr 1847 war Liszt auf einer Konzerttournee durch Rußland. In Kiew kam es zu einer Begegnung, die sein Leben verändern sollte. Unter den Zuhörern befand sich auch die schöne junge Fürstin Carolyne zu Sayn-Wittgenstein. Sie war die Gattin eines Generals der Zarengarde und Mutter der kleinen Manetschka, die später Fürstin zu Hohenlohe werden sollte. Carolynes Mann interessierte sich hauptsächlich für seinen Dienst und das Kartenspiel, und ihr Familienleben war freudlos und kalt wie der russische Winter. Belastet von häuslichen Sorgen sehnte sich die junge Fürstin nach neuen Anregungen und einem einfühlsamen Gefährten. Liszt mit seinem romantischen Auftreten und seinem genialen Spiel entsprach genau ihren Wünschen.

Bereits während des Konzerts verfiel Liszt den leuchtenden Augen der schönen Unbekannten, und nachdem er vom Impresario ihren Namen in Erfahrung hatte bringen können, schrieb er ihr einen Brief. In ihrer Antwort lud die Fürstin ihn mit kaum verhohlener Freude auf ihr Landgut ein. Als er die Schwelle ihres Kabinetts überschritt, erstarrte der Komponist in Verwunderung: Alle Wände waren mit seinen Porträts behängt, auf dem Klavier standen die Partituren seiner Kompositionen. Bald mußte Liszt abreisen, aber sein Herz blieb bei seiner Fürstin in Rußland.

Aus Paris schrieb er ihr: »Seien Sie versichert, daß ich wie Romeo den Verstand verliere, so man dieses Gefühl denn Wahnsinn nennen kann. Für Sie zu singen, Sie zu lieben und Ihnen Vergnügen zu bereiten – ich versuche, alles zu tun, um Ihr Leben wunderbar und neu werden zu lassen. Ich glaube an die Liebe – zu Ihnen, mit Ihnen, dank Ihnen! Ohne Sie brauche ich weder Himmel noch Erde.«

Doch die beiden Verliebten konnten nicht zueinanderfinden – nicht in Frankreich, wo die Revolution tobte, und nicht in Rußland, wo die adlige Gesellschaft sie mit Argusaugen beobachtete. Auch Zar Nikolaj I. war mit dieser Liaison nicht einverstanden. Die Lage für das verliebte Paar war verzweifelt, doch da schlug Maria Pawlowna dem Komponisten vor, die Leitung des Weimarer Musiktheaters zu übernehmen. Als Wohnung überließ sie ihm ein kleines Schloß in Altenburg. »Aber ich komme nicht allein, ich bringe jemanden mit«, druckste Liszt herum. Die Herzogin lächelte: »Ich weiß, von wem Sie sprechen. Ich weiß alles, und ich habe tiefes Mitgefühl für Sie. In der ersten Zeit müssen Sie getrennt leben, um meinen Bruder nicht zu erzürnen.«

Schon seit Beginn ihrer Bekanntschaft hatten Nikolaj I. und Liszt sich nicht leiden können. Folgendes hatte sich zugetragen: Bei einem Konzert im Winterpalais unterhielt sich der Zar während Liszts Auftritt mit seinen Höflingen, woraufhin dieser sein Spiel unterbrach und sagte: »Wenn der Zar spricht, schweige ich lieber.« Nikolaj reagierte sofort: »Ihre Kutsche ist vorgefahren, Herr Liszt.« Innerhalb von 24 Stunden verließ Liszt Rußland, doch ein Jahr später kam er zurück, da er von diesem Land und den russischen Komponisten, mit denen er auch später noch im Briefwechsel stand, fasziniert war.

Im Frühling 1848 verließ Carolyne zu Sayn-Wittgenstein samt ihrer Tochter heimlich Rußland und überquerte die Grenze, wo Liszt auf sie wartete. Quer durch das von Revolutionen erschütterte Europa begab sich das Liebespaar ins stille, grüne Weimar, wo für den Komponisten ein bis dahin unbekanntes erfülltes Familienleben begann. Dank Maria Pawlowna verbrachten Franz Liszt und Carolyne in Weimar die zwölf glücklichsten Jahre ihres Lebens. Hier schuf Liszt den großen Zyklus der *Ungarischen Rhapsodien*, die den Höhepunkt seines Schaffens darstellen.

Wenn ich über das Leben der Zarentochter Maria Pawlowna nachdenke, frage ich mich, was wohl das Schwerste an ihrem Schicksal gewesen sein mag. Mir scheint, die dunkelsten Jahre waren die der Napoleonischen Kriege. Das sich verändernde Kräfteverhältnis, hervorgerufen durch die diplomatischen und militärischen Auseinandersetzungen Napoleons mit dem übrigen Europa, brachte die Zarentochter sowohl im übertragenen als auch im direkten Wortsinn zwischen zwei Fronten. Sie mußte ständig gegensätzliche Rollen spielen: die der Gemahlin, die der zukünftigen Großherzogin von Sachsen-Weimar-Eisenach, die der anhänglichen, treuen Schwester des russischen Zaren, die der Gegnerin Napoleons und letztlich die der russischen Patriotin. In ihrer Korrespondenz aus jener Zeit lassen sich die Worte »patriote russe« häufig finden. In einem Brief an die Mutter schreibt sie ganz offen: »Es ist schrecklich, gezwungen zu sein, sich zwischen alter und neuer Heimat zu entscheiden.«

Als während der Befreiung Europas ein Teil der russischen Armee im Jahr 1813 durch das Herzogtum zog, gab Maria Pawlowna ihre Preziosen her, um von dem Geld Militärhospitäler einzurichten. Doch offensichtlich zwang nicht nur der Krieg Maria Pawlowna, zwischen zwei Fronten, zwei Ländern, zwei Familien zu stehen. Obgleich sie die ideale Landesmutter des Großherzogtums Sachsen-Weimar-Eisenach war, blieb sie doch bis zum Ende ihres Lebens eine russische Großfürstin.

Maria Pawlowna (1786 – 1859)

Beim Lesen ihrer Biographie stellte sich mir die Frage, als was sie sich fühlte, nachdem sie mehr als 50 Jahre ihres Lebens in einer deutschen Stadt zugebracht hatte, die ihr Bruder Alexander anfänglich mit Athen verglichen hatte, um sie zu trösten – ein Vergleich, den sie entschieden ablehnte. Ebenso verbat sie sich nach ihrer Ankunft in Weimar jeglichen Vergleich mit St. Petersburg, »um mir das Leben nicht schwer zu machen«, wie sie der Mutter schrieb. Ohne Weimar zu einer Kopie ihrer Heimatstadt zu machen, reifte sie mit der Zeit zu einer echten deutschen Großherzogin, einer weisen, einflußreichen Persönlichkeit heran. Dennoch hörte sie nicht auf, sich auch weiterhin als Angehörige der russischen Zarenfamilie zu fühlen. Häufige Besuche von Landsleuten, die sie immer wieder mit großer Freude bei sich aufnahm, linderten ein wenig ihre Sehnsucht nach der Heimat. Bereits 1805 hatte der Zustrom russischer Reisender nach Weimar derart zugenommen, daß es notwendig wurde, ein neues Hotel, den *Russischen Hof*, zu errichten.

Im Jahr 1853 beging man in Weimar das feierliche Jubiläum anläßlich der 25jährigen Regentschaft von Carl Friedrich und Maria Pawlowna. In der Nacht vom 7. zum 8. Juli 1853, auf dem Höhepunkt der Festlichkeiten, starb Carl Friedrich, der ungeachtet aller Erschütterungen und Umbrüche ein Garant der Stabilität im Großherzogtum gewesen war. Er wurde in der Fürstengruft auf dem Weimarer Hauptfriedhof beigesetzt. Dem Beispiel Anna Amalias folgend, zog sich Maria Pawlowna umgehend aus dem offiziellen Leben zurück und übergab die Regierungsgeschäfte ihrem Sohn Carl Alexander. Wie in ihrem Ehevertrag vorgesehen, zog sie in die Witwenresidenz – die frühere Sommerresidenz Belvedere –, behielt aber nichtsdestoweniger das Recht, auch im Residenzschloß zu wohnen.

Ungeachtet ihrer Trauer versuchte Maria Pawlowna ihren alltäglichen Beschäftigungen nachzugehen: Sie engagierte sich weiterhin im sozialen und kulturellen Bereich. Karl August von Hase, Theologieprofessor in Jena, schrieb: »Die Großfürstin Maria Pawlowna lebt in Belvedere. Sie bewahrt ihren Geist und ihre Würde, ihre Empfindsamkeit und insbesondere ihre Ehrbarkeit. Auch als Witwe beansprucht sie keinerlei staatliche Mittel und gibt sich mit ihren russischen Einkünften zufrieden – jährlich

130.000 Rubel. Die Überschüsse gibt sie an ihre Töchter und vor allem an die Armen, sie unterstützt und hilft, wo sie nur kann.«

Das folgende Jahr 1854 stand ganz im Zeichen ihrer Ankunft in Weimar 50 Jahre zuvor. In der Grußnote der Jenaer Universität werden die Verdienste Maria Pawlownas um die Laboratorien der Universität, die Finanzierung der Mineraliensammlung sowie die Förderung wissenschaftlicher Talente gewürdigt. Aus Anlaß des Jubiläums wurde Glucks Oper *Orpheus und Euridike* aufgeführt. Speziell für den festlichen Anlaß komponierte Liszt eine neue Ouvertüre für das Werk. Des weiteren wurde Schillers *Huldigung der Künste* zur Aufführung gebracht, zu der Liszt ebenfalls die Musik komponiert hatte. Und als Zeichen der besonderen Aufmerksamkeit für die Jubilarin wurde Anton Rubinsteins Oper *Die sibirischen Jäger* gespielt.

Am 16. Februar 1855 feierte Maria Pawlowna ihren 69. Geburtstag. Wenige Tage später erreichte sie die Nachricht vom Tod ihres Bruders Nikolaj. Für die Krönung ihres Neffen Alexander zum Zaren wurde der 6. September 1856 festgelegt. Da das Protokoll ihre Anwesenheit bei diesem Staatsakt vorsah, begab sie sich ungeachtet ihres Alters auf die Reise nach St. Petersburg.

Bald nach ihrer Rückkehr aus Rußland setzte sie ihr Testament auf: »Ich segne das geliebte Land, in welchem ich gelebt habe; ich segne ebenfalls meine teure russische Heimat und insbesondere meine dortige Familie.« In ihrem Testament verfügte sie unter anderem die weitere Finanzierung der von ihr gegründeten Einrichtungen. Ihren Kindern hinterließ sie eine beträchtliche Summe aus ihrer russischen Mitgift; einen Betrag von jährlich 2.000 Talern vermachte sie den Suppenküchen für Bedürftige in Weimar und Eisenach sowie den Schulen für Jungen aus armen Familien. Die Verantwortung für die Frauenvereinigung und das Patriotische Institut übertrug sie ihrer Schwiegertochter, der Großherzogin Sophie. Sophie wurde bekannt durch die Herausgabe der ersten Gesamtausgabe von Goethes Werken (Sophien-Ausgabe). Maria Pawlowna verfügte weiterhin in ihrem Testament den Bau der Russisch-Orthodoxen Kapelle hinter der Fürstengruft, in der sie »in möglichster Nähe bei dem Sarge meines verstorbenen Gemahls bestattet werden« wollte.

Als am 3. September 1857 der 100. Geburtstag ihres Schwiegervaters Carl August begangen wurde, nahm Maria Pawlowna gemeinsam mit Odojewskij an der feierlichen Grundsteinlegung des Carl-August-Denkmals und ebenfalls an der Enthüllung des Doppelstandbildes für Goethe und Schiller am darauffolgenden Tag teil.

Im August 1858 gab es eine letzte Begegnung zwischen Maria Pawlowna und Odojewskij, als dieser anläßlich der 300-Jahr-Feier der Jenaer Universität die Ehrendoktorwürde verliehen bekam. Nach seiner Rückkehr nach St. Petersburg schrieb er Maria Pawlowna einen Brief und legte der Sendung schmackhafte russische Vogelbeerkonfitüre bei. Es war eine Anregung dafür, wie die vielen in der Umgebung von Weimar vorkommenden Vogelbeeren genutzt werden könnten. Maria Pawlowna zog sich eine schwere Erkältung zu, als sie am 16. Juni 1859 das von ihr im Jahr 1854 gegründete *Carl-Friedrich-Damenstift* besuchte. In diesem Stift lebten unverheiratete Töchter von adligen Hofbeamten sowie solche bürgerlicher Herkunft. Sie verstarb sieben Tage nach dieser Visite, am 23. Juni 1859.

Im Jahr 1804, kurz vor dem feierlichen Einzug des Erbprinzenpaares in Weimar, hatte Schiller zu diesem Anlaß fieberhaft vier Tage lang an seiner poetischen Allegorie *Huldigung der Künste* und ihrer szenischen Umsetzung gearbeitet. Von der Aufführung berichteten Zeitzeugen, wie die Verse »Schnell knüpfen sich der Liebe zarte Bande, / Wo man beglückt, ist man im Vaterlande« die Herzen vieler Anwesenden berührten. Die junge Erbprinzessin begann zu weinen, gleichermaßen vor Traurigkeit wie vor Entzücken, denn in diesem besonderen Moment waren diese Worte schlichte Wahrheit und keine poetische Übertreibung.

Es ist erstaunlich, doch je mehr Zeit seit meiner Reise nach Weimar vergangen ist, um so deutlicher erinnere ich mich an sie. Insbesondere erinnere ich mich an die ansehnliche Russisch-Orthodoxe Kapelle unmittelbar hinter der Fürstengruft. Sie wurde in den Jahren 1860 bis 1862 von Carl Heinrich Ferdinand Streichhan als Grabkapelle für die Großherzogin Maria Pawlowna erbaut. Eine breite Öffnung der Grundmauern ermöglicht, daß das großherzogliche Paar nebeneinander und doch nach der jeweiligen Religion getrennt seine letzte Ruhestätte fand.

Bei meinem Besuch fand dort gerade eine Probe eines kleinen russischen Kirchenchors statt. Der vielstimmige, getragene Chorgesang schien die Singenden in einen einzigen lebendigen Organismus zu verwandeln, alles Niedere, Alltägliche war verschwunden und hatte Höherem und Erhabenerem Platz gemacht. Nach der Probe sprachen die Mitglieder der russisch-orthodoxen Gemeinde in Weimar voller Stolz und Wärme von »unserer Maria Pawlowna«. Ganz besonders blieb mir das ergriffene Gesicht eines kleinen russischen Mädchens im Gedächtnis. Ihre Großmutter zeigte ihr zum ersten Mal die Kapelle und erzählte, daß Maria Pawlownas Sarg genau an der Stelle stehe, auf die bei höchstem Sonnenstand die Lichtstrahlen durch die Fußbodenöffnung in die Gruft fallen.

Die Reiterin des Blauen Reiters

Marianne von Werefkin (1860 – 1938)

In Rußland heißt es: Die Freude hat sieben Farben. Die rote Farbe des Jubels, das Orange der Fröhlichkeit, das Gelb für den Genuß, das Grün der Sorglosigkeit, das Hellblau steht für Zufriedenheit, das Dunkelblau für Bewunderung, und das Violett ist die Farbe der Euphorie. All diese Farben vermischten sich im Leben der talentierten jungen St. Petersburger Künstlerin Marianna Werjowkina wie in einem Tautropfen bis zu jenem Unglücksmoment, der ihr Leben in ein Davor und Danach teilte.

Marianne von Werefkin, geboren als Marianna Wladimirowna Werjowkina, war die Tochter eines adligen zaristischen Generals, des Kommandanten der Peter-und-Paul-Festung. Sie war ausgesprochen gebildet und eine beeindruckend virtuose Pianistin; sie sprach sieben Sprachen, hatte sich schon früh einen Namen als Porträtmalerin gemacht und wurde der »russische Rembrandt« genannt. Auf diesem ersten Höhepunkt ihres Erfolges erlitt sie einen schweren Jagdunfall, bei dem sich aus einem am Boden liegenden Gewehr plötzlich ein Schuß löste und eine Kugel ihre rechte Hand durchdrang. Die Hand blieb für ihr restliches Leben verkrüppelt. Marianne von Werefkin erinnerte sich später an diesen Vorfall, als hätte sich ein unsichtbarer Vorhang herabgesenkt und als hätten alle Farben der Freude aufgehört zu leuchten. Sie versuchte, mit den täglichen Schmerzen fertig zu werden und eine Vorrichtung zu ersinnen, die ihr dabei helfen würde, den Pinsel zu führen. Die Versuche, das Zeichnen mit der linken Hand zu erlernen, wechselten mit Verzweiflung, Zorn und dem Wunsch, alles aufzugeben.

In Ilja Repins Villa *Penaten* in Repino hat mich besonders eine unvollendete Zeichnung dieses großen russischen Künstlers beeindruckt. Sie zeigt ihn selbst kniend vor seiner talentiertesten Schülerin, in die er leidenschaftlich verliebt war – Marianna Werjowkina. Das Bild trägt den Titel *Die Erklärung*.

Die junge Frau auf der Zeichnung sieht fröhlich und unbekümmert aus, sie bedeckt ihr Gesicht mit seiner Hand, und durch die gespreizten Finger schaut sie belustigt auf den verlegenen älteren Mann, der vor ihr kniet. Der Kopf der Frau ist detailliert und kunstvoll in Öl ausgeführt wie eine Miniatur, der Rest der Zeichnung nur angedeutet. Heute befindet sich dieses Werk im *Russischen Museum* in St. Petersburg. Es hält einen Sommertag des Jahres 1888 fest; nur einen Tag später ereignete sich der schreckliche Jagdunfall.

Marianne beschrieb den Kniefall von Repin so: »Ich unterhalte mich mit ihm und weiß, daß er leidenschaftlich für mich entbrannt ist. Er wagte nicht, irgendetwas zu verlangen, und ich nahm seine sklavische Ergebenheit hin und kokettierte mit ihm. Er fiel vor mir auf die Knie wie vor einem Altar, doch mich packte der Übermut. Ich sagte: ›Gott schaut Ihnen zu, was mag er von Ihnen denken?‹ und gab gleich selbst die Antwort darauf: ›Er lacht.‹ Ich gebärdete mich als unnahbare Heilige und ahnte nicht, was allzu bald passieren sollte. Am Tag darauf zerschoß ich meine Hand.«

Die zweite Hälfte des Lebens von Marianne von Werefkin nach dem Unfall verbindet sich für mich immer mit dem Bild *Die Frau mit der Laterne* (1910). Eine einsame Frauengestalt, dunkelblaue Hügel – worum geht es in diesem Gemälde? Darum, was dem armen menschlichen Herzen Qualen der Leidenschaft, unerfüllte Hoffnungen, plötzliche Schicksalsschläge – mit einem Wort, all die Schatten des ewigen Dramas des Seins – bedeuten.

»Die Farben schneiden mir ins Herz«, schrieb Marianne von Werefkin, »mein Glaube, das ist mein Leben, alles andere ist nebensächlich, ich habe mir ein Leben aus Illusionen geschaffen, in der realen Welt ist es mir langweilig. Ich sehe das Ende, die Grenze aller Dinge, während meine Seele sich nach dem Grenzenlosen, Ewigen sehnt.«

Ihre wie eine Art Tagebuch geführten Aufzeichnungen mit dem Titel *Lettres à un inconnu* (*Briefe an einen Unbekannten*) lese ich ganz besonders gern, denn in ihnen leuchten ihr Geist und ihre Seele so lebendig. Ich werde Marianne von Werefkin

Marianne von Werefkin (1860 – 1938)

von Zeit zu Zeit daraus zitieren und sie damit selbst zu Wort kommen lassen.

Ihre Freundschaft mit Ilja Repin, ihrem Lehrer in Rußland, hielt viele, viele Jahre. Marianne gehörte zu den wenigen Frauen in Repins Leben, mit denen er über lange Zeit in regem Briefwechsel stand. Zwei der besten Porträts Mariannes, die von Repin im Stil des Realismus ausgeführt wurden, befinden sich in der Ukraine und in Deutschland. Das erste hängt im *Ilja-Repin-Museum* in Tschugujew in der Nähe von Charkow. Auf diesem Bild spielt Mariannes rechte Hand mit einer Kette um ihren Hals, ihre Augen strahlen vor Freude, und in ihrem offen auf den Betrachter gerichteten Blick liegen so viel Klugheit und Charme, daß man das Gesicht dieser jungen Frau lange nicht aus dem Gedächtnis verliert. Das andere Porträt hängt im *Museum Wiesbaden*; es stellt Marianne in weißer Krankenhauskleidung und mit verbundener Hand dar.

Marianne von Werefkin ging in der Malerei konsequent ihren eigenen Weg; irgendwann lehnte sie den Realismus ihrer früheren Arbeiten entschieden ab: »Die Welt des Realismus war mir ebenso fremd wie die Welt des Romantizismus. Ich hatte eine Ahnung von meiner persönlichen Bestimmung ... Ein Mensch wird dann zur Persönlichkeit, wenn er in der Lage ist, jeden Eindruck zu verarbeiten und in seiner Seele neu erstehen zu lassen. Doch erst wenn es ihm gelingt, seinen Gefühlen eine Form zu verleihen, wird er zum Künstler.«

Im Jahr 1892, mit 32 Jahren, lernte Marianne von Werefkin den jungen Offizier Alexej Jawlenskij (Alexej von Jawlensky) kennen, der davon träumte, Künstler zu werden. Der völlig mittellose, vier Jahre jüngere Alexej war Schüler der Akademie der Künste bei Repin. Durch ihn erwachte in ihr auch wieder die Freude am Leben, und es begann erneut in allen Farben zu leuchten: Die rote Farbe des Jubels, das Orange der Fröhlichkeit, das Gelb für den Genuß, das Grün der Sorglosigkeit, das Hellblau steht für Zufriedenheit, das Dunkelblau für Bewunderung, und das Violett ist die Farbe der Euphorie.

Für Marianne war es eine lebenslange Liebe. Viele Jahre später schrieb er über sie: »Die Bekanntschaft mit Marianne von Werefkin hat mein Leben verändert; ich wurde ihr Freund, der Freund dieser klugen und bis zur Genialität begabten Frau.«

Diese »bis zur Genialität begabte Frau« wurde nicht nur seine Lebensgefährtin, Geliebte und Muse, sondern sorgte auch über lange Zeit für den Lebensunterhalt des jungen Künstlers. Sie führte ihn in die moderne Kunstszene ein und finanzierte seine Ausbildung. Obwohl damals alle russischen Künstler von einem Studienaufenthalt in Italien träumten, entschied sich Marianne von Werefkin für Deutschland. Durch den Tod ihres Vaters im Jahr 1896 war sie finanziell unabhängig geworden; zusätzlich zu ihrem Erbe bekam sie eine jährliche Pension. In ihrer Abhandlung *Theorien* schrieb sie 1898: »Zwei Hauptschulen, München und Paris, haben jede ihren eigenen Charakter. München stattet mit Stil, Paris mit Originalität aus.«

Marianne von Werefkin (1860 – 1938)

Sie hatte sich für die Malschule von Anton Ažbè entschieden und reiste mit ihrer Haushälterin Jelena Neznakomowa (Helene Nesnakomoff) und Alexej von Jawlensky nach München, wo sie in der Giselastraße 23 eine wunderschöne Atelierwohnung mieteten. Ihre Münchner Freunde nannten Marianne von Werefkin »Baronesse«; in ihrem berühmten *Rosa Salon* versammelte sie Künstler wie Wassily Kandinsky, Gabriele Münter und Franz Marc. Der Direktor der *Kunsthalle Bremen* Gustav Pauli beschrieb Marianne von Werefkin und ihre Umgebung zu jener Zeit wie folgt: »Nie wieder habe ich eine Gesellschaft kennengelernt, die mit solchen Spannungen geladen war. Das Zentrum, gewissermaßen die Sendstelle der physisch spürbaren Kraftwellen, war die Baronin. Die zierlich gebaute Frau mit den großen dunklen Augen, den vollen Lippen und der – in Folge eines Jagdunfalls – verkrüppelten rechten Hand beherrschte nicht nur die Unterhaltung, sondern ihre ganze Umgebung.«

Bei einem Besuch des *Museums Wiesbaden* fiel mein Blick sogleich auf Alexej von Jawlenskys *Bildnis Marianne von Werefkin* (um 1906). Marianne trägt ihr rotes Lieblingskleid, und man meint, in ihrem Gesicht zu lesen, daß der Traum vom Glück zerstört ist. Verwundert fragt man sich: Was zum Teufel mag da passiert sein? ... Neben dem Bild befindet sich folgender Text von Elisabeth Macke, der Ehefrau des Malers August Macke, den sie nach einem Besuch in der Giselastraße über Marianne schrieb: »Sie war eine ungemein temperamentvolle, starke Persönlichkeit, voll revolutionären Geistes gegen alles Laue und Ängstliche. Wir sahen sie zuerst, als wir in Jawlenskys Atelier eintraten. Eine schmale, hochgewachsene Gestalt ... Sie hatte auch die Herrschaft im Hause, sie bestimmte, und nach ihren Willen mußte alles gehen.«

Zehn Jahre, von 1896 bis 1906, nahm Marianne von Werefkin aus Liebe zu Alexej von Jawlensky keinen Pinsel in die Hand, malte selbst nicht. Sie war der Meinung, daß ihre eigene künstlerische Arbeit Zeit und Aufmerksamkeit beanspruchen würde, die jedoch nur Alexej und seinem Schaffen gehören sollten. Marianne meinte, daß es ihre Berufung sei, ihrem Liebsten zu helfen, ihn anzuleiten und zu inspirieren. Wenn er erfolgreich sein würde, so würde dies ihr Beitrag zur Kunst sein. Während dieser zehn Jahre malte sie zwar nicht, arbeitete allerdings theoretisch.

Faktisch begründete sie die abstrakte Malerei, als deren bekanntester Vertreter heute Kandinsky gilt.

Während Jawlensky sich als Künstler entwickelte und erste Erfolge verzeichnen konnte, deutete sich in Briefen und Tagebucheinträgen Mariannes immer häufiger eine Lebenskrise an. »Mir fehlte der Glaube an mich selbst, ich wollte mit fremden Händen etwas erschaffen, doch jetzt ist es zu spät, zu spät, zu spät. Man kann die Zeit nicht um zehn Jahre zurückdrehen, ich habe schon keine Kraft mehr. Ist wirklich die Künstlerin in mir gestorben, oder verlischt die Schaffenskraft, an die ich so sehr geglaubt habe, in mir? Ja, ich habe mich unbemerkt in ein Nichts verwandelt, es war ein Leben aus zweiter Hand. Welches Verbrechen habe ich da nur gegen mich selbst verübt, ich bin doch ein Künstler und eine Frau und habe beides in mir abgetötet. Ich sterbe, ohne etwas zu erschaffen.«

Es gibt eine weitere Aufzeichnung Mariannes, die verdeutlicht, was in jenen Jahren in ihr vorging: »Heute ist mir klargeworden, daß ich entsetzlich einsam bin. Alle meine Bemühungen der letzten drei Jahre, einen anderen Menschen in der Seele zu berühren, sind gescheitert. Ich habe nach meiner zweiten Hälfte gesucht und geglaubt, sie in Jawlensky erschaffen zu können. Doch ich bin an eine Mauer gestoßen und lasse nun meine Hände sinken. Ich habe mich erniedrigt, aus mir eine Köchin gemacht, eine Sanitäterin und eine Gouvernante mit dem einzigen Ziel, der großen Kunst zu dienen, dem Talent, das ich für würdig hielt, etwas Neues in der Kunstwelt hervorzubringen. Wie kann ich ins Leben zurückkehren? Die Zeit ist vergangen, der Glaube verblaßt. Es ist nur die Leidenschaft geblieben, die in mir brennt mit unvernünftigen Wünschen. Ich will arbeiten – arbeiten bis zum Wahnsinn.«

Die Tragödie bestand für Marianne von Werefkin auch in den ungeklärten persönlichen Beziehungen. 1902 hatte ihre Haushälterin Helene Nesnakomoff einen Sohn zur Welt gebracht, dessen Vater Jawlensky war. Dennoch blieben sie alle zusammen in Marianne von Werefkins Wohnung, und sie schaffte es nicht, ihr Verhältnis zu Jawlensky zu beenden. Zwischen den beiden bestand offenbar eine enge Seelenverwandtschaft, und auch in ihrem Denken standen sie sich besonders nahe. Beim Lesen der Briefe, die sie vom Dezember 1909 bis Ostern 1910 an ihn schrieb, wurde mir diese Verbundenheit besonders deutlich. Sie schrieb ihm täglich! Während jener Zeit war sie zu Gast bei ihrem Bruder Pjotr in Kowno (Kaunas), wo dieser Gouverneur war. Sie erkrankte plötzlich so schwer, daß sie ihren Aufenthalt bis April 1910 ausdehnen mußte. Jawlensky antwortete ihr ebenfalls fast jeden Tag und berichtete von seinen Plänen und Ideen.

Hier sind noch einige Zeilen aus einem ihrer Briefe, die mich beeindruckt haben: »Es wird mir auf ewig leid tun, daß ich all dies ohne Dich erlebe. Drei Monate der Trennung, drei Lebensmonate so weit voneinander entfernt, wo doch schon ein einziger Tag ohne Dich eine Qual für mich ist. Und glaube mir, daß nur die unvorstellbare Schönheit, die mich umgibt, mich all dies aushalten läßt. Über alldem liegt ein Schleier der reinen russischen Sehnsucht, gewebt aus Schönheit und Traurigkeit, aus Poesie und Furcht, aus atemberaubender Landschaft und namenlosem Schrecken, aus sehnsüchtigem Pochen des Herzens und dumpfem Grauen.« Vielleicht war es dieses Empfinden der »reinen russischen Sehnsucht«, das Marianne von Werefkin in einem meiner Lieblingsbilder, dem Gemälde *Garten der Frauen* (1910), wiedergeben konnte.

Dort, in Kowno, erarbeitete sie die Grundzüge ihrer einzigartigen Konzeption zur Paradoxie der »schrecklichen Schönheit«, die untrennbar mit dem Leben verbunden ist, da Schönheit und Häßlichkeit nicht nur zusammengehören, sondern sich sogar gegenseitig ergänzen. Und so schrieb sie an Jawlensky: »Diese schreckliche Schönheit erhebt ihre Stimme immer lauter und lauter in mir. Stell Dir vor: ein schwarzer Berg vor schmutzig-grauem Himmel, ganz und gar schwarz und mit noch schwärzeren Häusern darauf, dann plötzlich unten ein feuerrotes Haus, eine violette Baracke, dazu Flecken schneebedeckter Stellen und darauf schwarze Menschen, aufgereiht wie Krähen.«

Die Briefe Marianne von Werefkins werden heute in der Handschriftensammlung der Nationalbibliothek Litauens in Vilnius aufbewahrt. Doch wie gelangten sie dorthin? Vermutlich hat sie ihr Bruder Pjotr 1938 nach ihrem Begräbnis aus Ascona mitgenommen.

Im Jahr 1906, als Marianne von Werefkin 46 Jahre alt war, begann sie, wieder zu malen. Sie entwickelte einen neuen Stil, der die engen Grenzen des russischen Realismus hinter sich ließ. Zu jener Zeit hörte sie auf, Tagebuch zu schreiben, und beendete ihre Aufzeichnungen mit folgenden Worten: »Meine Kunst, die ich für die Liebe aufgab, kehrt zu mir zurück und ist wichtiger als je zuvor. Ich habe in mein Herz geschaut, und es ist zur Ruhe gekommen. Nun kann ich dieses Heft schließen.«

Sie glaubte wieder an sich und ihre Berufung als Künstlerin: »Ich verstehe besser als jemals zuvor, daß meine Kunst inspiriert wird durch die Tiefe meiner russischen Seele, und ich habe verstanden, daß auf russische Art zu leben das Grauen bedeutet.«

Schauen Sie sich aufmerksam ihr *Selbstbildnis* aus dem Jahr 1910 an; es ist eines der besten Werke des deutschen Expressionismus! Man kann den brennenden Blick dieser Frau nicht vergessen. Oder nehmen Sie eine ihrer anderen Arbeiten, die *Herbstschule*. Betrachtet man dieses Bild, vermeint man Mariannes Stimme zu hören: »Ich sehe hier nicht nur die äußere Hülle ungewöhnlicher Schönheit, sondern erkenne in allem auch mich selbst, all das, was in mir lebt und leidet, solange ich mich erinnern kann. Dieses schreckenerregende Grauen, das immer in mir ist, ich finde es überall, doch nun quält es mich nicht länger, sondern gibt mir eine fast schmerzhafte Befriedigung. Es ist, als hätte meine Seele mich verlassen, würde um mich tänzeln und mir siegesgewiß zuraunen: ›Na, komm, hier ist meine Form, fang mich ein‹.«

In Marianne von Werefkins Bildern pulsiert das Leben; es scheint, als erhöbe es sich über die nüchterne Realität und vergäße dabei vollkommen, wieder auf dem Boden zu landen. Es ist, als entwürfen diese Bilder eine zwar eigentümlich mystische, dennoch vollständige Welt. Die Künstlerin selbst erklärte: »Ich liebe Dinge, die es nicht gibt. Ich liebe die Liebe, die nicht existiert, die über mir schwebt wie etwas Unsichtbares, wie ein nicht greifbarer Duft, die mich ferne verzauberte Länder ersehnen läßt, den Kopf füllt mit Wunderbildern, mich stark macht, mich wachsen läßt und die alle Wesen zur Vervollkommnung treibt.«

Im Jahr 1908 wurde im renommierten Salon der Baronesse Werefkin die Idee zur Gründung einer Künstlervereinigung geboren, und 1909 erfolgte die offizielle Registereintragung als *Neue Künstlervereinigung München*. Zwei Jahre später entstand aus

Marianne von Werefkin (1860 – 1938) 53

diesem Zusammenschluß die berühmte Gruppe *Der Blaue Reiter*. Der Name stammt von Kandinsky und Marc; beide liebten besonders die Farbe Blau und waren zudem leidenschaftliche Pferdeliebhaber. Auch Marianne von Werefkin gefiel dieser Name, denn eine der schönsten und außergewöhnlichsten Episoden ihres Lebens stand in Verbindung mit einem Pferd. Als Jugendliche hatte sie sich einmal als Kadett verkleidet und war einer Parade zu Ehren des Zaren vorangeritten, wobei sie die festgefügte Ordnung dieses Spektakels durcheinanderbrachte. Alle erwarteten einen Skandal, doch als der Zar erfuhr, um wen es sich bei diesem »Kadetten« handelte, schmunzelte er nur amüsiert und lud die Amazone ein, beim Abendessen an seiner Seite zu sitzen.

Die expressionistische Dichterin Else Lasker-Schüler nannte Marianne von Werefkin in einem ihrer Briefe aus dem Jahr 1913 »des blauen Reiterreiterin«. Kunstwissenschaftler bezeichnen Marianne von Werefkin als »Geburtshelferin des deutschen Expressionismus«. Über den *Blauen Reiter* ist viel geschrieben worden. Den Münchner Stadtteil Schwabing kannte früher jeder Russe, weil er zeitweiliger Wohnort Lenins war, der dort seine Theorien entwickelte, heute kennt ihn jeder russische Kunstliebhaber als Geburtsstätte des *Blauen Reiters*. In der russischen *Enzyklopädie der Weltkunst* heißt es: »Drei der Künstler, die den harten Kern des *Blauen Reiters* in München bilden sollten, stammten aus Rußland: Wassily Kandinsky, Marianne von Werefkin und Alexej Jawlensky. Die anderen drei, Franz Marc, Gabriele Münter und August Macke, waren Deutsche.«

Im Jahr 1908 machten sich Marianne von Werefkin, Alexej von Jawlensky, Wassily Kandinsky und Gabriele Münter zu einem Arbeitsaufenthalt in die bayerischen Alpen auf. Das Städtchen Murnau gefiel allen derart gut, daß die vermögende Gabriele Münter dort ein Haus kaufte. Dieses Haus wurde später als *Russenhaus* bekannt. Das freie Zusammenleben der vier Künstler sorgte für Unruhe unter den Einheimischen. Für die Künstler wurde Murnau zu mehr als einem Wohnort, es war die zeitweilige Hauptstadt des deutschen Expressionismus. Wassily Kandinsky nannte man den Kopf, Marianne von Werefkin das Herz des *Blauen Reiters*.

Im Jahr 1914 mußten alle russischen Staatsbürger München innerhalb von 48 Stunden verlassen. Sämtliche Bilder von Marianne und Alexej blieben in ihrer dortigen Wohnung zurück, denn sie durften nur mitnehmen, was sie tragen konnten. Sie ließen sich in dem Schweizer Städtchen Saint-Prex nieder. Mit Beginn des Krieges wurde die Pension, die Marianne vom russischen Staat erhielt, erheblich gekürzt. Nach einem freien und wohlversorgten Künstlerleben in München, einem Zentrum des kulturellen Lebens, fanden sich die beiden plötzlich in der provinziellen Einöde wieder. Sie mieteten die obere Etage eines kleinen Hauses an der Allee, die zum See führt. Mit ihnen lebten immer noch Helene Nesnakomoff, Jawlenskys zukünftige Frau, und Andrej (Andreas), der Sohn von Helene und Alexej, der allerdings als Alexejs Neffe ausgegeben wurde. Jawlensky schreibt in seinen Memoiren: »In Saint-Prex wohnten wir drei Jahre. Die Wohnung war klein, und ich hatte kein eigenes Zimmer, mir gehörte nur ein Fenster. Wegen all der schrecklichen Ereignisse war es in meiner Seele so dunkel und unglücklich, daß ich froh war, einfach nur am Fenster sitzen und meine Gefühle und Gedanken ordnen zu können. Ich hatte wenige Farben und keine Staffelei. Einmal fuhr ich nach Lausanne, 20 Minuten mit der Eisenbahn, und kaufte einem Fotografen für vier Franken seine Staffelei ab, auf der er bis dahin seine Fotografien ausgestellt hatte. Diese kleine Staffelei taugte eigentlich gar nicht für die Arbeit, aber ich malte mehr als 20 Jahre daran und schuf auf ihr einige meiner besten Bilder.«

Im Jahr 1915 beteiligte sich Jawlensky an einer Ausstellung in Lausanne, sein Bild *Der Buckel* (1911) beeindruckte eine Ausstellungsbesucherin, die deutsche Künstlerin Emmy Scheyer, derart, daß sie ihn kennenlernen wollte, und sie traf ihn in Saint-Prex. So begann eine Bekanntschaft, die letztlich für das Ende der Beziehung zwischen Alexej und Marianne mit ausschlaggebend war. Wegen ihres schwarzen Haars nannte er Emmy Scheyer »Galka«, was auf russisch »Dohle« bedeutet.

Emmy Scheyer beschloß, die eigene Malerei zugunsten der Förderung von Jawlensky aufzugeben. Die um 25 Jahre jüngere Frau nahm Mariannes Platz in Alexejs Leben ein, sie war es auch, die ihn dem reichen Sammler Heinrich Kirchhoff aus Wiesbaden vorstellte. Sie organisierte seine Ausstellungen, machte ihn zuerst in Deutschland und anschließend in Amerika bekannt.

Marianne von Werefkin (1860 – 1938)

Den Jahreswechsel 1916/17 feierten Marianne und Alexej noch gemeinsam; sie planten sogar ihren baldigen gemeinsamen Umzug nach Zürich. In dem winzigen Dorf am Genfer See fühlten sie sich vom kulturellen Leben zu sehr abgeschnitten. Zürich galt zu jener Zeit als Zentrum der europäischen Avantgarde; dort wurde bereits stürmisch die Geburt des Dadaismus gefeiert. Schon im Dezember 1916 hatte Han Corray, ein Förderer der Dadaisten, in Zürich in der Bahnhofstraße 19 eine Ausstellung mit Werken Marianne von Werefkins veranstaltet, in der Ölbilder, Bleistift- und Kohlezeichnungen zu sehen waren. Nach ihrer Übersiedlung standen Marianne und Alexej im Mittelpunkt des kulturellen Geschehens; sie waren Stammgäste im *Odeon*, wo sich die damalige Kulturelite regelmäßig ein Stelldichein gab.

Doch bereits ein Jahr später verließen Marianne und Alexej wieder Zürich. Warum? Ende 1917 war Alexej an der damals in ganz Europa grassierenden Grippe erkrankt, und die Ärzte empfahlen einen Wohnort jenseits der Alpen, und so übersiedelten sie Ostern 1918 nach Ascona. Das Künstlerpaar zog in das kleine *Castello Bezolla*, ein Haus mit Türmchen direkt an der Piazza am Ufer des Lago Maggiore. Alexej erinnerte sich: »Die drei Jahre, die wir in Ascona verbrachten, waren die interessantesten in meinem Leben, weil die Natur dort mächtig und geheimnisvoll ist und dazu zwingt, mit ihr im Einklang zu leben. Tagsüber ist es eine erstaunliche Harmonie und nachts etwas Dämonisches. Wir kamen Ende März nach Ascona und mieteten eine Wohnung direkt am See. Es war eine regenreiche Periode, und der Regen fiel den ganzen Tag ohne Pause, mal stärker, mal schwächer. Dennoch war es zauberhaft, denn in der Wärme öffneten sich die Knospen. Der Lago Maggiore war melancholisch, oft in Nebel gehüllt, die über dem Wasser hingen.« In jener Zeit zeichnete er seine ungewöhnlichen Gesichter und Köpfe, die man später die »Ikonen des 21. Jahrhunderts« nannte.

In Ascona erfolgte der tragische Bruch zwischen Marianne und Alexej. Er heiratete schon bald Helene Nesnakomoff, die Mutter seines Sohnes Andreas. Es heißt, der wahre Trennungsgrund sei die Verarmung Mariannes gewesen; sie konnte Alexejs Unterhalt nicht mehr bestreiten, weil nach der bolschewistischen Revolution ihre Pension nicht mehr ausbezahlt wurde. Für Marianne brachen schwere Jahre an.

Emmy Scheyer wurde Alexejs neue Mäzenin. Trotz anfänglicher Bedenken wegen seiner Ausweisung aus Deutschland im Jahr 1914 siedelte er samt seiner neuen Familie nach Wiesbaden um. Er verließ Marianne, mit der er fast 30 Jahre zusammengelebt hatte. Seine Vorahnungen sollten sich schließlich als begründet erweisen, denn nach der Machtübernahme der Nationalsozialisten durfte er als sogenannter »entarteter Künstler« nicht mehr ausstellen.

Marianne von Werefkin blieb mittellos und vereinsamt in der Schweiz zurück. An ihre Freunde Lily und Paul Klee schrieb sie über ihren Kummer nach der Trennung von Jawlensky: »Die 27 Jahre unseres gemeinsamen Lebens liegen zertreten in Staub und Schmutz auf dem Marktplatz in Ascona. Ich weiß nicht, was sein wird, aber es ist mir auch gleichgültig. Ich habe viel zuviel ertragen müssen, um noch an irgendwas zu leiden. Da ich, wie Sie wissen, nur 5 Franken erhalte, habe ich mich als Vertreterin für den Verkauf von Medikamenten verdingt. Nur so kann ich weiter existieren. Daß ich als Künstlerin, anstatt zu malen, den Ärzten Medikamente verkaufen muß, verdanke ich jenem Menschen, der seinerseits mir von A bis Z seine gesamte Kunst verdankt.«

Als Medikamentenvertreterin arbeitete sie nicht lange, sondern versuchte, durch das Zeichnen von Ansichtskarten für Touristen ihren Lebensunterhalt zu verdienen. Dabei knüpfte sie enge Kontakte zu den Bewohnern des Ortes, die sie liebevoll »Nonna di Ascona« nannten.

»Ascona hat mich gelehrt, nichts Menschliches zu verachten, das große Glück des Schaffens und die Armseligkeit der Existenzmöglichkeit gleichermaßen zu lieben und sie als Schatz der Seele in mir zu tragen«, schrieb Marianne von Werefkin ihren Freunden Carmen und Diego Hagmann im Jahr 1931. Die Künstlerin lebte wochenlang ohne Geld, borgte es sich bei den Nachbarn für den Kauf von Briefmarken. Als jedoch der vermögende Max Emden, Besitzer einer Kaufhauskette in Deutschland, von ihrer Bedürftigkeit erfuhr und einen seiner Angestellten zu ihr schickte, um irgendeines ihrer Bilder zu kaufen, lehnte sie aus Stolz ab, denn ein solches Ansinnen beleidigte ihre Ehre als Künstlerin.

In den letzten Jahren ihres Lebens arbeitete sie viel, nahm an Gruppenausstellungen der Künstlervereinigung *Der Große Bär* in Ascona teil; doch brachte ihr das weder Erfolg noch Geld. Sie machte Schulden, lebte auf Pump, ohne die Möglichkeit, jemals etwas zurückzahlen zu können. »Meine persönlichen Bedürfnisse sind bescheiden, wenn ich gesund bin, doch meine Kunst erfordert beträchtliche Ausgaben, und wenn ich krank bin, so kostet das auch Geld. Mit meinem Tod werden alle meine Schulden erlöschen, und deshalb leide ich nicht an meiner schweren Situation.« Ungeachtet der Depressionen, unter denen sie litt, und der chronischen Armut fand Marianne von Werefkin in sich die Kraft zu zeichnen und zu zeichnen. Immer wieder wurde die Kunst zu ihrer Retterin, und das Feuer ihres Talents strahlte so hell, daß unerwiderte Liebe, das Leid und die Depressionen zu Asche verbrannten. 1919 schrieb sie an einen Freund: » ... bis heute war ich Jawlensky die treueste Frau, der selbstloseste Freund. Alles habe ich ihm gegeben; alles, was er jetzt hat. Heute zahlt er es mir zurück, doch wie? Jahre vergingen, wir liebten uns und arbeiteten, andere Frauen standen zwischen uns, ich protestierte, aber sagte mir stets, daß ich um seinen Leichtsinn wußte und daß ich doch die einzige war, die er liebte.«

In den letzten Jahren vor ihrem Tod verschenkte Marianne von Werefkin 500 ihrer Bilder, nur selten wollte jemand eines kaufen. Doch selbst den wenigen Käufern gegenüber trat sie ungewöhnlich fordernd auf: »In der Kunst verteidige ich den Glauben, das Handeln und die Welt; doch wehe mir, wenn sie mir zu nahe kommen, weil ich im Kampf um mein künstlerisches Ich jede Minute bereit bin, alles über Bord zu werfen, auch wenn es mir noch nützlich sein könnte. Ich kenne den Wert meiner Arbeiten und fordere Achtung gegenüber meiner Kunst!«

Und weiter: »Wir Künstler müssen durch persönliches Leid gehen, hin zur Aussöhnung mit dem Leben, und es in allen seinen Erscheinungen annehmen. Auf den Trümmern unseres Lebens müssen wir eine Kathedrale der Hoffnung und des Glaubens für andere errichten. Dies ist mein Weg, er ist sehr schwer, doch er gibt dem Leben Sinn.«

Ihre Bilder aus jener Periode sind wunderschön: voller Ruhe, innerem Frieden und Freude. Kunstwissenschaftler sind der Meinung, daß die späten Arbeiten Marianne von Werefkins erfüllt sind von einer »freudigen Religiosität«, einem neuen Ich. »Ich bleibe mir treu, streng zu mir selbst und großzügig gegenüber anderen ... Ich erschaffe bewußt Illusionen und Träume, darin bin ich Künstler ... Ich bin nicht Mann, nicht Frau, ich bin ich.«

Was will Marianne von Werefkin uns in ihren letzten Bildern mitteilen? Erzählen sie davon, wie schnell die Zeit vergeht, erzählen sie von unerfüllten Träumen und Hoffnungen, von vergeblicher Seelenqual, davon, wie sehr die Liebsten uns doch verletzen können? Erzählen sie von der Unmöglichkeit, mit anderen vollkommen zu verschmelzen, davon, daß mehr Schatten als Licht ist im Leben?

Unter den letzten Fotografien von Marianne von Werefkin gibt es eine aus dem Jahr 1928, die sich mir ganz besonders eingeprägt hat: Sie steht auf dem Balkon ihrer Atelierwohnung, an dem ein Schild mit dem Hinweis »Nicht zu sprechen!« angebracht ist. Die »Nonna di Ascona« arbeitete, ohne sich ablenken zu lassen. Sie starb am 6. Februar 1938. An ihrer Beerdigung nahm ganz Ascona teil; aus Mailand reiste ein orthodoxer Geistlicher an, um die Totenmesse zu zelebrieren. Berühmtheit erlangte die auf dem Friedhof von Ascona beigesetzte Künstlerin erst Jahrzehnte nach ihrem Tod.

Wäre ich Bildhauerin und sollte dieser berühmten Emigrantin ein Denkmal setzen, dann gestaltete ich keine verlassene, einsame Alte, sondern erschüfe eine extravagante Dame mit Staffelei und stellte diese Skulptur in Ascona auf. Heute kann man die Arbeiten Marianne von Werefkins im *Museo Comunale d'Arte Moderna Ascona* sehen. Dort sind 70 ihrer Bilder ausgestellt. Im August 2011 betrat ich erstmals mit vor Aufregung pochendem Herzen in Ascona auf der Piazza Motta das Haus Nummer 61, die ehemalige *Casa Perucchi*, Domizil der Familie Perucchi. Früher wurden einige Wohnungen im Haus vermietet. In der ersten Etage dieses Hauses, im Eckzimmer mit Balkon, lebte Marianne von Werefkin die letzten 20 Jahre bis zu ihrem Tod. Jetzt beherbergt dieses Haus das Hotel *La Meridiana*. Ich hatte das Glück, vom Besitzer des Hotels, dem sportlich-eleganten, älteren Signor Luciano Perucchi, empfangen zu werden. Ich war beeindruckt von seinem einnehmenden Wesen, von seiner Lebensweisheit und – am wichtigsten für mich – von seinem großartigen Gedächtnis. Er selbst hatte als Junge Zeichenunterricht bei Marianne von

Werefkin gehabt. Noemi und Rosetta, seine beiden Tanten, waren enge Freundinnen der Künstlerin gewesen und hatten ihm viel über sie erzählt.

Als Marianne von Werefkin ihre Unterkunft nicht mehr bezahlen konnte, durfte sie wie ein Familienmitglied kostenlos in ihrem Zimmer wohnen bleiben. Rosetta führte in den letzten Jahren den Briefwechsel für die Künstlerin, und Noemi brachte ihr oft das Essen aufs Zimmer. Luciano Perucchi beschrieb Marianne von Werefkin folgendermaßen: »Sie war außergewöhnlich und einzigartig in allem, was sie tat! Sie war der auffälligste Mensch in ganz Ascona. Staunen und Bewunderung – das sind die Worte, mit welchen meine beiden Tanten ihre Beziehung zu dieser Künstlerin schilderten. Marianne trug besonders gern eine Art Turban und um den Hals schwere, lange Perlenketten; sie sprach mit wundervoll weicher Intonation, und sie liebte die Feste in Ascona, an denen sie regelmäßig teilnahm. Doch mehr als alles andere auf der Welt liebte sie es, zu zeichnen. Schauen Sie, dort, wo sich heute die Rezeption befindet, war früher das Zimmer meiner Großtante. Und davor, zwischen Wand und Schrank, standen Marianne von Werefkins Bilder. Wie viele es waren!

Wir alle liebten Marianne wegen ihrer Güte und Lebenslust; für sie war es ein Vergnügen, anderen eine Freude zu bereiten. Als meine Eltern heirateten, schenkte sie ihnen eine von ihr gemalte Ansicht der Schweizer Stadt Freiburg. Meine Mama stammte aus Freiburg, und es rührte sie zu Tränen, daß die Künstlerin ihre Heimatstadt so wunderbar dargestellt hatte. Ich selbst lernte erst im Laufe der Jahre den Wert ihrer Malerei zu schätzen. Hier am *Collegio Papio* in Ascona unterrichtete der Benediktinerpater Hugo Sander, ein großer Bewunderer des Schaffens der russischen Malerin. Er lehrte mich, ihre Bilder neu zu sehen – die grobe Ausführung der reflektierenden Farben, die strenge und ruhige Pinselführung, welche förmlich die ganze Szenerie des Tages mit breiten Strichen überdeckt, nur um dadurch das Wesentlichste aufzudecken, den Kern des Ereignisses, die Stimmung, das Wellenspiel des Lago Maggiore, die scharfen Silhouetten der Berge. Das ist einfach unglaublich geniale Kunst!

Marianne waren eine besonders mutige, außergewöhnliche Art des Sehens, ein starkes Interesse an allem Neuen und die

Fähigkeit, die Ästhetik einer sich ständig verändernden Welt fühlen zu können, eigen. Sie nahm in ihre Malerei alles Ganzheitliche, Wahre und Schöne freudig auf. So verstehe ich heute ihr Werk.

Leider sind meine Tanten Noemi und Rosetta schon lange tot. Aber wer sonst könnte Ihnen noch etwas aus Mariannes Leben erzählen? Mein 97jähriger Onkel Renato lebt noch, er kannte sie auch sehr gut. Er berichtete, daß sie selbst in ihren einsamen letzten Jahren nicht resignierte. Sie war viel zu lebendig, um sich in Trauer, Erinnerungen und Arbeit zu vergraben. Sie hatte ein großes Talent zu lieben, auf eine unteilbare, sehr poetische Art, so daß die Liebe ihre Kunst durchdrang und sich vereinigte mit der atmenden Welt.«

Ich fragte etwas schüchtern, ob ich Mariannes Zimmer vielleicht einmal sehen könne. »Natürlich!« war die freundliche Antwort. Als wir das Zimmer mit der Nummer 240 betraten, ließ mich meine Verwunderung auf der Schwelle verharren. Der Raum ist zwar ein ganz normales Hotelzimmer, doch vom Balkon aus eröffnet sich ein atemberaubender Blick auf den See. Auf die Wand rechts von der Balkontür ist in brauner Tempera, circa 30 mal 40 Zentimeter groß, eine junge Frau mit Kind gezeichnet. Soll sie die Gottesmutter darstellen? Doch das Gesicht der Frau erinnert nicht an eine Ikone, die vollständige Harmonie unterstreicht die Zärtlichkeit einer jungen Mutter.

»Ja«, bemerkte Signor Perucchi, »ich hätte fast völlig vergessen zu sagen, daß sämtliche Wände in Mariannes Zimmer über und über mit Entwürfen für ein Triptychon bedeckt gewesen sind. Leider sind bei Renovierungen alle bis auf diesen hier verlorengegangen.«

Ich konnte meinen Blick kaum von der Zeichnung lösen, etwas sehr Vertrautes, Heimatliches, Russisches lag im Ausdruck der jungen Mutter. Sie erinnerte mich an eine lang zurückliegende Episode. Einmal stellte ich einer Frau, die in jungen Jahren während der Stalinzeit in ein Straflager geraten war, folgende Frage: »Was hat Ihnen die Kraft gegeben, zu überleben und alles das auszuhalten?« Ihre Antwort beeindruckte mich sehr: »In meiner Kindheit wurde ich sehr geliebt.« Das heißt doch nichts anderes, als daß ein hohes Maß an erhaltener Liebe den Menschen in jeder Lage, selbst in der unmenschlichsten, zu erretten vermag.

Marianne von Werefkin (1860 – 1938)

Marianne von Werefkin blickte auf eine glückliche Kindheit zurück und erinnerte sich, daß ihr Vater sie so sehr geliebt hatte, daß er bereit gewesen war, »ihr jegliches Steinchen aus dem Weg zu räumen.« Vielleicht ist diese Zeichnung an der Wand Ausdruck der Erinnerung an ihre russische Kindheit.

Das letzte Selbstbildnis Marianne von Werefkins ist eine unvollendete Zeichnung, die in keinem Katalog ihrer Werke verzeichnet ist. Es hängt im zweiten Stock des Museums in Ascona, ganz am Ende. Wenn Sie es einmal gesehen haben, werden Sie dieses merkwürdige Porträt niemals vergessen. Auf einem großen Blatt sieht man ihr Gesicht, die Augen geschlossen, als horchte sie in sich hinein, und in der rechten Ecke eine rote Blume, Fleißiges Lieschen genannt, weil sie unentwegt vom Frühjahr bis in den Herbst blüht. So viel Lebenskraft ist in dieser kleinen Pflanze!

Und noch eine Entdeckung machte ich in Ascona: Ernst Alfred Aye. Er war mit Marianne von Werefkin bis zu ihrem Tod freundschaftlich verbunden. Sie hatte den in Berlin lebenden kaufmännischen Angestellten, Sohn eines Dresdener Hofpredigers, während seines Urlaubs in Ascona kennengelernt, und nannte ihn Santo.

Es sind Fotografien erhalten geblieben, auf denen sie sich glücklich in den Armen halten, und Marianne von Werefkin hat ihren Liebsten auf Bildern verewigt. So war er zum Beispiel Modell für die Figur des Priesters in ihrem Gemälde *Ave Maria* (1927). Auch Aufzeichnungen einer gemeinsamen Italienreise sind noch vorhanden. Ihre Bekanntschaft begann 1920, als Marianne von Werefkin in einer tiefen Depression steckte, nachdem Jawlensky sie verlassen hatte. Mit dem Auftauchen von Santo in ihrem Leben wurde es wieder heller um sie, und die Welt leuchtete in all ihren Farben. Nach ihrer ersten Begegnung schrieb sie: »Und das Wunder geschah, ich sehe und treffe ihn in Wirklichkeit, gerade ihn, meinen Typ, meinen Santo. Ihm begegne ich in Ascona, und dies in dem Augenblick, da ich tot und blind war, mir alles gleichgültig und nutzlos schien, um mich herum nur Leere – da öffne ich die Augen und möchte weinen. Gott, welches Glück! Mein lebendiger Santo steht vor mir. Er denkt, die Alte ist verrückt geworden, aber dies ist unwichtig. Ich wurde wieder Malerin.«

In einem späteren Brief heißt es: »Ich arbeite viel bei den warmen Strahlen der Liebe und Freundschaft Santos. Er ist mein Trost, er ist das, was ich das ganze Leben suchte, ohne es zu finden. Er kam in der letzten Stunde.« Nach ihrem Tod erbte Ernst Alfred Aye alle Bilder Werefkins.

Ehe ich aus Ascona abreiste, besuchte ich noch einmal das Haus an der Piazza Motta. Auf der gegenüberliegenden Straßenseite steht eine alte Platane, die ich schon auf einer Fotografie aus dem Jahr 1929 gesehen hatte, auf der Marianne mit ihrem zu Besuch weilenden Bruder Pjotr unter diesem Baum sitzt. Früh am Morgen, stets um die gleiche Zeit, beginnt die mächtige Platane zu leben, ihre Zweige senken sich unter der Last einer Vielzahl von Spatzen. Mal ist ein ganzer Vogelchor zu hören, mal ein Trio oder ein Duett und vereinzelt auch Solisten. Die Sänger springen von Ast zu Ast, um dann plötzlich, wie auf ein geheimes Kommando, davonzufliegen. Es ist wie ein musikalisches Begrüßungsritual. Vielleicht ist es schon immer so gewesen, und auch Mariannes Tag begann mit diesem Konzert, wenn sie ihre Balkontür öffnete, ihr Schild »Nicht zu sprechen!« an das Gitter hängte und sich an die Arbeit machte. Das Schild wurde übrigens, so erzählte mir Signor Perucchi, von einer seiner Tanten angefertigt.

Der Beginn meines Interesses für Marianne von Werefkin liegt viele Jahre zurück. Als ich in Moskau lebte, verwahrte ich eine Hälfte meines Gehalts in einem Puschkin-Band und die andere Hälfte, jene für die täglichen Ausgaben, in einer Sammlung deutscher Gedichte. Und so stieß ich auf die ungewöhnlichen Verse von Else Lasker-Schüler, die sie ihrer Freundin Marianne von Werefkin gewidmet hatte. Wer war diese Frau? War sie Russin? So begann ich meine Nachforschungen.

Hier nun das Gedicht:

Marianne von Werefkin

Marianne spielt mit den Farben Rußlands malen:
Grün, Hellgrün, Rosa, Weiß,
Und namentlich das Kobaltblau
Sind ihre treuen Spielgefährten.

Marianne von Werefkin (1860 – 1938)

Marianne von Werefkin –
Ich nannte sie den adligen Straßenjungen.
Schelm der Russenstadt, im weiten Umkreis
Jeden Streich gepachtet.

Ihren Vater, der Verweser Alexanders,
Trägt sie im Medaillon um ihren Hals.
Marianne malte ihn, achtjährig war sie erst:
Hier fiel vom Himmel eine Meisterin.

Goldene Saat wächst auf ihrer Landschaft,
Wenn gottgefällig sich ein Bauernvolk
Im Kreise um die reiche Ernte freut.
Man hört vom Turm Geläut, malt sie den Sonntag.

Mariannens Bilder sind Geschöpfe,
Sie atmen und voll Leben strömen sie
Und wie ein Meer und wie ein Wald
Bergen sie auch tiefsten Frieden in sich.

Mariannens Seele und ihr unbändig Herz
Spielen gern zusammen Freud und Leid,
Wie sie so oft die Melancholie
Hinmalt mit zwitschernden Farbentönen.

Marianne von Werefkins Gesicht sah ich zum ersten Mal auf einem Porträt von Gabriele Münter, zu dem es eine Geschichte über das Erbe der Künstler des *Blauen Reiters* gibt. Im Alter von 80 Jahren, fünf Jahre vor ihrem Tod, stellte Gabriele Münter 1957 Bilder der *Blauen Reiter* aus, die sie in ihrem Murnauer Gartenhaus gelagert hatte. Die Ausstellung im *Lenbachhaus* in München war eine Sensation. Eine der schönsten Arbeiten war Münters Porträt der Marianne von Werefkin, auf dem sie, unter einem prächtigen Hut hervorblickend, den Betrachter freundlich ansieht.

In Rußland blieb der Name Marianne von Werefkin lange Jahre unbekannt. Erst vor kurzem, dank der Ausstellung *Amazonen der Avantgarde*, die in Berlin, London, New York und Moskau gezeigt wurde, konnte die russische Öffentlichkeit endlich das Werk dieser bemerkenswerten Frau kennenlernen. »Werefkina ist in die Heimat zurückgekehrt«, so meldeten russische Zeitungen am 10. September 2010. Anläßlich ihres 150. Geburtstags wurde in der *Tretjakow-Galerie* in Moskau die erste große Ausstellung der Künstlerin in Rußland eröffnet. Ihr Name war bis dahin nur einem kleinen Kreis von Eingeweihten bekannt gewesen. Es wurden hauptsächlich Bilder aus der Zeit in Ascona gezeigt. Die ausdrucksvollen Werke *Herbst (Schule)*, *Der rote Baum*, *Zwillinge*, *Ave Maria* und *Die trauernde Stadt* scheinen derart modern, daß schwer zu glauben ist, daß sie bereits vor hundert Jahren entstanden sind. Ihr Selbstporträt von 1893 zeigt die schöne junge Marianne von Werefkin in weißer Matrosenbluse mit großem Kragen, nachdenklich in die Ferne schauend, und der Pinsel in ihrer Hand scheint jeden Augenblick die Leinwand zu berühren.

Man sieht die Bilder an und denkt an Marianne von Werefkins Leben, an Jahre des Erfolgs, an Jahre einsamer, beharrlicher Arbeit. Sie schrieb: »Die Geschichte der Kunst ist die Geschichte des Künstlers und seines Verständnisses vom Leben. Entweder bist du ein Künstler oder du bist es nicht. Künstler ist derjenige, der das Leben als wunderbaren vielfarbigen Teppich sieht, als Lied ohne Worte hört, als Mysterium versteht. Ein Kunstwerk ist Leben, und nur darin ist der Künstler.«

Im Gästebuch der Moskauer Ausstellung findet sich der Eintrag: »Jene, die die Werke Marianne von Werefkins gesehen haben, entdeckten nicht nur eine der interessantesten russischen Künstlerinnen, sondern darüber hinaus eine Persönlichkeit, ohne die das Bild der Welt nicht vollständig wäre.«

Daß sowohl die Deutschen wie auch die Schweizer und die Russen Marianne von Werefkin als »ihre« Künstlerin für sich beanspruchen, spricht für sich. Meine energische, kluge Freundin Tatjana Lukina, die seit über 20 Jahren *MIR*, das Zentrum russischer Kultur in München, leitet, hat erreicht, daß ein Weg, der zur Neuen Pinakothek führt, den Namen Marianne von Werefkins erhielt. Ich fragte dort einmal einige Passanten, ob sie denn wüßten, wer diese Marianne von Werefkin gewesen sei. Fast alle antworteten: »Ja, natürlich, eine berühmte deutsche Malerin.«

»Humor ist meine einzige Waffe ...«

Nadeshda Teffi (1872 – 1952)

Lesen Sie Teffi! Die russische Literatur als eine der bedeutendsten der Welt ist nicht gerade reich an Schriftstellerinnen. Eine der wenigen Ausnahmen ist Teffi. Völlig zu Unrecht geriet sie in Vergessenheit«, wiederholte immer wieder mein alter Professor. »Hunderte ihrer Erzählungen zeichnen ein lebendiges, humorvolles Bild vom russischen Leben im ersten Viertel des 20. Jahrhunderts. Teffis Witz ist auch heute noch einzigartig, frisch und aktuell, genau wie vor hundert Jahren, als ihr Stern am St. Petersburger Himmel aufging.«

Ich habe mich bereits in meiner Kindheit in Teffi verliebt, und diese Liebe dauert bis heute an. Ihre wunderbaren Gedichte liebe ich ebenso wie ihre humorvollen Erzählungen. Heutzutage ist sie nahezu vergessen, aber im vorrevolutionären Rußland hatte sie Millionen Verehrer. Voller Bewunderung äußerte sich der Schriftsteller Alexander Kuprin über sie: »Wenn jemand Teffi loben will, heißt es oft, sie schreibe wie ein Mann, doch ich bin der Meinung, neun von zehn Männern sollten bei ihr in die Lehre gehen, wenn es um die Reinheit der russischen Sprache geht.« Auch Zar Nikolaj II. war unter ihren Anhängern; als man ihn fragte, wer von den modernen Schriftstellern in die Festschrift anläßlich des 300jährigen Thronjubiläums der Romanows aufgenommen werden sollte, war seine Antwort entschieden: »Teffi, nur sie, niemand anderes kommt dafür in Frage. Einzig und allein Teffi!«

Über ihre Erzählungen lachte ganz Rußland – Adlige und Kaufleute, Gutsverwalter und Bauern, Studenten und Näherinnen, selbst Geistliche zitierten sie dann und wann in ihren Predigten. Ein Parfüm wurde nach ihr benannt, und in den vornehmen Konditoreien auf dem Newskij-Prospekt sah man in den Auslagen Pralinenschachteln mit einem wunderschönen Porträt von ihr.

Die Oktoberrevolution von 1917 und der anschließende Bürgerkrieg, der Terror, der Hunger, die Zerstörungen und das Chaos ließen damals viele über Emigration nachdenken. Im Jahr 1920 verließen sämtliche Mitarbeiter der St. Petersburger Zeitschrift *Satirikon*, unter ihnen auch Nadeshda Teffi, Rußland. Nur sehr wenige von ihnen kehrten irgendwann wieder zurück.

Ich hatte das Glück, eine Dichterin aus Teffis Freundeskreis kennenzulernen, die nach 65 Jahren aus dem Pariser Exil zurückgekehrt war. Sie hieß Irina Odojewzewa. Vor ihrer Abreise hatte sie geschrieben: »Ich fahre, auch wenn ich unterwegs sterbe.« Sie ging 1987, im Alter von 92 Jahren, nach Rußland zurück und starb 1990 in ihrem geliebten St. Petersburg.

Im Sommer 1988 besuchte ich einen der berühmten, von uns so genannten »literarischen Donnerstage«, die Irina Odojewzewa im Haus der Kulturschaffenden in Peredelkino bei Moskau veranstaltete. Trotz ihres Alters und ihrer Einschränkungen hinsichtlich der Beweglichkeit – sie war auf einen Rollstuhl angewiesen – berichtete sie erstaunlich lebendig und interessant von den Jahren ihres Exils in Paris. Ich fragte sie nach der von mir sehr geschätzten Nadeshda Teffi, und sie erzählte: »Ich habe sie angebetet, sie war ein wunderbarer Mensch und hat vielen geholfen. Sie sagte immer: ›Wenn du glücklich sein möchtest, dann mach zuerst einmal deinen Nächsten glücklich.‹« Und wie scharfsinnig sie war! Ich erinnere mich, wie in Paris diese albernen kleinen Hüte mit einer Fasanenfeder in Mode kamen. Sie sahen grauenhaft aus, aber ganz Paris trug sie. Teffi machte sich daraufhin in einem Essay über diejenigen lustig, die blind jeder Mode folgten, und gab ihnen den guten Rat, einen Blick in den Spiegel zu werfen. Doch als ich Teffi plötzlich selbst mit einem solchen Hut traf, kannte mein Erstaunen keine Grenzen. Und als hätte sie meine Gedanken erraten, schmunzelte sie und sagte: ›Der Spiegel hilft nicht immer.‹«

Weiterhin erzählte die alte Dichterin, daß Teffi auch im schweren Exilalltag ein lebensfroher Mensch gewesen sei, was durchaus

Nadeshda Teffi (1872 – 1952)

keine Selbstverständlichkeit war, denn viele Humoristen sind im wahren Leben alles andere als Frohnaturen. Doch Teffi brauchte nur einen Raum zu betreten, in dem etwa eine noch so langweilige Schriftstellerversammlung tagte, und allein durch ihre Anwesenheit wurde die Stimmung unbeschwerter und fröhlicher.

Bis in ihre letzten Lebensjahre blieb sie eine schöne Frau und schien kaum zu altern, womit sie ein französisches Sprichwort bestätigte, welches besagt, daß man an dem Tag zu altern beginnt, an dem man aufhört zu lachen.

Auch in der Emigration schrieb Teffi weiterhin Erzählungen. Ihr Lieblingsthema waren die Frauen; dabei bleibt ihre Meisterschaft unerreicht. Mit spitzer Feder, spöttisch und treffend, beschreibt sie Kleingärtnerinnen, verschrobene Alte, zerstreute Freundinnen, betrogene Ehefrauen, Femmes fatales und viele andere. Ihr Scharfsinn und ihre Geradlinigkeit sind in ihren Erzählungen immer auszumachen. Sie war nicht nur die gutherzige Seele, wie es manchen Kritikern scheinen wollte, sondern es gab durchaus zwei Teffis: die eine voller Leichtigkeit, die andere willensstark, die eine bohemienhaft zerstreut, die andere konzentriert auf ihr Schaffen. Sie liebte das Abenteuer, verlor jedoch nie ihre Geistesgegenwart.

Eine ihrer bekanntesten Erzählungen über russische Emigranten in Paris trägt den Titel *Was tun?* – Teffis Antwort auf diese Frage ist kurz und eindeutig: »Leben!«

Man kann ein Buch von Teffi an jeder beliebigen Stelle aufschlagen, und man wird sich augenblicklich festlesen, so zum Beispiel bei der Lektüre ihrer melancholischen Erzählung *Nostalgie*: »Ein Flüchtling kommt im Exil an, völlig erschöpft, ausgezehrt und voller Angst. Noch während er versucht, zur Ruhe zu kommen und sein Leben neu zu organisieren, stirbt er unerwartet. Sein Blick erlischt, der Körper wird schlaff. Er glaubt an nichts mehr, erwartet nichts mehr, will nichts mehr. So sehr fürchtete er den Tod durch die Hand eines Bolschewisten, und nun ist er gestorben, kaum daß er die Heimat verlassen hat.«

Alle von Teffi beschriebenen Emigranten tragen Rußland in ihrem Herzen. Diese oftmals einsamen und unglücklichen Menschen zeichnet Teffi mit Güte, voller Herzenswärme und Fürsorglichkeit, und so heißen zwei ihrer späteren Erzählbände *Über die Zärtlichkeit* und *Alles über die Liebe*.

32 Jahre lebte Nadeshda Teffi im Exil. Der Dichter Don Aminado, einer ihrer früheren Kollegen beim *Satirikon*, beschreibt ironisch ihre gemeinsame Zeit in Paris: »Während der Emigration gab es drei Fünfjahresplanzeiträume. Der erste ging dafür drauf zu klären, wer mit wem lebt. Im zweiten ging es um die Frage, wer wie lange leben wird, und im dritten beschäftigte man sich mit dem Problem, wen man mit welchem Geld beerdigen würde. Außerdem wurde gescherzt, daß es nur einen einzigen Moment gegeben habe, der Balsam für die geschundenen Seelen gewesen sei, nämlich jenen, in dem Lenin in Moskau einbalsamiert wurde.«

»Königin des Lachens« wurde Nadeshda Teffi genannt, jedoch betonte sie stets, daß Anekdoten nur in der Erzählung komisch seien; wenn man sie erlebe, seien sie Tragödien. Teffis

Biographie ist sehr ungewöhnlich, denn in ihrem Leben gibt es mysteriöse und unerklärliche Episoden, die bis heute Rätsel aufgeben. Nadeshda Teffi (mit bürgerlichem Namen Nadeshda Alexandrowna Lochwizkaja, verehelichte Butschinskaja) wurde am 21. Mai 1872 in St. Petersburg geboren. Nebenbei bemerkt, war auch ihre Schwester Mirra Lochwizkaja eine bekannte Dichterin, die »russische Sappho«.

Teffi ist ein Pseudonym und stammt aus einer Erzählung Kiplings, in der ein sanftmütiges, gütiges Mädchen diesen Namen trägt. Es gibt noch eine weitere Erklärung für den Künstlernamen, nach der es im Elternhaus von Nadeshda einen Bediensteten namens Stepan gab, der Steffi genannt wurde. Möglicherweise hatte die junge Künstlerin einfach den ersten Buchstaben weggelassen und ihr erstes Werk unter dem Namen »Teffi« an einen Verlag geschickt.

Die Bekanntheit Teffis im vorrevolutionären Rußland war legendär, ihre Werke wurden viel gelesen, und sie wurde sehr bewundert. Ihrer Anhängerschaft gegenüber war sie außerordentlich zuvorkommend und aufmerksam. Folgende Anekdote ist überliefert: Auf die Frage, warum sie sich so geduldig auch die dümmlichsten Komplimente eines offensichtlich in sie verliebten Idioten anhören könne, antwortete sie kurz und bündig: »Wenn er in mich verliebt ist, kann er schon mal gar kein Idiot sein. Und außerdem ist mir ein verliebter Idiot viel angenehmer als der allerklügste Schlaumeier, dem ich gleichgültig bin.«

Über ihr Privatleben ist wenig bekannt, denn sie unterband konsequent alle Gespräche über Persönliches. »Ich gestatte niemandem, mit Gummiüberschuhen durch die Tiefen meiner Seele zu trampeln.« »Warum mit Gummiüberschuhen?« fragte man sie. Sie erklärte, daß solche Schuhe notwendig seien, denn ihre Seele sei überschwemmt von nicht geweinten Tränen, der reinste Sumpf. Sie verdeutlichte: »Wie im altgriechischen Theater habe ich zwei Gesichter, ein lachendes und ein weinendes. Das lachende für alle und für immer, das weinende selten und nur für Auserwählte.«

Tatsächlich gab es in ihrem Leben viel Trauriges; kaum jemand wußte um die Tragödie, die sich in der Jugend dieser schönen, fröhlichen und niemals klagenden Lyrikerin und Erzählerin zugetragen hatte. Nachdem sie das Gymnasium beendet hatte, heiratete die sehr junge Nadeshda Lochwizkaja einen Juristen und brachte drei Kinder zur Welt. Eines Tages aber ließ sie alles im Stich, den Mann, die Kinder, das Haus und zog nach St. Petersburg. Die Gründe dafür teilte sie niemandem mit, und so wird wohl niemand mehr etwas Genaues darüber erfahren. Der erzürnte verlassene Ehemann erstritt vor Gericht das alleinige Sorgerecht für die Kinder und ließ der Mutter jeglichen Umgang mit ihnen verbieten. Zwei der Kinder, eine Tochter und der Sohn, verziehen der Mutter nie und sprachen ihr Leben lang kein Wort mehr mit ihr. Die andere Tochter nahm als Erwachsene Kontakt zur Mutter auf und blieb mit ihr in Verbindung.

In St. Petersburg widmete sich Nadeshda Teffi ihrer literarischen Arbeit und erzielte erste Erfolge. Ihre große Liebe erlebte sie erst in der zweiten Lebenshälfte mit Pawel Tikston. Vor der Revolution war er ein äußerst erfolgreicher St. Petersburger Bankier, während des Exils in Paris dann ein mittelloser, hilfsbedürftiger Mensch, der qualvoll in Teffis Armen starb. Jahrelang pflegte sie ihn und arbeitete nur nachts, wenn er eingeschlafen war, an ihren Geschichten. »Jede meiner Erzählungen ist dem Wesen nach eine kleine Tragödie, humoristisch aufbereitet«, bekannte sie. Woher nahm sie die Kraft für die Leichtigkeit, die Fröhlichkeit in ihren Geschichten? Mir scheint, daß ich die Antwort auf diese Frage in einer ihrer letzten Erzählungen gefunden habe: »Ich erinnere mich, daß es früh am Morgen war. Ich hatte die Nacht überwiegend auf den Knien verbracht, denn immer wieder mußte ich das Bein des Schwerkranken massieren. Völlig durchfroren zitterte ich vor Mitleid und Ermüdung. Doch als ich über die Brücke ging, blieb ich plötzlich stehen. Die Sonne war noch nicht aufgegangen, der Himmel rötete sich gerade erst leicht im Osten, und ein leichter Schleier lag über der Stelle am Himmelsrand, an der die Sonnenstrahlen durchbrechen würden. Das Wasser unter mir floß nicht ruhig dahin, sondern tanzte Walzer in raschen Kreisen. Ein leiser Ton schien erwartungsvoll in der Luft zu schweben, vielleicht war es das Echo meiner Müdigkeit, ich weiß es nicht. Doch plötzlich durchfuhr mich ein Gefühl unerklärlichen Glücks – so wunderbar, daß mir die Brust schmerzte und die Tränen kamen. Und schwankend vor Müdigkeit, frierend, lachend und weinend, begann ich zu singen.«

Nadeshda Teffi (1872 – 1952)

Als ich das vielfältige Material über Teffi las, Biographien, Memoiren, Erinnerungen, Briefe, literaturwissenschaftliche Arbeiten, verstand ich, daß sie es wie keine Zweite vermocht hatte, im Trott des alltäglichen Lebens die komischen kleinen Momente aufzuspüren. Immer wieder sprach sie darüber, daß das Leben selbst der talentierteste Schriftsteller sei und man nur genau beobachten und aufschreiben müsse. Auch wurde sie nicht müde zu wiederholen, daß das Leben so wunderbar sei, daß es durch nichts verdorben werden könne, nicht einmal durch den Tod. Ihrer zweibändigen Aufsatzsammlung stellte sie einen Epigraph von Spinoza voran: »Das Lachen, wie auch der Scherz, ist reine Freude, und ist daher, wofern Übermaß vermieden wird, an sich gut.« Diese Worte waren ihr Lebensmotto.

Es heißt, auf der Welt gebe es nur zwei Dinge, die nicht zu simulieren seien – der Humor und der Koloratursopran. Vermutlich verdankte es Teffi ihrem Humor und ihrem Optimismus, daß sie bis an ihr Lebensende viele Freunde hatte. Menschen zieht es stets zu jenen, die immer scherzen und andere zum Lachen bringen können. Die heilsame Wirkung des Lachens ist seit langem bekannt, und in der Psychotherapie gibt es sogar eine spezielle Humortherapie. Nadeshda Teffi besaß die Gabe einer intuitiven Humortherapeutin, darüber hinaus war sie voller Menschenliebe und wärmte alle in ihrer Umgebung mit ihrer Güte. Ihre Fähigkeit, über sich und andere lachen zu können, half, die scharfen Kanten des Lebens weicher zu machen. Selbst in den schwersten Augenblicken ihres Lebens bewahrte sie sich ihre Fröhlichkeit, und sie wiederholte oft, Humor sei ihre einzige Waffe im Kampf gegen die Ungerechtigkeiten der Welt. »In letzter Zeit werde ich ganz dumm im Kopf durch die vielen Medikamente«, schrieb sie an Freunde. »Das Dilemma ist, mit wachem Geist an den Krämpfen zu sterben oder mit den Medikamenten als Idiotin zu leben. Ich habe dreist das letztere gewählt.« Einige Stunden vor ihrem Tod notierte sie auf einem Blatt, das sie aus ihrem Notizbuch herausgerissen hatte: »Es gibt keine größere Liebestat als jene, sein Morphium seinem Bruder zu geben. N. T.« Mit dieser Nachricht dankte sie einer Freundin, die ihr die Medikamente brachte, die sie von den Schmerzen erlösten.

Sie starb am 6. Oktober 1952 in Paris im Alter von 80 Jahren und wurde auf dem russischen Friedhof von Sainte-Geneviève-des-Bois, 25 Kilometer von der französischen Hauptstadt entfernt, beigesetzt. Dort befinden sich unter anderem auch die Gräber der russischen Fürstin Wera Obolenskaja (1911 – 1944), die eine Schlüsselrolle in der Résistance spielte und in Berlin-Plötzensee hingerichtet wurde, der Schriftstellerin Sinaida Hippius (1869 – 1945) und der Malerin Sinaida Serebrjakowa (1884 – 1967).

Während der Beisetzung Nadeshda Teffis rezitierten ihre Freunde folgende Verse:

Silbernes Segelschiff

Die Segel rabenschwarz, erscheint es eines Nachts:
Silbernes Segelschiff mit Rändern, purpurroten.
Doch Menschen ahnen nicht, es kommt zu mir der Bote,
Und sagen: »Da! Der Mond spielt auf den Wellen sacht.«

Wie schwarzer Seraph hebt dreier Paare Flügelpracht,
Schwingt es die Segel in die sternenklare Stille.
Doch Menschen ahnen nicht, es nahm mich in den Himmel,
Und sagen: »Sie ist gestorben heute Nacht.«

Interessant ist, daß ich diesen Beitrag über Nadeshda Teffi am 9. Mai 2012 fertiggestellt habe, genau am Tag ihres 140. Geburtstags. Ich erinnere mich, daß Teffi eine besondere Vorliebe hatte. »Ich liebe meine Kollegen mit der Feder, besonders mit Äpfeln gefüllt und geschmortem Kraut dazu!« rief sie entzückt, als sie einmal während der hungrigen Emigrationsjahre zu einem üppigen Gänsebraten eingeladen wurde. Statt eines Gänsebratens steht auf meinem Tisch Sekt, und auf einem zerlesenen Band mit Teffis Erzählungen tanzen Sonnenkringel. Ich proste dem Buch zu und sage: »Herzlichen Glückwunsch zum Geburtstag, Nadeshda Alexandrowna!«

Eine Tochter Lew Tolstojs

Alexandra Tolstaja (1884 – 1979)

Alexandra Tolstaja war das zwölfte Kind in der Familie. Ihr Vater, Lew Nikolajewitsch Graf Tolstoj, und ihre Mutter, Sofja Andrejewna, geborene Behrs, beschlossen, das kleine Mädchen nach einer Großtante väterlicherseits zu nennen. Tolstoj schrieb dieser Namenspatin am 20. Juni 1884: »Erst vor drei Tagen wurde unsere Tochter geboren, wir haben beschlossen, sie Alexandra zu nennen, aus Hochachtung und Liebe Ihnen gegenüber und damit sie Ihnen, so Gott es will, ähnlich werde.« Diese war tatsächlich eine schillernde und außergewöhnliche Persönlichkeit, doch Alexandra Tolstaja sollte sie in späteren Jahren noch übertreffen. Die Großtante war es auch, die als erste auf die Besonderheiten des Kindes aufmerksam wurde. Als Alexandra drei Jahre alt war, schrieb jene in einem Brief über sie: »Sie ist ein überdurchschnittliches Kind, sie hat ganz und gar den Kopf und die Augen von Lew Nikolajewitsch.«

Vermutlich war es ihr vom Vater geerbter starker Charakter, der Alexandra Tolstaja in ihrem weiteren Leben unter anderem Trägerin des Ordens des Heiligen Georg, Initiatorin zur Errichtung des Museums in Jasnaja Poljana, Gründerin des Internationalen Hilfskomitees für notleidende russische Menschen, zu Ehren des Vaters *Tolstoy Foundation* genannt, und Publizistin werden ließ. Nicht grundlos wiederholte sie gern und oft die Worte von Fridtjof Nansen: »Schweres läßt sich sofort erledigen, Unmögliches benötigt ein wenig Zeit.«

Zwischen Alexandras Eltern gab es während ihrer Kindheit Spannungen; im Jahr ihrer Geburt hatte der Vater die Familie verlassen, sich aber auf halbem Weg nach Tula besonnen und war zu seiner Frau und seinen Kindern zurückgekehrt. Der berühmte Schriftsteller war den alltäglichen Anforderungen des Familienlebens offenbar nicht gewachsen.

Von all seinen Kindern stand Alexandra ihrem Vater am nächsten. Nachdem sie Maschineschreiben und Stenographie gelernt hatte, übernahm sie mit 16 Jahren seine gesamte Sekretariatsarbeit. Als 17jährige ergriff sie entschieden Partei für den Vater in seinem Konflikt mit der Kirche. Im Jahr 1901 wurde Tolstoj wegen seiner Kritik an den Grundlagen des christlichen Glaubens, wie die Kirche sie verstand und lehrte, exkommuniziert. Die Exkommunikation war eine geradezu unerhörte Maßnahme, erregte weltweite Aufmerksamkeit und stellte den berühmten Schriftsteller in eine Reihe mit Kriminellen und Aufrührern wie Stepan Rasin und Jemeljan Pugatschow. In diesen schweren Jahren war es vor allem seine Tochter Alexandra, die Tolstoj beistand. Sie widmete ihr ganzes Leben ihrem Vater, seinem Werk und seinen Ideen. Als einziges seiner Kinder war sie eingeweiht in die Hintergründe seiner Flucht von seinem Landgut Jasnaja Poljana und half ihm in der Nacht des 10. November 1910, seine Sachen für die Abreise mit dem Zug zu packen. Es sollte sich erweisen, daß Lew Tolstoj sein Haus für immer verlassen würde, denn unterwegs wurde er so krank, daß die Fahrt für ihn schon an der kleinen Bahnstation Astapowo endete. Der herbeigerufene Arzt notierte im Krankenbericht unter »Tätigkeit des Patienten«: »Passagier des Zuges Nr. 12«. Am 20. November 1910 um 6.05 Uhr verstarb Tolstoj 82jährig im Häuschen des Stationsvorstehers. Heute heißt diese Station nicht mehr Astapowo, sondern *Lew Tolstoj*, und die Bahnhofsuhren zeigen den Zeitpunkt seines Todes an.

Alle sieben Tage und Nächte, die Tolstoj in Astapowo verbrachte, saß Alexandra am Bett ihres sterbenden Vaters. Zuvor hatte sie bereits ihrer Mutter die Nachricht überbringen müssen, daß Tolstoj die Familie diesmal endgültig verlassen würde, woraufhin Sofja Tolstaja versucht hatte, sich das Leben zu nehmen. All diese Ereignisse beschreibt Alexandra Tolstaja in ihrem berühmten Artikel *Über die Flucht und den Tod von L. N. Tolstoj* (1928).

Nach dem Tod des Vaters schrieb sie: »Solange er lebte, hatte ich kein eigenes Leben, keine eigenen Interessen. Alles Wichtige

Alexandra Tolstaja (1884 – 1979)

und Erhabene war mit ihm verbunden, und als er von uns gegangen war, blieb eine gähnende Leere, die ich nicht zu füllen vermochte.« Lew Nikolajewitsch Tolstoj wurde in Jasnaja Poljana beigesetzt.

Einmal erzählte mir ein Bekannter, der dort als Fremdenführer arbeitete, von einer ungewöhnlichen Begebenheit. Auf dem Weg zu Tolstojs Grab fragte ihn eine Gruppe japanischer Tolstoj-Verehrer, wie weit es noch bis zur Ruhestätte des Schriftstellers sei. Er antwortete: »Ungefähr 100 Meter«. Da fielen die Japaner plötzlich auf die Knie und krochen die ganze Strecke bis zum Grab. Mein Bekannter war vor Verwunderung erstarrt wie eine Säule und begleitete sie schließlich wie ein Hirte seine Herde dorthin …

An den Beginn des Ersten Weltkriegs erinnerte sich Alexandra Tolstaja so: »Es war nicht zu ertragen, nur müßig da zu sitzen. Die Neffen und die Landarbeiter zogen einer nach dem anderen in den Krieg und nahmen zudem meine besten Pferde mit. Das Gut war nun beinahe menschenleer, und all das, was das Leben ausgefüllt hatte, das Wirtschaften, die Gemeinschaft und die Geselligkeit, trat in den Hintergrund.« Alexandra Tolstaja beschloß, bei den *Barmherzigen Schwestern* eine Krankenpflegeausbildung sowie ein medizinisches Praktikum zu absolvieren. In einem Brief an ihre Schwester Tatjana vom 9. September 1914 schrieb sie: »Jetzt ist es Nacht, alle schlafen. Nur ich habe Dienst; ich laufe die Reihen von hundert leidenden Menschen auf und ab, gebe ihnen zu trinken und alles, was sie brauchen. Ich decke sie zu, reiche Medikamente, und diese Hundert sind mir schon nicht mehr fremd. Jeden Tag verbinde ich ihre Wunden, spreche mit ihnen, weiß, wer woher stammt, wo und wie er verletzt wurde. Viele wollen zurück in die Armee.

Zuerst habe ich mich sehr vor den Operationen gefürchtet, einmal ist mir sogar schlecht geworden. Aber jetzt habe ich mich schon daran gewöhnt und bin der Verband- und Operationsabteilung zugeteilt worden. Ich bin unendlich müde, und manchmal, wenn ich mich kurz hinsetze, stehe ich sofort wieder auf, um wie ein geprügelter Gaul weiterzutrotten. Die Füße schmerzen so sehr, daß es besser ist zu laufen, als still zu sitzen, aber in der Seele ist es ruhig und gut. Tanetschka, wenn ich selten schreibe, dann nicht deshalb, weil ich nicht an Euch denke, sondern weil kaum Zeit zum Luftholen bleibt.«

Nach der Ausbildung reiste Alexandra Tolstaja an die Front und versah ihren Dienst im 187. Sanitätszug an der Nordwestfront. Sie verrichtete die schmutzigsten und schwersten Arbeiten und kam manchmal tagelang nicht zum Schlafen. Dann verschlug sie das Schicksal in den Kaukasus, von wo sie ihrer Schwester Tatjana schrieb: »Es wüten Epidemien: Typhus, Pocken und, was am allerschlimmsten ist, Malaria. Es gibt keine Zugverbindung, und Kamele schaffen es nur gelegentlich hierhin.« Am 20. Januar 1915 schrieb sie an den Bruder Sergej: »Liebster Serjoscha, ich schreibe Dir aus dem Städtchen Igdir, fast an der Grenze zwischen der Türkei und Persien, am Fuße des Ararat. Der Ort ist feucht, voller

Malariamücken und derart schmutzig, wie ich es mein Leben lang noch nicht gesehen habe. Hier richten wir in Zelten ein Lazarett ein, das hiesige Krankenhaus ist viel zu klein. In der Nähe liegt ein schönes Gut, auf dem wir fast den ganzen Tag verbringen. Wenn hier alles organisiert ist, wird der größte Teil meiner Abteilung weiter in die Türkei ziehen. Vermutlich bauen wir dann ein Krankenhaus in der türkischen Stadt Karakalis.«

Dort in Igdir erhielt Alexandra Tolstaja ihre erste Auszeichnung, den Orden des Heiligen Georg. Anfang März 1915 schrieb sie an ihre Mutter: »Liebste Mama, vielen Dank Dir und Tanetschka für den Brief, den ich dieser Tage erhielt. Ich bitte Dich inständig, Dich der Wohltätigkeit zu widmen und dafür unsere verfügbaren Gelder zu nutzen. Wir haben viel Arbeit, 32 Kranke und Verletzte, darunter auch Männer mit Typhus. In vier Tagen reist ein Teil unserer Abteilung – vielleicht auch ich – nach Karakalis. Unsere Kamele und Autos stehen schon bereit. Ich küsse Euch alle, vergeßt mich nicht! Eure Tochter Sascha«.

Am 17. März meldete sie sich bereits aus Karakalis: »Nun bin ich in der Türkei und habe mich um weitere fünf Tagereisen von Euch allen entfernt. Von Igdir nach Karakalis sind es 150 Werst (etwa 160 km) auf einer solchen Straße, wie man sie sich bei uns in Rußland nicht einmal vorstellen kann. Die Reitpferde steckten bis zum Bauch im Schlamm, reiten konnten wir vielleicht die Hälfte der Strecke, die andere Hälfte mußten wir laufen oder auf den Karren hocken. Eintönige, feuchte Landschaft ohne Wald, mal führte der Weg durch noch verschneite Berge, dann wieder durch sumpfige Täler. Alle Gebäude, die wir unterwegs sahen, waren heruntergekommen und verfallen, das Vieh tot, es gab weder Futter noch Brot noch Holz zum Feuermachen, es gab nichts. Die Bewohner, Kurden und Armenier, sind schrecklich arm und leben schlechter als bei uns das Vieh. In Karakalis hausen wir in Zelten, die mit Petroleumöfen beheizt werden, Verpflegung bringen Kamele und Maulesel. Auch das Lazarett besteht aus Zelten, es gibt Verwundete, die man nach der Schlacht mit den Türken hierhergebracht hat.«

Schon bald darauf schrieb sie wieder an die Mutter: »Nun bin ich schon fast zwei Wochen in der Türkei, und wir haben hier erneut ein großes Lager aufgeschlagen. In den Zelten ist ein Lazarett für 50 Verwundete untergebracht, außerdem eine Sauna, eine Apotheke, ein Verbandzimmer, ein Speisesaal. In einem Zelt wohnen wir Schwestern zu neunt. Dieser Tage war in der Nähe eine Schießerei, doch zum Glück gab es weder Tote noch Verwundete. In dieser Gegend läuft es gut für uns.«

Der Krieg entblößt die menschliche Seele, zeigt sie von einer ganz unerwarteten Seite. Wer hätte geahnt, daß die gebildete, wohlbehütete Tochter des Grafen Tolstoj einmal an die heftig umkämpfte Front geraten würde? Es ist unmöglich, alle Wege nachzuvollziehen, die Alexandra Tolstaja in jenen Jahren zurückgelegt hat. Im Kaukasus steckte sie sich mit Typhus an und baute, kaum wieder genesen, Kinderheime in Weißrußland auf. Später organisierte sie ein mobiles chirurgisches Feldlazarett aus 16 Fuhrwerken, mit 125 Pferden, einer Feldküche und weiterer Ausrüstung.

In ihrem Buch *Die Tochter* beschreibt Alexandra Tolstaja die Bombardierung ihres Lazaretts: »Ich erinnere mich besonders an eine Nacht. Ich war gerade dabei, schlafen zu gehen, und plötzlich kam das unverkennbare Geräusch von Flugzeugen näher und näher. Irgendwo explodierte eine Bombe, dann eine zweite. Mit offenem Haar, barfuß und nur im Hemd rannten die Schwestern in den Unterstand und ließen die Kranken zurück. ›Wohin?!‹ schrie ich völlig außer mir. ›Die Kranken im Stich lassen? Zurück! Ans Gewehr, ihr Feiglinge!‹ Ich weiß nicht, was ich noch alles schrie.«

Eines Tages wurde die 64. Division, in der Alexandra Tolstaja ihren Dienst tat, Ziel eines Gasangriffs. An jenem Tag starben 2.000 Menschen. Alexandra schrieb ihrer Schwester über diese Tragödie: »Man sammelte sie entlang der Schützengräben und auf den Wegen ein – überall. Viele hatten Erstickungsanfälle, keuchten und starben. Den ganzen Tag versuchten wir zu helfen, die Kranken lagen nicht nur in den Zelten, sondern auch draußen – alles war überfüllt. In der nächsten Nacht ging die Schlacht weiter. Und so arbeiteten wir vier Tage ohne Schlaf, ohne Pause. Bewegt sah ich, wie aufopfernd Ärzte, Sanitäter und Schwestern ihrer Arbeit nachgingen.«

Im September 1916 wurde Alexandra Tolstaja zum zweiten Mal mit dem Orden des Heiligen Georg ausgezeichnet. Aus Bescheidenheit teilte sie dies aber niemandem mit, nicht einmal der eigenen

Schwester. Als ihre Abteilung durch eine Bombe fast völlig vernichtet wurde, blieb Alexandra wie durch ein Wunder unversehrt. In jenen Tagen schrieb sie an Tatjana: »In der letzten Zeit habe ich Euch gar nicht geschrieben. Ich hatte keine Zeit. Erst jetzt, nach einem Monat, hat sich die Abteilung von dem schweren Schlag erholt, den ihr das Schicksal in Zalesje versetzt hat, sie ist noch mehr zusammengewachsen, noch besser geworden. Aus einer Abteilung wurden zwei, eine Basisstation und eine mobile Einheit. Die Basis versorgt die anderen Truppenteile mit Ausrüstung und Proviant und erledigt die Verwaltungsarbeiten. Jede Abteilung hat ein eigenes Lazarett, eine Ambulanz, ein Verbandzimmer, einen Zahnarzt, eine Wäscherei, eine Sauna, eine Desinfektionskammer und dreißig Karren mit 125 Pferden zum Transport der Verwundeten. Die Kranken und auch wir leben in Erdhöhlen, Katen und Zelten. Ich aber bin nirgends und überall, ich tauche mal hier, mal dort auf, versuche, die Stimmung aufzuhellen, Ordnung zu schaffen und alle beisammen zu halten.«

Im Februar 1917 begann in Rußland die sogenannte Februarrevolution, Alexandra berichtete darüber in ihren Memoiren: »Ich lag frisch operiert in einem Krankenhaus in Minsk, zusätzlich zu einer Wundinfektion hatte ich auch noch einen Malariaschub, mit dieser Krankheit hatte ich mich an der türkischen Front infiziert. Von dem sehr hohen Fieber war mir schwindelig, doch die Krankheit beunruhigte mich nicht weiter. Revolution? Was soll das bedeuten? Mein Lieblingsarzt, ein alter Jude, kam ins Zimmer, setzte sich an mein Bett und fühlte meinen Puls.

›Sagen Sie, Doktor, wie stehen die Dinge?‹

›Gut, die Wunde heilt schnell. Das hohe Fieber kommt von der Malaria.‹

›Das meine ich nicht, ich meine die Revolution. Was passiert? Gibt es Veränderungen?‹

›Ja, Großfürst Michail Alexandrowitsch hat den Zarenthron abgelehnt.‹

›Mein Gott! Das heißt, Rußland ist verloren.‹

›Ja, Rußland ist verloren‹, wiederholte der Arzt traurig und verließ das Zimmer.«

In den Memoiren beeindruckte mich besonders eine Episode. Alexandra Tolstaja war gerade nach Moskau abgereist, als ein obskures Revolutionskomitee einen »revolutionären« Beschluß faßte: »Das Komitee entschied, mich als Bourgeoise und Konterrevolutionärin zu verhaften.« Es war die Zeit, als sogenannte »Bürgerliche und Konterrevolutionäre« bis zum »vollständigen Sieg der Weltrevolution« ins Gefängnis geworfen wurden. Der Umstand, daß Alexandra sich zu jener Zeit schon in Moskau aufhielt, bewahrte sie vor der Inhaftierung. Viele verließen Rußland, doch die Tochter des berühmten Schriftstellers blieb. In den Jahren nach der Revolution unterstützte sie die Gesellschaft zum Studium und zur Verbreitung von Tolstojs Werk. Ihr wurde das Entziffern der Manuskripte und Tagebücher ihres Vaters übertragen. Ihr Bruder Sergej und ihre Mutter Sofja Andrejewna halfen ihr dabei. Die Idee, auf Jasnaja Poljana, dem ehemaligen Landsitz der Tolstojs, eine Schule zu errichten und das Gut in Ordnung zu bringen, kam Alexandra Tolstaja bei der Arbeit an den Dokumenten ihres Vaters.

Eines Tages wurde sie inhaftiert, eine »konterrevolutionäre Tätigkeit« konnte ihr jedoch nicht nachgewiesen werden, und man ließ sie wieder frei. Auch nach einer zweiten Verhaftung wurde sie wieder auf freien Fuß gesetzt. Am 29. März 1920 wurde sie ein drittes Mal in Haft genommen, konnte sich allerdings bis zur Gerichtsverhandlung frei bewegen. Sie schrieb dazu: »Ehe ich die Zelle verließ, schrieb ich mit riesigen Lettern über die ganze Wand: ›Der Geist des Menschen ist frei! Man kann ihn nicht einsperren: nicht hinter Wände, nicht hinter Gitter!‹«

Im August 1920 stand Alexandra Tolstaja vor Gericht, und das Urteil lautete: »Drei Jahre Arbeitslager wegen konterrevolutionärer Tätigkeit«. Zwei bewaffnete Tschekisten eskortierten sie durch ganz Moskau zum Nowo-Spasskij-Kloster, dem Ort ihrer Inhaftierung. Alexandra Kollontaj, zu jener Zeit hohe Parteifunktionärin, setzte sich für Alexandra Tolstaja ein und schrieb eine Bittschrift an die Regierung, sie vorzeitig aus dem Lager zu entlassen. Das Gesuch war erfolgreich, und Alexandra Tolstaja wurde im Februar 1921 freigelassen. Bald darauf ernannte man sie zur »kommissarischen Verwalterin« des Museumsguts Jasnaja Poljana; sie widmete sich dem Aufbau eines Bildungs- und Kulturzentrums mit Bibliothek und Schule, organisierte Veranstaltungen und Führungen. Im Jahr 1921 besuchten ungeachtet des im Land herrschenden Hungers, der Kälte und der Zerstörungen bereits mehr als 3.000 Menschen das Museum.

Im selben Jahr stiftete übrigens der französische Literatur-Nobelpreisträger Anatole France sein gesamtes Preisgeld für die Linderung der Hungersnot in Rußland. Schade, daß heute nicht mehr daran erinnert wird. Aber wie sagte Alexandra Kollontaj: »Gute Taten gehören nicht an die große Glocke gehängt.«

Im Jahr 1922 wurden zahlreiche Vertreter der russischen Intelligenz des Landes verwiesen. Die meist wenig gebildeten Bolschewiken konnten diese geistreichen Persönlichkeiten nicht neben sich ertragen, scheuten jedoch zunächst davor zurück, sie zu erschießen. In der Geschichte Rußlands wird die Ausbürgerung dieser Elite als *Philosophenschiff* bezeichnet. Mehr als 200 russische Intellektuelle, so die Philosophen Nikolaj Berdjajew, Iwan Iljin und Fjodor Stepun, waren von dieser Aktion betroffen. Unter ihnen befanden sich auch viele Frauen. Zu diesen gehörte Nadeshda Antonowskaja, die Alexandra Tolstaja über ihr Verhör berichtete: »Ich wurde gefragt: ›Wie wollen Sie ausreisen? Freiwillig? Ach nein? Wollen Sie etwa nicht ins Ausland? Ich rate Ihnen dringend, freiwillig auszureisen, ansonsten werden Sie lange im Lager warten müssen.‹« Alexandra Tolstaja bemerkte dazu ironisch: »Das Leben in Rußland zwingt dazu, vieles freiwillig zu tun.«

Bis 1922 verließen mehrere Millionen Russen das Land, viele ließen sich in Berlin, Prag und Paris, manche sogar in der Türkei nieder. Für etliche war die Türkei eine Durchgangsstation, das Tor zur Welt. Damals kursierte in Rußland der traurige Witz: Die Situation im Land erinnere an eine Fahrt mit einem außer Kontrolle geratenen Auto – die Bremsen funktionieren nicht, doch der Fahrer versichert, es sei alles in Ordnung.

Alexandra Tolstajas Bruder Ilja war bereits nach Amerika emigriert, und 1925 verließ auch ihre Schwester Tatjana Rußland. Alexandra begann, ebenfalls über eine eventuelle Emigration nachzudenken, weil sie der ständigen Auseinandersetzungen mit den Behörden müde war. Die Erhaltung von Jasnaja Poljana im Sinne der Ideen ihres Vaters schien kaum möglich. Ab 1925 liefen bereits die umfangreichen Vorbereitungen für die Feiern zu Tolstojs 100. Geburtstag im Jahr 1928. Anläßlich dieses Jubiläums wurde die Ausstellung *Tolstoj in Jasnaja Poljana* eröffnet. Der erste Band der 90bändigen Gesamtausgabe der Werke von Lew Tolstoj erschien, und in Jasnaja Poljana wurde die *Tolstoj-Schule* gegründet. Alexandra Tolstaja hatte großen Anteil an den Vorbereitungen, doch sie wurde ständig behindert, bevormundet und übergangen, und jeder ihrer Schritte wurde überwacht.

Alexandras Wunsch zu emigrieren wurde immer stärker. Es gibt eine uralte Verwünschung: »Sei Sklave bei Sklaven.« Alle, die unter einem totalitären Regime leben müssen, verstehen den Sinn dieser Worte. Sowjetische Funktionäre, wie einflußreich sie auch wirken mochten, blieben Sklaven höherstehender Funktionäre. Und selbst letztere waren nichts anderes als Sklaven des Systems. Die selbstbewußte, kluge Tochter Tolstojs durchschaute diese Konstellation sehr hellsichtig. Dazu fiel es der gläubigen Christin zunehmend schwerer, in einem von kämpferischem Atheismus geprägten Land zu leben, in dem das Porträt Lenins wie eine Ikone angebetet wurde, seine Biographie, seine Reden und Schriften wie das Neue Testament studiert wurden. Er wurde von den Dichtern gerühmt, und alle sowjetischen Kinder trugen als »Oktoberkinder« später ein Abzeichen: das Kinderporträt Lenins in einem fünfzackigen roten Stern.

Ende der 1920er Jahre beschloß Alexandra Tolstaja endgültig zu emigrieren. Im Sommer 1929 erhielt sie eine Einladung zu einer Vortragsreise über Tolstoj nach Japan. Diese Reise dehnte sich über 20 Monate aus, und als das sowjetische Konsulat an die Heimreise erinnerte, teilte sie mit, daß sie nicht zurückkehren werde. Sie begründete ihre Entscheidung damit, daß die sowjetischen Machthaber das Erbe Tolstojs für ihre antireligiöse Propaganda mißbrauchen und damit den Ideen und dem Andenken ihres Vaters zuwiderhandeln würden.

Im Jahr 1931 verließ sie Japan in Richtung USA. Bei ihrer Ankunft in Amerika soll sie spontan geäußert haben: »Hier kann man leichter atmen.« Sie begann, überall im Land Vorträge über das Werk ihres Vaters zu halten, erhielt aber nur ausgesprochen bescheidene Honorare. Auch in Zeitungsartikeln meldete sie sich zu Wort, protestierte gegen bolschewistische Repressionen, gegen die Unterdrückung der Kirche, gegen die Verfolgung Andersdenkender in der Sowjetunion. Sie schrieb an ihre Schwester

Tatjana: »Sollte ich nach Rußland zurückkehren, würde ich im Gulag enden oder sofort erschossen werden ... Denen in der UdSSR nicht zu dienen, ist unmöglich, und denen dienen kann ich nicht, lieber will ich sterben.«

Freunde halfen Alexandra Tolstaja, eine kleine Farm in Connecticut zu erwerben. Dort hatte sie die Idee, ein Hilfskomitee zur Unterstützung russischer Flüchtlinge zu gründen. In ihrem Buch *Die Tochter* schreibt sie dazu: »Im Frühjahr 1939 wurde der Verein in der Wohnung eines ehemaligen russischen Botschafters gegründet. Zu Ehren meines Vaters wurde beschlossen, ihn *Tolstoy Foundation* zu nennen ... In meinem Leben begann ein neues, sehr wichtiges Kapitel.«

Bald darauf begann der Zweite Weltkrieg. Alexandra Tolstaja wurde Vorsitzende der *Tolstoy Foundation*, die den ganzen Krieg hindurch neuankommende Flüchtlinge aus der Sowjetunion und sowjetische Kriegsgefangene unterstützte. Unter anderem gelang es ihr 1940, ein Visum für den Schriftsteller Vladimir Nabokov zu bekommen. Er erinnerte sich: »Für Russen war es sehr schwierig, aus Frankreich auszureisen, und auch ich hätte es ohne die Hilfe der liebenswürdigen Alexandra Tolstaja kaum geschafft.« Nach Beendigung des Krieges begann in Europa die Repatriierung von Kriegsgefangenen und zivilen sowjetischen Staatsangehörigen in die UdSSR. Ihre Schicksale in der Heimat waren tragisch – Beschneidung von Rechten und Freiheiten, Verbannung, Lager, Erschießung. Am 22. September 1947 wurde das europäische Büro der *Tolstoy Foundation* in München eröffnet. Der Fonds half, wo er konnte, und dank seiner Unterstützung wurden etwa 13.000 sowjetische Gefangene aus den Lagern gerettet. Zwischen Mai 1947 und Ende 1952 konnten mit der Unterstützung des Hilfsfonds mehr als 213.000 Menschen aus den westlichen Besatzungszonen Deutschlands und aus Österreich in die USA, nach Kanada, Frankreich, England, Brasilien und in andere Staaten auswandern.

In der offiziellen Presse der UdSSR erschienen immer öfter »entlarvende« Hinweise auf die Spionagetätigkeit Alexandra Tolstajas. Ihr Neffe Sergej Tolstoj, der nach Frankreich emigriert war, schreibt in seinem Buch *Die Kinder Tolstojs*: »Ihre in Rußland verbliebenen Neffen unterschrieben unter Zwang den ›Protest der Mitglieder der Familie Tolstoj gegen die Spionagetätigkeit der Verräterin A. Tolstaja in Amerika‹.« Diese »Erklärung«, verfaßt in bestem Sowjetduktus, wurde am 21. September 1948 in der Parteizeitung *Prawda* veröffentlicht. Der Brief rief alle »anständigen Genossen« dazu auf, jene mit Verachtung zu strafen, die »versuchen, im Namen des großen russischen Schriftstellers und Patrioten als schmutzige, menschenverachtende Spione tätig zu sein und gegen den Frieden, den Fortschritt und die Freiheit zu arbeiten. Der Name Tolstojs darf nicht in einem Atemzug mit faschistischen Speichelleckern, amerikanischen Gangstern, Lynchmobs, Mördern, Gegnern der Demokratie und Feinden der freien Völker genannt werden.«

Alexandra Tolstaja war eine ungewöhnlich mutige Frau. Ungeachtet aller möglicher Folgen sprach sie immer offen aus, was sie von der UdSSR und dem dort herrschenden System hielt. Ihrer Ansicht nach hatten sich darin die grausamen Grundzüge der alten Moskauer Rus erhalten: Korruption, Vetternwirtschaft und Gewaltenmonopol. Sie war der Meinung, daß alles Übel daher rühre und sich bisher auch nichts daran geändert habe. Wegen ihrer kritischen Äußerungen war sie gefürchtet, und ihr Name wurde in der Sowjetunion konsequent verschwiegen. Die *Tolstoy Foundation* durfte mehr als 50 Jahre lang nicht in der UdSSR tätig werden. Offiziell wurde Alexandra Tolstaja erst 1994 rehabilitiert.

Im Jahr 1947, drei Jahre vor dem Tod ihrer Schwester Tatjana, schrieb Alexandra an sie: »Wie bedauerlich, daß wir auf unsere alten Tage nicht miteinander reden können, vieles wäre verständlicher und leichter zu verstehen, wir würden eine gemeinsame Sprache sprechen ... So lebe ich: Ich stehe um 6 Uhr auf und schreibe, um 8.30 Uhr fahre ich mit dem Auto nach New York. Hier arbeite ich bis 20 Uhr, manchmal bis Mitternacht. Und das an fünf Tagen. Zwei Tage arbeite ich auf der Farm; außer meinem Schreiben habe ich kein privates Leben. Doch das fehlt mir auch nicht, denn ich werde ja schon bald 63 – eine Alte.«

Im Jahr 1953 erschien in New York ihr Buch *Der Vater. Das Leben von Lew Tolstoj*, 1965 in Washington *Lichtblicke in der Dunkelheit*, und nur wenige Monate vor ihrem Tod konnte sie noch die Veröffentlichung ihres letzten Buches *Die Tochter* erleben.

Bis Ende der 1960er Jahre wurden etliche neue Niederlassungen der *Tolstoy Foundation* in Europa und in Südamerika gegründet, und 1970 wurde auf dem Gelände des Tolstoj-Zentrums in Valley Cottage, New York unter reger Anteilnahme Alexandra Tolstajas ein Seniorenwohnheim fertiggestellt.

Ihren 90. Geburtstag beging Alexandra Tolstaja in New York. Nach der Rückkehr von der Familienfeier schrieb ihr Neffe Sergej Tolstoj aus Paris, daß Alexandra Tolstaja mit ihren 90 Jahren »klar im Kopf, sehr milde und gütig ist. Das Gehen fällt ihr schwer, doch sie arbeitet viel und schreibt auch weiterhin, ihre neusten kleinen Erzählungen sind großartig.«

Am 9. Juni 1979 ehrten die »russischen Amerikaner« Alexandra Tolstaja: Sie wurde in die *Russian-American Hall of Fame* aufgenommen, eine Ehrung für herausragende Persönlichkeiten russischer Herkunft, die einen wichtigen Beitrag zu Wissenschaft, Technik, Kunst oder zum gesellschaftlichen Leben der USA geleistet haben.

Alexandra Tolstaja starb am 26. September 1979, nur wenige Monate nach ihrem 95. Geburtstag. Sie wurde auf dem Klosterfriedhof in Spring Valley im Bundesstaat New York beigesetzt. Auf der Trauerfeier wurden für die Tochter Lew Tolstojs viele dankbare, gute Worte gefunden. Bis zu ihrem Tod hatte sich ihr Herz weder mit dem Blei der Gleichgültigkeit noch mit der Asche der Gefühllosigkeit überzogen. Das Mitleid und die Bereitschaft, all jenen zu helfen, die der Hilfe bedürfen, blieben bis zum Ende in ihrer Seele lebendig. Jemand aus der Reihe der Trauerredner merkte an, daß der beste Beitrag Rußlands zur Weltkultur seine talentierten Frauen seien.

Der Mythos einer Frau

Ida Rubinstein (1885 – 1960)

Eine der schillerndsten Künstlerpersönlichkeiten des 20. Jahrhunderts«, »faszinierende Schönheit«, »Traumfrau der Zwanziger Jahre«, schreiben verschiedene Enzyklopädien über Ida Rubinstein. Vieles an ihr bleibt rätselhaft, so gibt es unter anderem zahlreiche widersprüchliche Angaben zu ihren biographischen Daten.

Auf Fragen von Journalisten, wer sie sei und woher sie stamme, zuckte sie stets nur mit den Schultern. Nie hat sie ihren Geburtstag gefeiert. Gelegentlich wurde behauptet, sie komme aus St. Petersburg, dann wieder, daß sie aus der Familie eines Charkower Millionärs stamme, und in einer weiteren Lesart heißt es, sie sei vor ihrer Inkarnation auf der Erde eine Göttin gewesen.

»Die Göttin war gestürzt. Sie geriet in diese Welt, und die packte sie mit grobem Griff, und der überirdische Glitter fiel von ihren Flügeln ab.« So schreibt ein Biograph über sie, der im Taufregister der Synagoge von Charkow folgenden Eintrag entdeckte: »Am 21. September 1885 wurde dem ehrbaren Charkower Bürger Leon Rubinstein und seiner Gattin Ernstina eine Tochter namens Ida geboren.« Das bekannte Bankhaus *Roman Rubinstein & Söhne* befand sich im Besitz dieser Familie, zu der neben Ida auch noch zwei Söhne, Leon und Adolf, gehörten. Adolf, der jüngere der beiden, absolvierte das St. Petersburger Konservatorium und war ein großer Verehrer Richard Wagners.

Das Haus Rubinstein war hochangesehen für seine Wohltätigkeit; das beträchtliche Vermögen – Banken und Fabriken – vermehrte sich mit den Jahren, und enorme Summen wurden auch für die kulturelle Entwicklung der Stadt ausgegeben. Die Rubinsteins waren Kunstliebhaber und Mäzene, ihr Name galt als Inbegriff für Erfolg. Das Bankhaus Rubinstein ging ähnlich wie die Dynastie der Rothschilds in die Geschichte ein. Sie waren mächtiger als Präsidenten, Könige und waffenstarrende Armeen.

Idas Mutter starb ganz unerwartet, als das Mädchen noch sehr klein war, und 1892 verstarb auch ihr Vater sehr plötzlich. Ida wurde zu einer Tante in St. Petersburg gebracht, die ein großes Haus im angesehensten Stadtteil – am Englischen Ufer – bewohnte. Sie kümmerte sich liebevoll um die kleine Waise.

Als Kind galt Ida nicht als besonders hübsch, da sie dem vorherrschenden Ideal – runde Bäckchen und blaue Augen – nicht entsprach. Sie war schmal und kantig, mit riesigen dunklen Augen und einer nicht zu bändigenden Mähne. Auch später kam Ida Rubinstein dem damaligen Schönheitsideal nicht gerade nahe, doch ihre Selbstsicherheit, ihr Charme und ihre Lebendigkeit machten sie ungeheuer attraktiv. Marlene Dietrich bemerkte einmal: »Ein häßliches Entlein ist glücklich, es hat Zeit, in der Einsamkeit über den Sinn des Lebens und der Freundschaft nachzudenken, Bücher zu lesen und anderen Menschen zur Hilfe zu eilen. So wird aus ihm ein Schwan.« Diese Worte treffen rundum auf Ida Rubinstein zu.

Sie hatte immer hervorragende Lehrer, und von Kindheit an beherrschte sie vier Fremdsprachen fließend: Englisch, Französisch, Deutsch und Italienisch. Außerdem erhielt sie Unterricht im Deklamieren und in Darstellender Kunst. Ihr Leben verlief geradlinig bis zu jenem Tag, an dem sie den Wunsch äußerte, Schauspielerin zu werden. Dieses Vorhaben löste in der ehrbaren Familie Rubinstein einen solchen Skandal aus, daß Ida in eine Nervenklinik gesteckt wurde. Die Ärzte sollten »das Ansehen der Familie retten« und Ida ihren Wunsch ausreden.

Nachdem Ida aus der Klinik entlassen worden war, hatte sie nur einen Plan: sich so rasch wie möglich durch eine Heirat aus der Obhut ihrer Tante zu befreien. Die Ehe war für sie der einzige Weg in die Freiheit. Einen passenden Kandidaten fand sie in der entfernteren Verwandtschaft. Ihr Auserwählter hieß Wladimir Gorwiz, ein bescheidener, netter junger Mann. Genau einen Monat nach der Hochzeit trennten sie sich wieder und wurden schnell geschieden. Ida unterstützte Wladimir materiell und dachte darüber hinaus nicht weiter an diese kurze Episode.

Ida Rubinstein (1885 – 1960)

Jetzt endlich war Ida Rubinstein nicht nur reich, sondern auch unabhängig. So konnte sie ihren langgehegten Traum verwirklichen. Sie brachte *Antigone* von Sophokles auf die Bühne und spielte selbst die Titelrolle. Das Theater liebte sie leidenschaftlich, weil es ihr als Spiegel des Lebens galt, und das Leben liebte sie mit ebensolcher Leidenschaft, da es für sie das große Theater bedeutete. Ein freier Geist sowie die göttliche Gabe, immer sie selbst zu sein, ohne die Lächerlichkeit zu fürchten und stets an sich zu glauben, zeichneten sie aus. Eine ihrer Zeitgenossinnen schrieb über sie: »Ihr Gesicht war von solcher blendenden, unbestreitbaren Schönheit, daß alle anderen Gesichter ringsumher zu verblassen schienen. Das Oval ihres Antlitzes wirkte wie von leichter Hand mit einem Strich gezeichnet – ein edles Nasenbein, ein durchscheinender Teint ohne Röte und eine schwarzgelockte Mähne. Eine moderne Gestalt mit dem Gesicht einer schönen vergangenen Epoche.«

Die Premiere von *Antigone* fand im April 1904 statt. In der Presse nahm man kaum Notiz von der Aufführung, doch an Idas Entschlossenheit, die Bühne zu erobern, änderte sich dadurch nichts. Sie nahm Schauspielunterricht bei dem bekannten Schauspieler und Theaterpädagogen Alexander Lenskij, der über sie sagte: »Meine Schülerin ist eine zukünftige Sarah Bernhardt!« Ida Rubinstein sorgte bereits durch ihr bloßes Erscheinen für Furore. Die große russische Schauspielerin Wera Paschennaja erzählte über ein Treffen mit ihr im August 1904: »Ida schwebte vorbei in einem leuchtendroten Kleid, mit langer Schleppe und ganz und gar mit Spitzen bedeckt. Mich beeindruckte ihre Frisur mit dem üppigen Pony. Erschrocken hatte ich das Gefühl, völlig unzureichend gekleidet und sehr unansehnlich zu sein.«

Ida Rubinsteins exotische Schönheit fiel selbst Konstantin Stanislawskij auf, und er lud sie in sein berühmtes *Moskauer Künstlertheater* ein, das damals als ausgesprochen modern und fortschrittlich galt. Sie lehnte jedoch ab, und etwas gekränkt schrieb Stanislawskij: »Sie fand mein Theater altmodisch.«

Schließlich bekam Ida Rubinstein 1907 ein Engagement am *Vera-Komissarschewskaja-Theater* in St. Petersburg für die Hauptrolle in Oscar Wildes *Salome*. Die Proben hatten bereits begonnen, als das Stück plötzlich als unmoralisch verboten wurde. Daraufhin beschloß Ida Rubinstein, die *Salome* als *Tanz der sieben Schleier* zu tanzen, und beauftragte den Komponisten Alexander Glasunow, die Musik dafür zu komponieren. Sie nahm Tanzunterricht bei dem renommierten Ballettmeister Michail Fokin, der sich folgendermaßen an seine Schülerin erinnerte: »Schlank, groß, schön, sie war ein interessantes Material; ich hoffte, daraus eine besondere Bühnenfigur modellieren zu können.« Die Premiere fand am 20. Dezember 1908 auf der Bühne des St. Petersburger Konservatoriums statt. Ida Rubinstein tanzte, warf nach und nach alle sieben Schleier ab und trug am Ende nichts weiter als eine mehrreihige, große Perlenkette. Der gesamte Saal hielt minutenlang den Atem an und brach anschließend in ekstatischen Jubel aus. Die Zeitung *Retsch* schrieb: »Auf die stürmischen Bravorufe hin wurde der halbe Tanz noch einmal wiederholt. Welch fesselnde Darbietung! Diese Laszivität der Leidenschaft, die hineinfließt in getragene, wunderschöne Bewegungen des Körpers!« Mit ihrem *Tanz der sieben Schleier* war Ida Rubinstein plötzlich berühmt geworden. Lediglich Stanislawskij war nach der Premiere skeptisch: »Außer einer Nackten und darüber hinaus untalentierten Nackten habe ich nichts gesehen!«

Ich habe den *Tanz der sieben Schleier* in meinem Leben in verschiedenen Choreographien erlebt; in einer Inszenierung von Oscar Wildes *Salome* im Schauspielhaus der sibirischen Stadt Omsk erlebte ich eine der schönsten Aufführungen dieses Tanzes. Choreograph war der Ballettmeister Nikolaj Reutow. Damals dachte ich, daß so auch Ida Rubinstein getanzt haben muß. Die Tänzerin war körperlich derart ausdrucksstark, daß mir deutlich vor Augen geführt wurde: Wenn Worte unzulänglich werden, können Musik und Tanz an ihre Stelle treten. In Moskau sah ich den Tanz in der Originalchoreographie. Aus einer Erdhöhle, in welcher sich Johannes der Täufer versteckt hält, erhebt sich eine eindrucksvolle Figur, die in Schleier gehüllt ist. Sie beginnt, vor Herodes zu tanzen, und wirft den ersten Schleier ab, den zweiten, den dritten … Und erst beim Abwerfen des siebten ist zu sehen, daß Salome tanzend auf den Schultern von Johannes sitzt. Zwischen ihren Beinen befindet sich der Kopf, den sie als Preis für ihren Tanz vom König fordern wird. Bei einer anderen Aufführung, die ich in St. Petersburg sah, tanzte Salome auf den Stufen einer Pyramide. Ihre sieben roten Schleier wehten aus den Spalten zwischen den Stufen und legten sich wie schwerelos über den Saal.

Im Jahr 1909 bereitete der berühmte Impresario Sergej Djagilew *Les Saisons Russes* in Paris vor. Als Stars reisten Anna Pawlowa und Vaslav Nijinsky mit der Truppe. Als sich die Frage stellte, wer die Kleopatra im Ballett *Ägyptische Nächte* nach der Musik Anton Arenskijs tanzen sollte, schlug Fokin Ida Rubinstein vor. Bei der Premiere war das Publikum dann ganz besonders von Ida Rubinstein begeistert. Einer Idee des genialen Bühnenbildners Léon Bakst folgend, wurde sie in einem geschlossenen Sarkophag auf die Bühne getragen. Als sie aus dem Sarg gehoben wurde, war sie wie eine Mumie in blendendweiße Tücher gehüllt. Sie begann, sich langsam zu bewegen, und unter den weißen Schleiern wurde Kleopatra sichtbar. Sie trug ein phantastisch schönes ägyptisches Kostüm, das mehr offenbarte, als es verbarg. Höhepunkt ihres Tanzes wurde die Ekstase auf dem Liebeslager. Léon Bakst schrieb über diese Szene: »Sie war eine wirkliche Zauberin, die den Untergang mit sich brachte.« Das Ballett hatte einen grandiosen Erfolg, und Ida Rubinsteins phantastische Karriere nahm ihren Anfang. Ihr Porträt schmückte sämtliche Titelseiten, prangte auf Plakaten und zierte sogar Pralinenschachteln.

Ida Rubinstein kaufte 1909 ein Haus in Paris. In vielen Interviews unterstrich sie, daß es sie bereits von Jugend an nach Paris gezogen habe. Sie hatte sich in Paris sofort zu Hause gefühlt, wie so viele andere russische Emigrantinnen auch. Es ist wenig bekannt, daß auch die französischen Schriftstellerinnen Sophie de Ségur, Elsa Triolet oder Nathalie Sarraute gebürtige Russinnen waren. Diese Aufzählung ließe sich noch endlos fortführen; für alle diese Frauen wurde Paris zur zweiten Heimat.

Eines Tages spazierte ich auf der Suche nach Gräbern mit russischen Namen über den Pariser Friedhof *Montparnasse*. Grabsteine, Glockentürme, Reliefs ... Mit einem Mal schrak ich heftig zusammen, als ich las, was mit kyrillischen Buchstaben in einen Stein gemeißelt war: »Tanjuscha«. In Rußland ist dies die Koseform von Tatjana, und so nennt mich auch meine Mutter. Ich sah mir das Grab genauer an und entdeckte die Skulptur *Der Kuß* von Constantin Brancusi, ein in der ganzen Welt bekanntes Meisterwerk. Die aus zwei untrennbaren Figuren bestehende Plastik drückt Leidenschaft, Zärtlichkeit und gleichzeitig auch Trauer aus. Wer aber war diese Tanjuscha, und aus welchem Grund befindet sich *Der Kuß* auf ihrem Grab? Ich fand Antworten auf diese Fragen. Brancusi stammte ursprünglich aus Rumänien und hieß eigentlich Constantin Brynkuschi. Bei der Frau im Grab handelte es sich um die russische Studentin Tatjana Raschewskaja (1887 – 1910), die ihrem Leben ein Ende setzte wegen ihrer unglücklichen Liebe zu einem jungen rumänischen Arzt. Welch schicksalhafte Verflechtung von Ländern – Rußland, Rumänien, Frankreich!

Warum nur zog es die Russen stets nach Paris? Vieles kann man erklären. Doch woher kam es, daß ich bereits als kleines Mädchen von Paris träumte? Ich, die Tochter einer sowjetischen Akademikerfamilie, geboren in einer Oase der Wüste Karakum im fernen Turkmenistan. Vielleicht liegt der Grund in dem Buch, das ich als Neunjährige las: *Die drei Musketiere* von Alexandre Dumas mit zauberhaften Illustrationen von Maurice Leloir aus dem Moskauer Verlag *Academia*. Seit jener Zeit sprechen die Musketiere in meiner Vorstellung russisch. Bis heute verstehe ich nicht ganz, wie mich der mir damals so rätselhaft erscheinende Text derart fesseln konnte. Und doch kann ich die ersten Zeilen des Buches noch immer auswendig. Was auch immer ich später als Erwachsene über die Geschmacklosigkeiten und historischen Ungenauigkeiten bei Dumas las, es tat meiner kindlichen Begeisterung keinen Abbruch. Meine edlen Musketiere leben in meinen Kindheitserinnerungen, und als ich 39 Jahre später in Paris tatsächlich durch die Rue Férou ging, kamen mir die Tränen.

Doch kehren wir zurück zu Ida Rubinstein und dem Haus, das sie in Paris kaufte. Es handelte sich um ein einzelnstehendes, großes Gebäude mit Garten, welches sie unglaublich luxuriös ausstattete. Im Garten spazierten zwischen exotischen Pflanzen ein junger Panther und phantastisch schöne Pfauen umher. Zu jener Zeit wurde Ida Rubinstein auf Schritt und Tritt von Journalisten verfolgt, die immer etwas über sie zu berichten fanden: Mal jagte sie Rentiere in Norwegen, dann wieder überquerte sie die Alpen in einem Flugzeug, übernachtete in den Bergen Sardiniens oder brachte auf ihrer Yacht Jagdtrophäen aus Afrika mit. Auf ihren abenteuerlichen und riskanten Reisen durch die Welt blies immer der Wind des Erfolgs in ihre Segel, und sie kehrte stets heil zurück.

Mit meinem Übersetzer Alfred Frank, der einen Teil meines ersten Buches über berühmte russische Frauen, *Liebe – Macht – Passion*, übersetzt hat, scherzte ich einmal darüber, was wohl jede meiner Heldinnen, wäre sie auf der *Titanic* gewesen, gemacht hätte. Die eine hätte verzweifelt geweint, eine andere wäre völlig apathisch geworden, wieder eine andere hätte überall mit angepackt und herumkommandiert, Ida Rubinstein jedoch hätte die Katastrophe gar nicht mitbekommen. Man hätte an ihre Kabinentür geklopft und ihr ehrerbietig nahegelegt: »Hochverehrte Frau Rubinstein, hätten Sie die Güte, in ein Rettungsboot zu steigen? Es gibt ein paar kleine Probleme.« Sie wäre umsichtig ins Boot geleitet worden, und erst auf dem offenen Meer wäre ihr klar geworden, daß die Probleme wohl doch ein wenig größer gewesen sein könnten.

In einem Interview um 1910 sagte Ida Rubinstein: »Sie möchten etwas über mein Leben erfahren? Ich selbst unterteile mein Leben in mehrere voneinander vollkommen unabhängige Bereiche: Reisen, Theater, Sport und Kunst. Vermutlich irritiert viele ein derartig sprunghaftes und liederliches Leben, bei dem ich heute nicht weiß, was in einer Woche sein wird. Doch gerade das verschafft mir die größte Befriedigung. Ein anderes Leben könnte ich mir gar nicht vorstellen; ich brauche Abwechslung, immer neue Eindrücke, sonst werde ich vor Langeweile krank.«

In jener Zeit begann Ida Rubinstein, für den talentierten russischen Porträtmaler Valentin Serow Modell zu sitzen. Er sagte über sie: »Ida Rubinstein das erste Mal zu Gesicht zu bekommen, bedeutet eine Zäsur im Leben, denn sie zu sehen heißt verstehen, was das Gesicht eines Menschen überhaupt ausmacht.« Er stellte nur eine Bedingung – er wollte sie nackt malen, im Stil der Renaissance –, obwohl er selbst daran zweifelte, daß sie auf diese Bedingung eingehen würde. Doch ohne ein Zögern stimmte sie zu. Sie arbeiteten in Serows Atelier in Paris. Und es gab nur eine einzige Unterbrechung, nämlich als Ida Rubinstein nach Afrika reiste, wo sie bei einer Jagd einen Löwen erlegte. Als er von diesem Abenteuer erfuhr, bemerkte Serow: »Ihr Mund ist wie der einer verwundeten Löwin. Ich glaube nicht, daß sie mit einer Winchester geschossen hat, denn der Bogen der Diana paßt weitaus besser zu ihr!«

Im Jahr 1911 wurde erstmals einem breiten Publikum das Gemälde präsentiert, von dem es schon so viel gehört hatte. Neben großer Begeisterung gab es auch die Kritik, daß die Dargestellte gar keine richtige Frau, sondern ein lebendiges Skelett sei. Doch im Laufe der Zeit wurde dieses Porträt als Meisterwerk anerkannt.

Vor etlichen Jahren, während meines ersten Semesters an der Moskauer Filmhochschule, schrieb ich im Fach Kunstgeschichte eine Arbeit über Serow. An diese Arbeit erinnere ich mich besser als an alle anderen Hausarbeiten, weil ich sie als erste auf meiner neuen, eigenen Schreibmaschine tippte. Dies verschaffte mir beim Schreiben eine gewisse abgeklärte Selbstzufriedenheit – du schlägst die Tasten an, der Text fließt in gleichmäßig gedruckte Zeilen, und du hast den Eindruck, daß er vollkommen, daß er großartig ist. Ich fühlte mich während jener Zeit als bedeutende Autorin und berauschte mich an meiner bescheidenen eigenen

Ida Rubinstein (1885 – 1960)

Gelehrtheit. Ich schrieb über Serows frühe Epoche und seine Werke wie *Mädchen mit Pfirsichen* und *Mädchen im Sonnenlicht*, aber auch über sein Spätwerk, das sich dem Stil der Moderne annähert, und über die nackte Figur der wunderschönen Ida.

Eigens für Ida Rubinstein wurde 1910 das Ballett *Scheherazade* mit der Musik von Nikolaj Rimskij-Korsakow inszeniert, und sie tanzte die Hauptrolle der Zobeide. Ihre Partner waren Alexej Bulgakow in der Rolle des Schariar und Vaslav Nijinsky in der Rolle des schwarzen Sklaven. Die Ausstattung übernahm Léon Bakst: Seine Dekorationen in satten, kontrastreichen Farben und die leuchtenden, exotischen Kostüme hinterließen unvergeßliche Eindrücke beim Publikum. Höhepunkt der Aufführung war die Darstellung einer Orgie, bei der rings um Zobeide die Sklaven und Haremsdamen in erotische Ekstase gerieten.

Die nächste Rolle erhielt Ida Rubinstein in dem Stück *Le Martyre de Saint Sébastien*, das der berühmte Schriftsteller Gabriele D'Annunzio für sie geschrieben hatte. Die Musik komponierte Claude Debussy. Und erneut geriet die Premiere zu einem grandiosen Erfolg, rief andererseits aber heftige Proteste des Vatikans hervor. Am 8. Mai 1911 wurde Gabriele D'Annunzio durch päpstliches Dekret exkommuniziert und den Katholiken verboten, seine Werke zu lesen oder Aufführungen seiner Stücke zu besuchen. Dieses Verdikt bestand bis unmittelbar vor D'Annunzios Tod im Jahr 1938.

Ein weiser Mensch hat einmal gesagt, daß wir sterben, wenn wir aufhören, Kinder zu sein. In diesem Sinne müßte Ida Rubinstein ewig leben, denn sie ist immer ein Kind geblieben: Sie geriet schnell in Begeisterung, schätzte alles Ungewöhnliche, Leuchtende und Wunderbare. Darüber hinaus liebte sie, was sie selbst »interessante Menschen sammeln« nannte, und Gabriele D'Annunzio, als einer der skandalträchtigsten Autoren Europas, gehörte ohne Zweifel dazu. Sie verliebte sich in ihn, und auch er konnte ihrer Schönheit und ihrem Talent nicht widerstehen. Sie wurden ein Paar. Dennoch hatte Ida Rubinstein in jener Zeit zahlreiche Affären, sowohl mit Frauen als auch mit Männern, und ihre Bisexualität machte sie in den Augen ihrer Zeitgenossen überaus interessant. Eine ihrer Geliebten war die Malerin und Bildhauerin Romaine Brooks, und eine Zeitlang lebten sie sogar zu dritt: Ida Rubinstein, Romaine Brooks und D'Annunzio. Ich weiß nicht, wie Sie, liebe Leser, das sehen, aber ich persönlich bin der Meinung: Wen interessiert schon, wer wen liebt? Chacun à son goût ...

Ida Rubinstein war eine »antifeministische Feministin«, sie lehnte den Kampf für eine Sozialpolitik zum Schutz der Frauen ab und rief die Frauen statt dessen zum offenen Wettbewerb mit den Männern auf dem Gebiet der Kultur auf. Jene Zeit gehörte zu den fruchtbarsten Phasen ihres Schaffens, sie inszenierte Theaterstücke und spielte in Filmen nach Drehbüchern von D'Annunzio mit. Die Dreierbeziehung zerbrach erst 1915, und Ida begann, erneut allein durch die Welt zu reisen: »Ich reise, um nicht an den Widrigkeiten dieser Welt zu verzweifeln, um mich nicht mit Trauer und Verzweiflung zu vergiften. Los geht's!«

Als 1917 in Rußland die Oktoberrevolution ausbrach und die Bolschewiken an die Macht kamen, geriet Ida Rubinstein in finanzielle Schwierigkeiten. Eine russische Weisheit sagt, die einen würden Märchen lesen, die anderen in ihnen leben. Wie im Märchen leben, wo jede Reise möglich und jeder Wunsch erfüllt wird, konnte Ida Rubinstein nun nicht mehr. Doch dann, auf einer ihrer Reisen, begegnete sie Sir Walter Guinness, dem Erben des Bierimperiums, ein attraktiver Mann, Millionär und Bewunderer alles Schönen. In ihm fand Ida Rubinstein ihre große Liebe. Guinness besaß alles, was sie an einem Mann schätzte – ein angenehmes Äußeres, einen wachen Verstand, Eloquenz, Reichtum, Großzügigkeit, Stärke und Leidenschaft. Allerdings war er verheiratet, doch was machte das schon? Auf Fragen von Journalisten pflegte er zu antworten: »Ich liebe die ideale Frau, und sie erwidert meine Gefühle.« Sie standen stets so offen zu ihrer langjährigen Liebesbeziehung, daß es niemandem in den Sinn kam, sie zu verurteilen. Sie reisten gemeinsam, zeigten sich bei Empfängen und offiziellen Anlässen, und die Großzügigkeit von Guinness erlaubte es Ida Rubinstein, wieder Ballettaufführungen zu inszenieren. Speziell für ihre Truppe schrieb der Komponist Igor Strawinsky das Ballett *Der Kuß der Fee*. Doch den größten Erfolg hatten die beiden Ballettstücke *La Valse* und *Boléro* zu spanischen Themen, die sie bei Maurice Ravel in Auftrag gegeben hatte. Die Premiere von *Boléro* fand am 22. November 1928 statt. Das Bühnenbild stellte eine Taverne dar, in der Ida Rubinstein auf einem gigantischen Tisch 14 Minuten und 37 Sekunden tanzte. Um den Tisch herum standen junge Männer, die ihren verzauberten Blick den gesamten Tanz über nicht von der Künstlerin lösen konnten. Eine Zeitung schrieb: »Sie mußte nur den kleinen Finger rühren, und schon schlugen die Herzen schneller.« Der *Boléro* machte die Truppe von Ida Rubinstein und auch Maurice Ravel selbst weltberühmt. Voll bitterer Ironie bemerkte er zuweilen: »Ich habe nur ein wirkliches Kunstwerk geschaffen – den *Boléro*, und leider ist gerade der ohne Musik.«

Den schönsten *Boléro* meines Lebens sah ich in der Interpretation von Maja Plissezkaja, choreographiert von Maurice Béjart. Die Tänzerin war bereits über 50, doch der Tanz in seiner Ausführung war atemberaubend. Über den *Boléro* gibt es folgenden russischen Witz: »Ich hasse den *Boléro*!« »Haben Sie ihn denn gehört?« »Ja, meine alte Tante hat ihn mir vorgesungen.«

Das Ensemble von Ida Rubinstein blieb über lange Jahre hinweg das Flaggschiff des europäischen Balletts. Im Jahr 1933 gab Ida Rubinstein dem talentierten jungen Choreographen Kurt Jooss ein Ballett zu Strawinskys *Perséphone* in Auftrag. Die Uraufführung war am 30. April 1934 in der Pariser Oper. Ida Rubinstein tanzte die Titelrolle, eine bezaubernde Frühlingsgöttin, die vom Gott der Unterwelt entführt wird. Kritiker nannten ihren Tanz gleichermaßen dämonisch und engelsgleich: Zuerst war sie die Frühlingsgöttin mit ihren ergreifenden magischen Ritualen und dann die Herrscherin des Schattenreiches, die Gebieterin über dunkle Mächte.

Die letzte Rolle, in der Ida Rubinstein auftrat, war die der Jeanne in Arthur Honeggers dramatischem Oratorium *Jeanne d'Arc au bûcher* 1939 in Orléans. Zu diesem Zeitpunkt war sie 54 Jahre alt.

Bald danach mußte sie aus ihrem geliebten Paris fliehen, da die deutschen Truppen die Stadt besetzten. Aufgrund ihres skandalumwitterten Ruhmes war es für sie zu gefährlich geworden, in Frankreich zu bleiben. Per Schiff gelangte sie nach Algier, und der treue Guinness schickte ein Flugzeug, um sie nach London bringen zu lassen, wo ein vollkommen anderes Leben für sie begann.

In Rußland sagt man, daß ein weiser Mensch nicht vorher darüber nachdenkt, was er tun, sondern was er nicht tun soll. Ganz besonders in der neuen politischen Situation, die Ende der 1930er Jahre entstanden war, mußte sich jeder ganz genau überlegen, was er nicht tun sollte. Ida Rubinstein verstummte gegenüber der Öffentlichkeit, sprach nicht mehr mit Journalisten. Sie besuchte keine Theater mehr, mied die lebhaften Zusammenkünfte der Bohemiens. Gemeinsam mit Guinness eröffnete sie ein Lazarett und widmete dieser Arbeit all ihre Zeit.

Im Jahr 1944 war Walter Guinness Großbritanniens Gesandter im Nahen Osten und somit verantwortlich für die Ausschiffung jüdischer Flüchtlinge aus Rumänien nach Palästina. Durch einen deutschen Torpedo wurde ein Schiff versenkt, fast 800 Menschen kamen ums Leben. Der spätere israelische Ministerpräsident Yitzhak Shamir soll Guinness die Schuld an der Katastrophe gegeben haben, worauf er den Befehl erteilt haben soll, ihn zu erschießen. Die Hinrichtung wurde vollzogen, und Ida Rubinstein blieb allein zurück.

Nach der Befreiung von Paris kehrte sie in ihre geliebte Stadt zurück, konnte jedoch dort nicht wohnen bleiben. Sie erwarb ein kleines Haus in Vence an der Côte d'Azur, wo sie zum katholischen Glauben übertrat und sehr religiös lebte.

Für einige Zeit arbeitete sie auch noch als Dolmetscherin für eine UN-Organisation. Zeitgenossen waren der Meinung, Ida Rubinstein sei das Unmögliche gelungen: Sie verlor bis zum Ende ihres Lebens nichts von ihrer Schönheit. Man sagt, die Männer hätten sich nach ihr umgedreht, wenn sie aufrecht und graziös durch die langen Flure des UN-Gebäudes geschritten sei. Jetzt hielt sie stets Distanz. In ihrer letzten Lebensphase hatte sie fast zu niemandem mehr engeren Kontakt.

Am 20. September 1960 starb Ida Rubinstein an einem Herzinfarkt. Gemäß ihrem letzten Willen wurde über die Trauerfeier in den Zeitungen nicht berichtet, auf ihrem Grabstein in Vence stehen lediglich zwei Buchstaben: »I. R.«

Ida Rubinstein wurde zum Symbol der souveränen Frau auf der Bühne. Sie war ausgesprochen sensibel und widersprüchlich. Mit ihrem Abgang endete eine ganze Epoche der Tanzkunst. Auf der Bühne war sie derart vielseitig, daß ihr Stücke gleichsam auf den Leib choreographiert wurden, nur um die ganze Bandbreite ihrer Begabungen zeigen zu können. Die bekanntesten Komponisten der Zeit wie Ravel oder Strawinsky komponierten Musik für sie. Ida Rubinstein war eine Tänzerin von nahezu unerreichter Professionalität, die im Spannungsfeld zwischen eisiger Distanziertheit und dramatischem Temperamentsausbruch agierte. Sie war eine außergewöhnliche Frau, sowohl auf der Bühne als auch im Leben.

»Ich passe einfach auf, daß die Welt ihren Zauber nicht verliert!«

Sonia Delaunay (1885 – 1979)

Die Malerin Sonia Delaunay war keine getriebene Seele, nie lenkte sie die Aufmerksamkeit gezielt auf sich. Jahrzehntelang arbeitete sie gemeinsam mit ihrem Mann Robert Delaunay, unterstützte ihn in seinem Schaffen und blieb meistens in seinem Schatten, verschwand aber selbst nie für längere Zeit aus der Kunstszene. In der zweiten Hälfte ihres Lebens erhielt sie dann endlich die ihr zustehende Anerkennung als Künstlerin und galt nicht länger nur als Weggefährtin ihres berühmten Mannes. Ihr wurde die höchste Auszeichnung Frankreichs, die Mitgliedschaft in der Ehrenlegion, zuteil. Zudem war sie die erste Frau, der noch zu Lebzeiten eine Ausstellung im *Musée du Louvre* gewidmet wurde. Sie schrieb über sich: »Ich hatte drei Leben: Eines für Robert, eines für meinen Sohn und meine Enkel, ein kürzeres für mich selbst. Ich bedauere nicht, daß ich mich nicht mehr mit mir selbst beschäftigt habe. Ich hatte einfach keine Zeit dazu.«

Ihr Leben war auf eine kindliche Art glücklich, genauso wie das Leben der großen Meister ihrer Epoche, die sich ihre Kindlichkeit bis ins hohe Alter erhielten – Kandinsky, Picasso, Kokoschka und Chagall.

»Ich bin eure Stimme, die Glut eures Atems«, diese Zeilen der genialen russischen Lyrikerin Anna Achmatowa hätten durchaus auch von Sonia Delaunay, der genialen französischen Künstlerin russischer Herkunft, stammen können. Die eine drückte diese Glut in ihren Gedichten, die andere in ihrer Malerei aus. Sonia Delaunays Werke stellen ein entschlossenes Vorwärtsstürmen, einen deutlichen

Bruch mit der konventionellen Kunst dar und können als Prolog der neuen Kunst des 20. Jahrhunderts verstanden werden.

Sie wurde als Sarah Ilinitchna Stern am 14. November 1885 in dem kleinen ukrainischen Städtchen Gradizsk bei Poltawa geboren. Die Familie zog bald darauf nach Odessa, und daher nennen manche Biographen diese Stadt als Geburtsort der Künstlerin. Sarahs Vater arbeitete dort als Ingenieur; er war klug, gutmütig und fröhlich, ein echter Odessaer.

Die Stadt Odessa hatte in der Sowjetunion immer eine Sonderstellung, es herrschte und herrscht bis heute ein ganz besonderer, freier Geist, und zu allen Zeiten bewahrten sich die Bewohner ihre Fröhlichkeit. Auf den Gesichtern der Menschen liegt ein verschmitztes, offenherziges, gleichzeitig aber auch leicht durchtriebenes Lächeln. Man geht die Boulevards entlang, schnuppert den Geruch des Schwarzen Meeres, fotografiert sich vor dem Denkmal des Duc de Richelieu, des ehemaligen Statthalters von Odessa, und dann läßt man sich in einem der vielen Cafés nieder, um sich auf die »Suche nach der verlorenen Zeit« zu begeben. Nichts ist von Ewigkeit, die Staatsoberhäupter kommen und gehen, Regime werden gestürzt, doch hier, in einem kleinen Café, gibt es stets ein Täßchen dampfenden Kaffees an einer von unzähligen Ellbogen blankpolierten Theke. Der Witz der Bewohner von Odessa ist im ganzen Land berühmt, selbst die Bürokraten sind hier nicht vollkommen humorlos. Ich schickte einmal eine Anfrage an ein Archiv in Odessa und erhielt nach zehn Monaten eine Antwort, die mit folgenden Worten begann: »Wir beeilen uns, Ihnen mitzuteilen, daß ...«

Doch zurück ins Odessa Sarah Sterns. Als das Mädchen fünf Jahre alt war, starb ganz plötzlich sein Vater. Ihr Onkel mütterlicherseits, der erfolgreiche St. Petersburger Anwalt Heinrich Terk, übernahm gemeinsam mit seiner Frau Anna die Vormundschaft für Sarah. Sie zog nach St. Petersburg und fühlte sich in der neuen Familie sehr wohl. Man nannte sie Sonia, und dieser Name gefiel ihr. Aus Dankbarkeit für die Fürsorge und die Liebe, die ihr entgegengebracht wurden, nahm sie auch den Familiennamen Terk an. Sonia besuchte ein renommiertes Mädchengymnasium, und während der Sommerferien bereiste die Familie Europa; dort besuchte sie zahlreiche Museen. Auf Anraten ihres Zeichenlehrers erhielt Sonia Malunterricht, und mit 18 Jahren wurde sie Studentin

Sonia Delaunay (1885 – 1979)

der *Großherzoglich-Badischen Akademie der Bildenden Künste* in Karlsruhe. Zwei Jahre später zog sie nach Paris und verliebte sich sofort und für immer in diese Stadt.

Sonia Terk trat in die *Académie de la Palette* am Montparnasse ein und war dort bereits sehr erfolgreich. Von den trockenen, rein akademischen Unterrichtsmethoden war sie jedoch bald enttäuscht, und so verließ sie die Schule, um sich durch den Besuch von Museen und Ausstellungen autodidaktisch weiterzubilden. Ihre frühen Arbeiten zeigen deutliche Spuren des Postimpressionismus, und schon immer liebte sie lebensfrohe, leuchtende Farben.

Zu jener Zeit lernte Sonia den deutschen Kritiker, Sammler und Galeristen Wilhelm Uhde kennen. Er war elf Jahre älter als sie, und seine Bildung sowie sein immenses Wissen über moderne Malerei faszinierten sie. Sie konnte stundenlang in seiner Galerie sitzen und den Gesprächen über Farben und Rhythmus lauschen.

Sonia Terk und der homosexuelle Wilhelm Uhde gingen eine Konvenienzehe ein, die Hochzeit fand im Dezember 1908 in London statt. Für Uhde diente die Eheschließung dem Schutz seiner gesellschaftlichen Stellung, und für Sonia ermöglichte sie den weiteren Aufenthalt in Paris, denn ihre Familie forderte mit Nachdruck ihre Rückkehr nach Rußland. Es war ein Arrangement zum gegenseitigen Nutzen, und die beiden blieben auch nach der Scheidung, die bereits ein Jahr später erfolgte, gute Freunde.

Eine der ständigen Besucherinnen von Uhdes Galerie war eine elegante, vermögende Dame, die Tante des talentierten Malers Robert Delaunay. Diese machte die junge Frau mit ihrem Neffen bekannt. Die beiden stellten erstaunlich viele Gemeinsamkeiten fest. Unter anderem war auch Robert in jungen Jahren in eine andere Familie gekommen und nicht von seiner Mutter, sondern von deren Schwester großgezogen worden.

Am 18. Januar 1910 heirateten Robert und Sonia. Ihr gemeinsames Leben war der Kunst gewidmet, beide zeichneten, zeichneten, zeichneten, tauschten Ideen aus, inspirierten und kritisierten einander. Während dieser Zeit entdeckte Sonia Delaunay ihr Talent für das Design. Ihr erstes Werkstück war eine außergewöhnlich schöne Patchworkdecke, die sie 1911 für ihren neugeborenen Sohn nähte und die heute im *Musée national d'art moderne* in Paris aufbewahrt wird.

Über die Beziehung zu ihrem Mann sagte Sonia Delaunay einmal: »Er schenkte mir die Form, ich ihm die Farbe.« Den von ihnen neuentwickelten Kunststil nannten sie Simultaneismus, bei dem auf den Bildern eine gegenseitige Durchdringung der Farben erfolgt und die Farbflächen in eine komplizierte Beziehung zueinandertreten.

Der Schriftsteller Guillaume Apollinaire, ein Kenner und Bewunderer avantgardistischer Kunst, wurde für Sonia Delaunay zu einem geschätzten Gesprächspartner und Freund. Apollinaire war oft zu Gast bei den Delaunays und erdachte für ihren Stil eine weitere Bezeichnung: den Orphismus. Darunter verstand er die Umgestaltung der Welt durch einen neuen Orpheus: »Orpheus als Schöpfer malerischer Strukturen, die nicht dem realen Leben entnommen werden.«

Im Jahr 1912 fertigte Sonia Delaunay aufsehenerregende Illustrationen für das Poem *La Prose du Transsibérien et de la petite Jehanne de France* von Blaise Cendrars an. Dieses Buch im Stil des Simultaneismus war die Sensation des *Ersten Deutschen Herbstsalons* 1913 in Berlin. Dort fiel es auch Paul Klee auf, den die leuchtenden geometrischen Figuren, die Sonia Delaunay im Text und im Design des Buches verwendet hat, so sehr beeindruckten, daß sie von da an zu Motiven seines eigenen Schaffens wurden.

Zu Beginn des Ersten Weltkrieges siedelte die Familie Delaunay nach Spanien über, doch die Hitze ließ sie weiter nach Portugal fliehen. »In Portugal verbrachte ich die glücklichste Zeit meines Lebens«, erinnerte sich Sonia Delaunay. »Wir alle, ich, Robert und unser Sohn Charles, verliebten uns in dieses Land und stürzten uns ins Malen.«

Mit dem Ausbruch der Oktoberrevolution endete für Sonia Delaunay die finanzielle Unterstützung aus Rußland, und sie mußte lernen, Geld zu verdienen. Sie beschloß, ihr Tätigkeitsfeld zu wechseln, und eröffnete in Madrid die Boutique *Casa Sonia*, in der sie selbstentworfene Kleidung und modische Accessoires verkaufte. 1918 bestellte der berühmte Impresario Sergej Djagilew bei den Delaunays Dekorationen und Kostüme für das Ballett *Kleopatra* für ein Gastspiel in Spanien. Es heißt, diese Kostüme seien bezaubernd gewesen: Die Seidenstoffe wallten, glänzten und zerflossen in verspielten Ornamenten auf den Körpern der Tänzerinnen.

Sonia Delaunay war außerordentlich talentiert, wie eine Fee brauchte sie alltägliche Dinge nur zu berühren, und die Magie begann – alles wurde förmlich von einem inneren Feuer beleuchtet. Sie wurde einmal gefragt, wie sie dazu gekommen sei, eine einfache Babydecke für ihren Sohn so zeitraubend in Patchworktechnik anzufertigen. Ihre Antwort darauf war: »Ich passe einfach auf, daß die Welt ihren Zauber nicht verliert!«

Im Jahr 1921 kehrte die Familie Delaunay nach Paris zurück und machte Bekanntschaft mit Surrealisten und Dadaisten. Fast alle in Paris weilenden russischen Künstler und Schriftsteller waren bei ihnen zu Gast: von der Moskauerin Ella Kagan, die später unter dem Namen Elsa Triolet eine berühmte französische Schriftstellerin wurde, bis zum Dichter Wladimir Majakowskij, der sich 1928 in die russische Emigrantin Tatjana Jakowlewa verliebte. Er nannte sie »russische Schönheit mit Pariser Chic« und schrieb in einem Gedicht: »Dich hol ich einst / sowieso / dich allein / oder zu zwein, / samt Paris.« Die Honorare für seine Lesungen gab er in Pariser Blumenläden aus, denn jeden Tag ließ er Tatjana frische Rosen mit einem Gruß »von Majakowskij« bringen. Man sagt, daß sie auch nach seinem Tod im Jahr 1930 in Moskau in seinem Auftrag weiterhin Rosen bekam. Doch sein Werben war vergeblich: 1929 heiratete Tatjana Jakowlewa den Vicomte Bertrand du Plessix.

Aus den 1920er Jahren gibt es übrigens noch eine Fotografie, auf der Robert Delaunay mit seinen russischen Freunden Majakowskij, Triolet sowie dem Literaten Wladislaw Chodassewitsch auf einem Pariser Markt zu sehen ist.

In jener Schaffensperiode entwarf Sonia Delaunay die ersten ihrer sogenannten Simultankleider für ein Theaterstück ihres Freundes Tristan Tzara. Ihre abstrakten Zeichnungen begannen, alle anderen Muster auf Kleidungsstücken zu verdrängen: Als Pariser Chic galten fortan Schals, Oberteile und Stoffe nach ihren Entwürfen! Mit der Zeit wuchs die Schar ihrer Kundinnen derart an, daß sie auf der Champs-Élysées die *Boutique Simultanée* eröffnen konnte. Selbst Hollywoodstars wie Gloria Swanson reisten nach Paris, um ihre Garderobe bei Sonia Delaunay zu kaufen.

Robert Delaunay sagte über seine Künstlergattin: »Für Sonia sind Kleider und Mäntel ein Teil des Raumes, die feste Formen, Abmessungen und Inhalte haben. Sie schafft ein organisches Ganzes nach den Gesetzen, die für ihre Kunst verbindlich geworden sind.«

Interessanterweise eröffnete auch die russische Emigrantin Valentina Sanina Schlee (1899 – 1989) ungefähr zu dieser Zeit eine Boutique in New York. Bei ihr kauften Stars wie Pola Negri, Gloria Swanson, Claudette Colbert und Katharine Hepburn. Valentina war die berühmteste und teuerste Modedesignerin dieser Zeit. In ihrem Atelier lernte ihre Freundin Greta Garbo Valentinas Ehemann George Schlee kennen. Er war Russe, und sein ursprünglicher Name war Georgij Schlej. Mit diesem Treffen begann eine rätselhafte, langjährige Beziehung. Nach dem Tod von George Schlee lebten beide Frauen weiterhin in demselben Haus, aber beide bezahlten den Concierge, damit sie sich nicht zufällig dort begegneten ...

Sonia Delaunay (1885 – 1979)

Im Jahr 1925 präsentierte Sonia Delaunay ihre Entwürfe auf der Pariser Ausstellung für moderne dekorative und industrielle Kunst. Das Spektrum ihrer Arbeiten umfaßte Textildesign, Bühnenbilder und Malerei. An der *Sorbonne* hatten ihre Vorlesungen zum Einfluß der Malerei auf die Mode immensen Erfolg. Das Schaffen von Sonia Delaunay war unglaublich populär: Sie erhielt Aufträge für Inneneinrichtungen wie auch für Entwürfe von Stoffmustern, die dann auf der ganzen Welt hergestellt wurden; außerdem fertigte sie Abendkleider an, die sie im Simultanstil von Hand bemalte. Die Pariser Zeitschrift *L'Art vivant* schrieb: »Diese bedruckten und bestickten Stoffe ordnen sich einem einzigen Prinzip unter – der Balance von Umfang und Farbe. Die Kompositionen von Madame Delaunay zeichnen sich durch ein starkes und tiefes Rhythmusgefühl aus. In ihnen herrschen Abstraktion, eine beständige, sich in ihren Formen jedoch immer wieder wandelnde Geometrie, ein lebendiges, leichtes und inspiriertes Pinselspiel und eine über alles triumphierende Freude an der Farbe.«

Als Paris 1937 Gastgeber der Weltausstellung wurde, erhielt Sonia Delaunay den Auftrag, zwei Pavillons zu gestalten – den für Luftfahrt und den für Eisenbahntechnik. Ungeachtet des erbitterten Streits, den sie mit dem künstlerischen Leiter der Ausstellung führte, der ihre avantgardistischen Werke nicht besonders schätzte, konnte sie ihre Position behaupten, und ihre Arbeiten wurden vom Publikum begeistert aufgenommen.

Mit Beginn des Zweiten Weltkrieges zogen die Delaunays in die Auvergne. Dort wurde bei Robert Krebs diagnostiziert, und am 25. Oktober 1941 erlag er seiner Krankheit. Sonia litt schwer unter dem Verlust. Einzig der Wunsch, die Erinnerung an ihn zu bewahren, schien ihr die Kraft zum Leben zu geben. Gleich nach seinem Tod organisierte sie eine Ausstellung seiner Arbeiten, deren Finanzierung nahezu ihr gesamtes Hab und Gut kostete. Die nächsten Jahre verbrachte sie mittellos bei verschiedenen Freunden. 1945 kehrte sie, unter schweren Depressionen leidend, nach Paris zurück – krank, ohne Geld und ohne Lebenswillen. Am schlimmsten aber traf sie, daß sich ihr Sohn, der Jazzmusiker geworden war, ihr gegenüber gleichgültig zeigte. Er überschüttete sie mit endlosen Vorwürfen über ihr verschwenderisches Leben, das sie früher geführt habe.

Die Depressionen besserten sich nicht, und Sonia Delaunay nahm lange Zeit keinen Pinsel mehr in die Hand; erst 1950 stellte sie der Öffentlichkeit eine neue Reihe von Lithographien vor. Mit diesem Schritt versuchte sie, sich aus dem Schatten ihres Mannes zu lösen, denn ihr war bewußt geworden, daß sie nur als seine Frau und Weggefährtin wahrgenommen wurde. Ihre neuen, in Gouachetechnik ausgeführten Bilder sind eine Hymne auf die Jugend, die Sonne, das Leben und die Liebe; mit diesen Arbeiten feierte sie ihre Rückkehr zu den leuchtenden Farben.

Im Jahr 1963 schenkte Sonia Delaunay dem Pariser *Musée national d'art moderne* 58 ihrer Arbeiten und 40 Bilder ihres Mannes. Als das *Musée du Louvre* im darauffolgenden Jahr eine Retrospektive mit Werken von Robert und Sonia Delaunay zeigte, war sie damit sogar die erste Frau, der noch zu Lebzeiten eine Ausstellung in diesem Museum gewidmet wurde.

Von Oktober 2011 bis Januar 2012 fand im Düsseldorfer Kunstmuseum *K20* eine Ausstellung unter dem Titel *Die andere Seite des Mondes. Künstlerinnen der Avantgarde* statt, in der auch Arbeiten von Sonia Delaunay gezeigt wurden. Die andere Seite des Mondes steht seit langem als Synonym für Geheimnisvolles, dem Auge Verborgenes; den Mond sehen alle, seine Rückseite jedoch sieht niemand. Künstlerinnen haben oft ein ähnliches Schicksal, denn in vielen Museen fehlen ihre Werke gänzlich. Folgende Zahlen von der Kunstbiennale in Venedig scheinen mir sehr aufschlußreich: 1895 waren 2,4 Prozent der Künstler weiblich, 1995 war der Anteil gerade mal auf 9 Prozent angewachsen. Vielleicht sind deshalb die Galerien und Museen der Welt nahezu vollgestopft mit mittelmäßigen, bisweilen kopierten Arbeiten männlicher Künstler …

In einem Artikel aus den 1960er Jahren heißt es: »Sonia Delaunay hat ihre Liebe zur Malerei und ihre Liebe zum Leben in einer einzigen schöpferischen Bewegung verbunden. Alle Linien, alle Farben und Details ordnen sich dem Grundthema unter, der Musik des bittersüßen Lebens.« Ich liebe die verzaubernden abstrakten Rhythmen der Bilder von Sonia Delaunay, die nach ihren Worten »den Zustand einer dynamischen Poesie realisieren«. Ihr Bild *Rythme* sah ich zum ersten Mal im *Centre Pompidou* in Paris. Es nimmt gefangen und entführt in eine geheimnisvolle

Ferne. Mein Lieblingswerk von Sonia Delaunay ist allerdings *Philomène* aus dem Jahr 1907. In diesem expressionistischen Frauenporträt, mit leuchtenden Farben gemalt, liegt etwas Wunderbares, Anrührendes und Echtes. Ich habe, genau wie Sonia Delaunay, meine Kindheit in der Ukraine verbracht, und in ihren Farben und Ornamenten kann ich viel Ukrainisches wiederfinden. Die Rosen auf dem Bild *Philomène* sind die Rosen meiner Kindheit, wie oft habe ich mir damals Märchen ausgedacht, während ich sie betrachtete: »Nachts, wenn vor dem Fenster der Schnee fällt, fangen die Rosensträucher auf den alten Tapeten an, sich ganz langsam zu öffnen. Und dann sind es schon keine Rosen mehr, sondern ...«

Im Jahr 1964 lernte Sonia Delaunay in der Pariser Oper den 33jährigen Jacques Damase kennen, einen Redakteur, Kunstkritiker, Autor und Verleger. Die ungewöhnlich innige Freundschaft zu dem »jüngsten Verleger der Welt«, der seinen ersten Verlag mit 17 Jahren gegründet hatte, tat der fast 80jährigen Künstlerin sehr gut. Damase war ein sensibler Mensch. Es hieß für ihn immer nur: »Alles oder nichts«, er liebte oder er haßte, dazwischen gab es für ihn nichts. Mit ihm auszukommen, fiel allen schwer, allen außer Sonia Delaunay. Sie unterstützte ihn und bildete ihn, brachte ihn vom Alkohol ab und ging geduldig auf all seine emotionalen Schwierigkeiten ein, die ihm aufgrund seines aufbrausenden Temperaments und des jähzornigen Charakters im Übermaß zu schaffen machten. Damase wiederum kümmerte sich liebevoll um sie und unterstützte sie. Er half, ihre erste repräsentative Ausstellung im *Musée national d'art moderne* zu organisieren, gab ihre Memoiren unter dem Titel *Wir gehen der Sonne entgegen* heraus und schrieb selbst einige interessante Monographien über ihr Schaffen.

Haben Sie, liebe Leser, bemerkt, daß ein Leben voller Geisteskraft, Kunst, Selbstbewußtsein und Liebe ein Gesicht von Jahr zu Jahr schöner werden läßt? Ein langweiliges, leeres Leben läßt ein Gesicht wie verwischt erscheinen. Sehen Sie sich Porträtfotos von Sonia Delaunay an – ihr Gesicht im hohen Alter, ein Gesicht, das vor Güte und Schönheit leuchtet. Wenn Sie sich gegen Schicksalsschläge zur Wehr setzen müssen, dann erfordert das nicht nur Mut, sondern auch Humor, Liebe und Herzensfreiheit, die einzige Freiheit auf Erden ...

In den letzten Jahren vor ihrem Tod lebte Sonia Delaunay im Luxus, reiste viel, half jungen Künstlern, sammelte Bilder und malte auch weiterhin. Ihre letzte Arbeit stammt aus dem Jahr 1978; damals war sie bereits 92 Jahre alt.

Die elitäre, in sich geschlossene Ästhetik der Begründer der Avantgarde, zu denen auch Sonia Delaunay gehört, fand erst Jahrzehnte später allgemeine Anerkennung und wurde von jenen aufgegriffen, die sie anfänglich abgelehnt hatten. Es tauchten zahlreiche Nachahmer auf, und der »Avantgardismus« erreichte die Bühnen, die Werbung und das Layout von Zeitschriften. Was bleibt den heutigen Konzeptualisten und Postmodernisten? Alles wurde bereits erdacht. Und je mehr diese sich bemühen, das Publikum zu schockieren mit ihren Versuchen, originell zu sein, umso deutlicher tritt ihre künstlerische Impotenz zutage. Wie kann man heute in der modernen Kunst Spreu vom Weizen unterscheiden? Es bleiben die Kenntnis der Alten Meister, die beständigen persönlichen Vorlieben und die Hoffnung auf den gesunden Menschenverstand.

Sonia Delaunay starb am 5. Dezember 1979 in ihrem Studio in Paris. Ihr Grab befindet sich auf dem Friedhof von Gambais, nicht weit von Paris entfernt.

Man erzählte mir, daß Sonia Delaunay in ihren letzten Lebensjahren einmal von zwei sowjetischen Journalisten aufgesucht wurde. Beim Abschied, bereits an der Haustür, wollten die beiden noch wissen, welche Frage sie am häufigsten von französischen Reportern gestellt bekomme. Sie lachte und antwortete: »Sie werden es nicht glauben! Am Ende des Interviews fragen sie immer ganz ernsthaft nach meiner Meinung, was uns alle in der Zukunft erwarte. Ich beantworte diese Frage stets mit einem Scherz: Die Wissenschaftler werden ganz sicher ein Mittel gegen die Dummheit entwickeln, doch es wird ihnen an Patienten fehlen; der Schneemensch wird endlich irgendwo bei Paris gesehen werden, und er wird sich als der uneheliche Sohn des Präsidenten entpuppen; und die Juden werden endlich ihren Messias empfangen und wegen Steuerhinterziehung zur Rechenschaft ziehen.«

Ein russischer Hollywoodstar

Alla Nazimova (1879 – 1945)

Alla Nazimova wählte diese Worte zu ihrem Lebensmotto: »Einige Tränen, etwas Lachen, viel Arbeit, viel Liebe.«

Von Zeit zu Zeit sehe ich mein privates Filmarchiv durch; darin befinden sich unter anderem auch Stummfilme vom Beginn des vergangenen Jahrhunderts mit Alla Nazimova in der Hauptrolle. Diese Filme versetzen mich in vergangene Zeiten und holen mich dann auch wieder in die Gegenwart zurück. Sie sind voller Überraschungen, ungewöhnlich und wunderbar. Wie ein Magnet ziehen sie mich an und locken wie ein fremdes Geheimnis.

Den Film *Camille* von 1921 nach dem Roman *Die Kameliendame* von Dumas schaue ich mir wieder und wieder an, und jedes Mal aufs Neue rührt mich Alla Nazimovas Spiel zu Tränen. Stummfilme verlangen den Darstellern enorme Ausdrucksstärke ab, und Alla Nazimova, die talentierte russische Schauspielerin und eine meiner erklärten Lieblingsdarstellerinnen, war darin meisterhaft. Ihr Leinwandleben war glamourös und faszinierend, doch ihr reales Leben war noch interessanter. Sie wurde angebetet und nachgeahmt, nach ihrer Liebe und Aufmerksamkeit sehnten sich Männer und Frauen gleichermaßen. Alla Nazimova besaß alles: Ruhm, Reichtum, Liebe.

Warum habe ich Alla Nazimova für dieses Buch ausgewählt? Neben ihr gab und gibt es sowohl in Hollywood als auch in Europa eine Reihe berühmter Schauspielerinnen mit russischen Wurzeln. Ihre Namen würden Bände füllen: zum Beispiel Milla Jovovich, die in Kiew zur Welt kam und deren Mutter Galina Loginowa ebenso wie ich die Moskauer Filmhochschule absolvierte; Marina Vlady, geboren als Marina Poljakowa; Natalie

Wood, Tochter von Nikolaj und Maria Zacharenko aus der Ukraine; oder Helen Mirren, deren Vorfahren den Nachnamen Mironow trugen. Alla Nazimova aber war die erste weltbekannte russische Schauspielerin in Hollywood und wird für immer eine Legende des Stummfilms bleiben.

Ihr Ruhm ließ sie nie ihre Wurzeln vergessen, in Interviews betonte sie stets: »Ich wurde in Jalta geboren.« In dieser schönen Stadt auf der Krim am Ufer des Schwarzen Meeres kam Adelaida Lewenton am 4. Juni 1879 als Tochter einer jüdischen Apothekerfamilie zur Welt. Sie wurde Alla genannt, und als sie in ihrer Jugend das Buch *Kinder der Straße* las, gefiel ihr die Heldin so sehr, daß sie deren Namen später zu ihrem Künstlernamen machte: Alla Nazimova. Ihre Kindheit war schwer, das Ende der 1870er und der Anfang der 1880er Jahre waren in Rußland geprägt durch Pogrome, die Familie emigrierte daraufhin in die Schweiz. Doch in der neuen Umgebung lief das Leben aus dem Ruder. Der Vater Jakow Lewenton begann zu trinken, und in einem Anfall rasender Eifersucht jagte er seine Frau Sonja aus dem Haus. Diese floh in ihrer Verzweiflung zu Verwandten nach Odessa. Ihre Kinder, Wladimir, Nina und Alla, das Nesthäkchen, blieben beim Vater zurück. Alla erinnerte sich später, daß der Vater sie nicht liebte, weil sie ihrer Mutter, der er nicht verzeihen konnte, zu ähnlich sah. Manchmal hatte sie mit dem Gedanken gespielt, die Kleidung ihrer vom Vater bevorzugten Geschwister anzuziehen, um seine Aufmerksamkeit und Liebe zu bekommen.

Jakow Lewenton kehrte nach Jalta zurück; ein ganzes Jahr ließ er seine Kinder in der Schweiz bei seinem Freund Grelich zurück. Nachdem er sich wieder in Jalta eingerichtet hatte, holte er die beiden älteren Kinder zu sich. Alla aber blieb zehn Jahre lang in der Familie Grelich. Dort war sie sexueller Gewalt durch den geistig behinderten Sohn der Familie ausgesetzt, und diese traumatisierende Erfahrung prägte sie für ihr gesamtes Leben. Als die berühmte Alla Nazimova später eine Welle erotischer Skandale auslöste, thematisierte die Presse auch jene Periode ihres Lebens.

Im Jahr 1889 kehrte Alla endlich nach Rußland zurück. Sie sprach gut Deutsch und Französisch, und ihr Traum war es, zur Bühne zu gehen. Doch davon wollte ihr Vater nichts hören. Er hatte sich inzwischen eine sichere Existenz aufgebaut; eine kleine

Alla Nazimova (1879 – 1945)

Seifenfabrik brachte stabile Einkünfte, und er hatte obendrein eine kleine Apotheke dazugekauft. Er wurde Ehrenbürger von Jalta und ging eine zweite Ehe ein. Seine junge Frau hatte wenig Interesse an den Kindern aus seiner ersten Ehe.

Mit 15 Jahren kam Alla in ein katholisches Internat nach Odessa. Sie nutzte diese Gelegenheit, um dort ihre leibliche Mutter ausfindig zu machen, doch nach längerer, mühsamer und schließlich erfolgreicher Suche mußte sie feststellen, daß sie sich fremd geworden waren. Auch die Mutter hatte eine neue Familie und sogar weitere Kinder. Alla schrieb später über diese Begegnung: »Obwohl meine Eltern am Leben waren, fühlte ich mich wie eine Waise.«

Gegen den Willen des Vaters bewarb sie sich an der Schule für Musik und Schauspiel in Moskau, und obwohl der Regisseur Wladimir Nemirowitsch-Dantschenko über ihren ukrainischen Akzent entsetzt war, nahm er sie auf. Das erste Mal in ihrem Leben weinte sie vor Glück. Alla war von Kindheit an außergewöhnlich schön und begabt: Sie spielte Geige und deklamierte bemerkenswert, und so fiel ihr die Ausbildung leicht. Einzig ihre völlige Mittellosigkeit machte ihr zu schaffen. Sie mußte dazuverdienen, wo sie nur konnte.

Nach erfolgreichem Abschluß der Schauspielschule arbeitete sie zwei Spielzeiten lang am *Moskauer Künstlertheater*, doch sie erhielt lediglich winzige Rollen. Und so beschloß sie, in das provinzielle weißrussische Städtchen Bobrujsk zu gehen, wo ihr Hauptrollen im Theater angeboten wurden. Bobrujsk blieb nur eine kurze Episode in ihrer Karriere, allerdings heiratete sie dort. Ihr Mann war der überaus erfolgreiche, junge Finanzmakler Sergej Golowin, der bereits seit Jahren leidenschaftlich in sie verliebt gewesen war. Doch die Ehe dauerte nur wenige Monate, und Alla zog weiter.

In Kostroma spielte sie dann tatsächlich endlich erfolgreich Hauptrollen. Dort lernte sie eine Berühmtheit dieser Zeit, den Schauspieler Paul Orleneff (eigentlich: Pawel Orlenew), kennen. Orleneff war überaus talentiert, doch leider auch starker Alkoholiker. Aufgrund seiner Trunksucht bekam er kein Engagement an den Moskauer Theatern und konnte trotz seiner Bekanntheit nur in der Provinz glänzen. Er stellte sein eigenes Ensemble zusammen, und Alla Nazimova wurde sein Star. Sie spielte in *Hedda Gabler, Schuld und Sühne, Die Brüder Karamasow*. Die Begegnung mit Orleneff veränderte Alla Nazimovas Leben von Grund auf: Sie verliebte sich leidenschaftlich in ihn, und damit begann für sie ein Nomadenleben. 15 Stunden täglich arbeitete sie im Theater – tagsüber Rollenstudium und Probe, abends Vorstellung. Dazu kamen zahllose Umzüge und Gastspiele in der Provinz; Orleneff verschaffte ihr mehr als 200 Hauptrollen an den Theatern von Kostroma, Cherson und Vilnius. Auf der Bühne waren sie unzertrennlich: Wenn Orleneff in *Die Brüder Karamasow* den Dmitrij spielte, dann gab Alla Nazimova die Gruschenka; war er in Gogols *Der Revisor* der Chlestakow, dann spielte sie die Anna Antonowna. Alla Nazimova war ihm

Alla Nazimova (1879 – 1945)

Partnerin und Stütze, Ehefrau und Muse, und sie verehrte ihn als Künstler und Lehrer.

Als der Schriftsteller Jerome K. Jerome Alla Nazimova in einem Theaterstück in London sah, war er von ihr so angetan, daß er ihr ein Empfehlungsschreiben verfaßte. Dieses öffnete ihr die Türen zum Broadway-Produzenten Daniel Frohman; er war ebenfalls von ihr begeistert.

Paul Orleneff und Alla Nazimova waren die ersten Russen, die zu einem Gastspiel in die USA reisten. Am 23. März 1905, nachdem die Tournee sie bereits nach Berlin und London geführt hatte, gaben sie die erste Aufführung des prozionistischen Stücks *Das auserwählte Volk* in einem Theater am New Yorker Herald Square. In den ärmeren jüdischen Vierteln war das Stück ein Riesenerfolg, und New York war hingerissen von den beiden bezaubernden Hauptdarstellern.

Diese steckten, beflügelt von ihren Erfolgen, ihre gesamte Gage in die Renovierung eines kleinen Theaters auf der Lower East Side und gaben ihm den ambitionierten Namen *Russisches Lyzeum*. Während der Spielzeit 1905/06 waren im Repertoire Gogol, Dostojewskij und Tschechow, Ibsen, Strindberg und Hauptmann. Die begeisterten Kritiker verglichen die aparte Alla Nazimova immer häufiger mit der berühmten Eleonora Duse.

Nach sechs Jahren ging Allas Liebesbeziehung zu Orleneff zu Ende, und sie bat ihn, nach Rußland zurückzukehren und nie wieder amerikanischen Boden zu betreten: »Überlaß mir dieses einzige Eckchen in der Welt, du hast auch ohne Amerika viel Platz!« Er entsprach ihrer Bitte und kehrte allein nach Rußland zurück.

Am 13. November 1906 trat Alla Nazimova erstmals im *Princess Theatre* in einer ihrer Glanzrollen, der Hedda Gabler, auf. Das theaterbegeisterte New York war hingerissen, eine Zeitung schrieb, daß diese »zarte Russin alle gegenwärtigen Publikumslieblinge übertraf«. Bald darauf spielte sie am Theater an der 39. Straße in vielen Ibsen-Stücken, das Haus wurde *Nazimova's 39th Street Theatre* genannt.

Auf der Bühne gab sie auffällige, unabhängige und starke Frauen, und in den Kritiken wurden ihr Temperament und ihre Ausdrucksstärke gefeiert. »Ein blasses Gesicht, schwarze Haare, ausdrucksstarker Mund, tiefe Augen«, so sahen sie die enthusiastischen Zuschauer. Zwischen ihren ernsthaften Rollen gönnte sich Alla Nazimova

Erholung in Boulevard- und Vaudeville-Stücken, und in *Bella Donna* (1913) zeichnete sich bereits ihr zukünftiges Image ab. Mit dem melodramatischen Antikriegs-Vaudeville *Stronger than Death* (1915) gab sie Gastspiele in den gesamten USA, und nach ihrer Rückkehr nach New York wurde ihr auch die weibliche Hauptrolle in der Verfilmung angeboten. Sie spielte 1920 in diesem Film gemeinsam mit Charles Bryant. Dieser blieb auch in weiteren Filmen ihr Partner, und sie wurden schließlich ein Liebespaar. Heiraten konnten sie nicht, da Orleneff sich weigerte, in die Scheidung einzuwilligen.

Charles Bryant blieb allerdings nicht die einzige Liebe Alla Nazimovas in Amerika. Auf ihrer »Liste« standen sowohl ein steinreicher Vanderbilt als auch der Schriftsteller Jerome K. Jerome und viele andere. Etwas vorgreifend möchte ich hier erwähnen, daß auch der junge Hollywood-Produzent David O. Selznick, der später *Vom Winde verweht* auf die Leinwand brachte, die bereits 50jährige Alla Nazimova umwarb. Er trat damit in die Fußstapfen seines in Kiew geborenen Vaters Lewis J. Selznick, der ebenfalls Produzent in Hollywood und ihren Reizen gegenüber nicht gleichgültig gewesen war.

In ihrem Liebesleben gab es auch Frauen, und jedes Mal waren es stürmische Liebschaften, Leidenschaften und Trennungen. Alla Nazimova war eine androgyne Schönheit und hatte einen skandalösen Ruf. Ihre Biographen bemerken, daß ihre lesbischen Beziehungen derart schnell beim Publikum bekannt wurden, daß viele ihrer Affären Bühnenstücken zu gleichen schienen. Alles begann mit der Schriftstellerin Mercedes de Acosta, die sie 1916 kennenlernte und die sie in die Kreise der homosexuellen amerikanischen Boheme einführte. Über die Beziehung von Alla Nazimova und der Regisseurin und Frauenrechtlerin Dorothy Arzner schrieben die Biographen beider Frauen. Um die Liebe der Schauspielerin Eva Le Gallienne warben zwei sehr enge Freundinnen – Alla Nazimova und Mercedes de Acosta. Die Künstlerin Natacha Rambova und Alla Nazimova lebten ihre Beziehung offen aus. Ein gutgehütetes Geheimnis dagegen war, daß »Natacha Rambova« keine Russin, sondern die Amerikanerin Winifred O'Shaunessy war.

Nicht zutreffend waren dagegen die Gerüchte um Patsy Ruth Miller. Alla Nazimova holte das Starlet für eine kleine Rolle in

Alla Nazimova (1879 – 1945)

Camille vor die Kamera. Später wurde Patsy Ruth Miller auch als Schriftstellerin bekannt und erzählte, daß sie ausschließlich die gemeinsame Arbeit mit Alla Nazimova verbunden habe. Gerüchte gab es auch um die Schauspielerin Nila Mack, die sich für die Gleichberechtigung von Männern und Frauen im Schauspielberuf engagierte und sechs Jahre lang in Alla Nazimovas Truppe arbeitete, um Jean Acker, Schauspielerin und erste Frau von Rudolph Valentino, sowie um Mildred Harris, die erste Frau Charlie Chaplins. Alla Nazimova unterstützte und förderte zahlreiche Frauen, was oft zu Liebschaften umgedeutet wurde. So verhalf sie der ihr vielversprechend erscheinenden Schauspielerin Anna May Wong, der sogenannten chinesischen Göttin, zu Rollen.

Alla Nazimova meinte einmal, daß Frauen eher ihre Erwartungen an wahre Liebe erfüllen würden als Männer. Wie kann man die lesbische Liebe erklären? Ich besitze zwar nur theoretisches Wissen, aber ich denke so darüber: Frauen wollen in einer Beziehung beides, Liebe und Sex – meist gleichzeitig mit demselben Mann; Männer wollen das auch – aber nicht immer und nicht unbedingt mit derselben Person. Die russische Dichterin Marina Zwetajewa schrieb in einem Brief, daß ein Liebhaber manchmal nur ein Beiwerk seiner Genitalien sei. Er vergesse, wen er umarme. Das Wichtigste gehe dabei verloren, die Beziehung vom Herzen zum Herzen und von Seele zu Seele ...

Im Mittelpunkt der lesbischen Liebe hingegen steht die Liebe zur Partnerin, ihrem Körper und ihrer Seele; Zärtlichkeit und Seelenverwandtschaft haben eine besondere Bedeutung.

Unser Professor an der Moskauer Filmhochschule lenkte einmal in einer Vorlesung über antike Literatur unsere Aufmerksamkeit auf ein wichtiges Detail im Werk von Thukydides. Dieser beschreibt einen ihm komisch erscheinenden Charakterzug bei Perikles: Jeden Morgen, wenn Perikles sein Haus verließ, küßte er seine Ehefrau Aspasia – merkwürdig, denn der griechische Eros kannte keine Zärtlichkeit bei Männern ... Vielleicht wurde das Bedürfnis der Frauen nach Zärtlichkeit lange Zeit nicht befriedigt, und so suchten sie diese fortwährend beieinander.

In der Geschichte gab und gibt es viele Frauen, deren sexuelle Orientierung sich nicht den herrschenden phallozentrischen Normen unterordnete: Sappho, Colette, Gertrude Stein, Virginia Woolf,

Marina Zwetajewa, Françoise Sagan und andere. In Marcel Prousts Erzählung *Vor der Nacht*, in der eine lesbische Frau eine Beichte ablegt, las ich zum ersten Mal über diese Liebe mit ihrer Gedanken- und Gefühlstiefe, ihrer Angriffslust und Ironie, ihrer bittern Verzweiflung und unbändigen Lebenskraft. Später erkannte ich, daß Proust über sich selbst und seine Gefühle schreibt.

Doch kehren wir zurück zu Alla Nazimova. Sie mietete für 99 Jahre eine kleine Villa im spanischen Stil am Sunset Boulevard in Hollywood. Das Gebäude ähnelte einer weißen Orchidee und war umgeben von Zedern, Palmen, Blumenbeeten, einem Lilienteich und schattigen Pfaden. Der Nazimova-Garten, wie er genannt wurde, soll einzigartig gewesen sein.

Die anmutige Figur einer Nymphe und das jugendliche Aussehen von Alla Nazimova paßten ideal zu sentimentalen Melodramen. Schon in ihrer ersten Rolle für die *Metro Pictures Corporation* in dem Film *A Woman of France* (1918) wurde ihr Lieblingsthema deutlich: die Rolle der verwundbaren, einsamen Frau, die sich hinter der Maske einer verwöhnten Jägerin, des Vamps, versteckt. Sie spielte auch in den Melodramen *Eye for Eye* (1918), *Out of the Fog* (1918) und *The Red Lantern* (1919) von Albert Capellani mit.

»Ich liebe Dich, mein großer Stummer. Stumme Leiden sind tiefer, schwerer, schweigende Freude ist stürmischer und explosiver. Fühlen und nicht sprechen. Leiden ohne Wort, wenn das Herz zerspringt. Das ist die Sprache des Schweigens, die Sprache der Gefühle der Seele – sie ist gewaltig und ohne Grenzen. Das ist der große Stummfilm«, so schrieb der größte Star der russischen Stummfilmära, Vera Cholodnaja, die nicht emigrieren wollte und schon 1919 mit nur 26 Jahren im kalten Odessa starb, während in der Stadt die Machthaber fast täglich wechselten. Ihre Liebeserklärung an den Stummfilm hätte Alla Nazimova, ihr Vorbild, unterschreiben können.

Ungeachtet der komischen und manchmal sogar dümmlichen Sujets der Melodramen fiel Alla Nazimova durch ihr außergewöhnlich gut ausgearbeitetes Spiel unter den Diven Hollywoods sofort auf. Sie brachte frischen Wind auf die Leinwand und wurde zum Symbol der Neuen Frau – leidenschaftlich, stark, begehrt und doch für Männer unerreichbar. Die Kritik hob an Alla

Nazimovas Spiel »die erstaunliche Sensibilität, die raffinierte Schönheit, das Können, wahre Gefühle wiederzugeben«, hervor.

Gemeinsam mit ihrer Freundin Natacha Rambova wollte Alla Nazimova den Film *Aphrodite* nach einem Roman von Pierre Louÿs drehen. Die *Metro Pictures Corporation* lehnte das Vorhaben mit der Begründung ab, das Drehbuch enthalte zu viel Erotik. Als Ersatz gab man ihr die Hauptrolle in der Verfilmung der *Kameliendame* von Dumas. Ihr Partner in diesem Film wurde der gerade erst am Anfang seiner Karriere stehende Rudolph Valentino, ein italienischer Emigrant, der sich mit Tanzen und Nebenrollen etwas dazuverdiente. Man erzählte sich, daß Valentino seine Rolle in *Camille* erst bekam, nachdem er unter Beweis gestellt hatte, daß er im Bett etwas taugte. Alla Nazimova war mit seinen »Beweisen« derart zufrieden, daß sie ihn während der Dreharbeiten nicht aus den Augen ließ. Ihre auf der Leinwand zu bewundernden Emotionen waren nicht nur gespielt. Der Film *Camille* wurde von dem Publikum und der Kritik mit Zurückhaltung aufgenommen, denn ihre Auslegung der Rolle war dem damaligen Amerika zu gewagt. Valentino aber wurde entdeckt, und noch im selben Jahr drehte er seinen berühmten Film *Der Scheich*, mit dem sein Ruhm unerwartete Höhen erreichte. Rudolph Valentino wurde zum Inbegriff des Hollywood-Schönlings jener Zeit und gleichzeitig der berühmteste Liebhaber und Frauenheld. Die Frauen waren verrückt nach ihm. Zu seinem Repertoire gehörte es, im Schlafzimmer Dutzende Kerzen zu entzünden, 200 weiße Rosen zu verteilen und das Liebeslager mit duftenden Blütenblättern zu bestreuen. Zu seinen Liebhaberinnen gehörten neben Alla Nazimova auch Natacha Rambova und Pola Negri. Der berühmte Schauspieler starb bereits im Alter von 31 Jahren ...

Die nächste Stufe auf Alla Nazimovas Karriereleiter war die Gründung ihres eigenen Produktionsunternehmens. Um ihren Traum von der Unabhängigkeit Wirklichkeit werden zu lassen, investierte sie fast alle ihre Ersparnisse in die Anmietung eines kleinen Studios und die Produktion zweier Filme: *Nora oder Ein Puppenheim* (1922) nach Ibsen und *Salome* (1923) nach Wilde. Das erste Projekt brachte keinen sonderlichen Erfolg, obwohl Alla Nazimova ihr gesamtes schauspielerisches Können in die

Rolle der Nora legte, die Rolle, die sie einst zu beiden Seiten des Ozeans berühmt gemacht hatte. Danach beschloß sie, mit *Salome* alles auf eine Karte zu setzen. Die biblische Geschichte der Salome, die für ihren Stiefvater Herodes den Tanz der sieben Schleier tanzt und dafür von ihm den Kopf von Johannes dem Täufer fordert, war in der Kunst während der Wende vom 19. zum 20. Jahrhundert besonders populär. Alla Nazimova versuchte, mit ihrer Interpretation zum Stil des englischen Künstlers Aubrey Beardsley und seinen imposanten Dekorationen zu Wildes Tragödie zurückzukehren. Es war das Experiment eines kinematographischen Balletts, das die Bandbreite der Talente Alla Nazimovas zur Geltung brachte. In diesem Film bleibt dem Zuschauer insbesondere die Schlüsselszene, der Tanz der sieben Schleier, im Gedächtnis. 1924 war dieser Tanz eine populäre erotische Attraktion der Varietéshows in vielen Metropolen. In einer Kritik zum Film heißt es: »Nazimovas *Salome* ist dreimal erotischer, erheblich dekadenter und um einiges exotischer als das Original von Oscar Wilde.«

Nach *Salome* spielte Alla Nazimova eine Reihe weniger wichtiger Rollen: In *Madonna of the Streets* (1924) ist sie eine leichtlebige Schönheit, die ihren reichen Gönner verläßt und immer weiter auf die schiefe Bahn gerät, in *The Redeeming Sin* (1925) gibt sie die Femme fatale der Pariser Unterwelt, die nach einem Diebstahl in einer Kirche auf den Pfad der Tugend zurückfindet. In *My Son* (1925) liebt sie als portugiesische Fischerin ihren Sohn abgöttisch und tut alles, um ihn aus den verderblichen Fängen eines Vamps zu retten.

Im realen Leben arbeitete Alla Nazimova unermüdlich an ihrem Image und fügte diesem oft Züge ihrer jeweiligen Rolle hinzu. »Für die Amerikaner bin ich ein Rätsel, und das ist meine beste Reklame«, schrieb sie ihrer Schwester nach Rußland.

Das schönste Fotoporträt Alla Nazimovas aus jener Zeit stammt von Edward Steichen. In seinem bekannten Bildband mit Fotos aus den Jahren 1923 bis 1937 versammelt er die schönsten Frauen: Gloria Swanson, Marlene Dietrich, Greta Garbo; unter ihnen sind auch eine Reihe russischer Emigrantinnen – Natalia Prinzessin Paley, Marquessa Milford Haven (geborene Nadezhda Gräfin von Torby, Tochter des russischen Großfürsten Michail

Romanow), Irina Fürstin Youssoupoff ... *Schönheit im Exil* ist der Titel eines weiteren Buches über diese Frauen.

In ihrem prächtigen Haus in Hollywood unterhielt Alla Nazimova eine Art europäischen Salon, wo man die Berühmtheiten des kulturellen Lebens treffen und englischen, französischen und russischen Gesprächen lauschen konnte. Fjodor Schaljapin, der zwischen 1923 und 1925 zu Gastspielen in Los Angeles weilte, kam nach seinen Konzerten für gewöhnlich in Alla Nazimovas Garten, um zu plaudern und russischen Wodka zu trinken. Die Primaballerina Anna Pawlowa und ihr Ballettmeister waren ebenso zu Gast wie Mary Pickford und Douglas Fairbanks. Alla Nazimova überredete sie 1924 zu Probeaufnahmen mit Anna Pawlowa. Viele Künstler und Schriftsteller erinnerten sich mit Begeisterung an Abende in Alla Nazimovas paradiesischem Garten. Mitte der 1920er Jahre indes war sie aufgrund finanzieller Schwierigkeiten gezwungen, den Garten in eine Ferienanlage zu verwandeln und dort 25 kleine Bungalows zu errichten. Doch der erwartete Erfolg blieb aus; unter dem Druck der Konkurrenz stand das Unternehmen bereits nach weniger als einem Jahr am Rande des Bankrotts. Die Anlage mußte veräußert werden, um Rechnungen und Steuerschulden begleichen zu können. Alla Nazimova behielt lediglich das Recht auf Nutzung einer kleinen Wohnung, und wann immer sie in Hollywood weilte, residierte sie dort wie früher mit königlicher Grandezza.

Alla Nazimovas Hollywoodkarriere neigte sich dem Ende zu. Enttäuscht vom Kino, kehrte sie zum Theater zurück und äußerte 1929 voller Reue: »Ach, wenn ich nur all meine Filme verbrennen könnte – bis zum letzten Zentimeter. Sie sind mir peinlich.«

Zwischen 1925 und 1940 drehte sie kaum, der neu aufkommende Tonfilm sagte ihr überhaupt nicht zu. Anfang der 1940er Jahre konnten die Kinobesucher in dem Film *Escape (When the Door Opened)* dennoch auch Alla Nazimovas Stimme hören. Darin spielte sie eine deutsche Schauspielerin, die ins KZ gekommen war.

Sie trat im New Yorker *Civic Repertory Theatre* auf, das von Eva Le Galienne neu organisiert worden war. Am 15. Oktober 1928 hatte dort Tschechows *Der Kirschgarten* mit Alla Nazimova in der Rolle der Ranewskaja Premiere, und mit diesem Stück gab sie sogar Gastspiele in London und Paris. Außerdem waren in ihrem Repertoire Turgenjew, Ibsen, Shaw und O'Neill. Ihre große Stärke waren die virtuosen Stimmungswechsel, von Freude zu Trauer, von Sorglosigkeit zu Unruhe. Ein Kritiker schrieb, ihr Geheimnis bestehe darin, daß »ihr ganzer Körper von Kopf bis Fuß spielt, spricht, sie das Ideal der Harmonie von Rede und Gesten erreicht hat.«

Am 12. Dezember 1935 trat Alla Nazimova als Helene Alving in den *Gespenstern* von Ibsen auf. Das *Evening Journal* schrieb begeistert: »Das ist kein Spiel, das ist Massenhypnose«.

Ihre letzten Lebensjahre verbrachte Alla Nazimova gemeinsam mit ihrer engen Freundin und Geliebten Glesca Marshall. Nachdem sie der 19jährigen Glesca bei einer Aufführung am *Civic Repertory Theatre* in Greenwich Village begegnet war, verliebten sich die beiden unsterblich ineinander. An diesem Theater spielte Alla Nazimova ihre letzten großen Rollen in *Ein Monat auf dem Lande* von Iwan Turgenjew und in *Trauer muß Elektra tragen* von Eugene O'Neill; in diesem Stück hat der Autor einen Part speziell für sie geschrieben. Unter denen, die ihr enthusiastisch applaudierten, war auch der später bekannte Dramatiker Tennessee Williams, der sich erinnerte: »Das war einer der unvergeßlichen Eindrücke, die mich dazu brachten, für das Theater zu schreiben.«

Zu den wenigen privaten Einblicken, die Alla Nazimova gestattete, gehört das folgende Eingeständnis in einem Brief an ihre Schwester Nina: »Man darf sich nicht gehenlassen, muß immer konzentriert sein und eine ungewöhnlich interessante Frau spielen. Du verstehst schon, daß das für mich schwer war, welche übermenschliche Anstrengung ich unternehmen mußte.«

Im Jahr 1941 wurde bei Alla Nazimova Brustkrebs diagnostiziert, nach einer erfolgreichen Operation kehrte die Krankheit aber glücklicherweise nicht zurück. Die berühmte Schauspielerin lebte in den letzten Jahren bescheiden in der Ferienanlage, die sich jetzt an der Stelle ihres früheren Paradiesgartens befand. Sie wurde zwar immer noch nach Hollywood eingeladen, allerdings nun für Nebenrollen als alternde Aristokratin, doch selbst das wurde mit der Zeit weniger ...

Das Fehlen interessanter und würdiger Rollen für ältere Schauspielerinnen ließ und läßt Hollywood in einem schlechten

Licht erscheinen. Alter gilt in der Traumfabrik als Niederlage im Kampf um einen Platz an der Sonne, und die Schönheit des Alters tritt zurück hinter einer künstlichen und nur äußerlich ewigen Jugend. Wenn du mit siebzig Jahren immer noch so singst und tanzt wie mit dreißig Jahren – ist das nicht die Hölle, diese »ewig jungen« Gesichter und ihr »ewig junges« Leben?

Alla Nazimova starb am 13. Juli 1945 im Alter von 66 Jahren in Los Angeles. In Nachrufen wurden ihr herausragendes Talent und ihre einzigartige Persönlichkeit gewürdigt. Es hieß, daß sie nicht nur eine außergewöhnlich kluge und begabte Schauspielerin gewesen sei, sondern in ihren weiblichen Charakteren auch den unbeugsamen russischen Mut, Güte und Liebe auszudrücken vermochte. Was auch immer Alla Nazimova spielte, sie lebte ihre Rollen und verbarg unter der Maske der schönen und stolzen Frau das eigene Drama.

Zeitgenossen erinnern sich an ihre strahlenden Augen, an die elegante Drehung ihres Kopfes und an ihre leicht hochmütige, doch volle, weiche Stimme. Ihre Urteile waren stets unparteiisch, und sie hatte ihren ganz eigenen Humor: »Essen und Reisen, das sind zwei Annehmlichkeiten, die niemals trügen«, »Das Wichtigste ist, lebendig zu sein. Alles andere kann man variieren.« Ich könnte ohne Ende ihre Aussprüche zitieren …

Vor einigen Jahren fand in einem eleganten Düsseldorfer Hotel eine Autographenauktion statt. Ich fuhr dorthin, um ein Foto mit der Unterschrift von Alla Nazimova zu erwerben, das ich im Katalog entdeckt hatte. Doch es gab dermaßen viele Gebote für dieses Los, daß es für mich unerschwinglich wurde. Für eine Autogrammkarte von Marlene Dietrich dagegen gab es lediglich die Gebote zweier älterer Herren, und sie wurde am Ende recht günstig verkauft.

Hollywood vergißt seine Sterne schnell, doch Alla Nazimova gehört zu den wenigen Ausnahmen. Über sie erscheinen Bücher, Dissertationen, Monographien und Bildbände, und sogar ihre Kleider werden von Sammlern für beträchtliche Summen erstanden. Sie war in vielem eine Pionierin, und ihr Nachruhm hält immer noch an.

»Erkenne das Geheimnisvolle und Unsichtbare«

Helena Roerich (1879 – 1955)

Menschen mit einem sogenannten gesunden Menschenverstand sind mystischen Erscheinungen gegenüber skeptisch, ihnen ist blinder Glaube fremd, sie wollen unwiderlegbare Beweise dafür, daß ein Wunder tatsächlich geschehen ist. Unter diesem Aspekt betrachtet, ist die Lebensgeschichte von Helena und Nikolaj Roerich einzigartig und kann als gewichtiges Argument dafür dienen, daß unbekannte Kräfte existieren, die sich nicht mit wissenschaftlichen Methoden erfassen lassen. Mir ist bewußt, daß man in Deutschland mystischen Phänomenen eher kritisch gegenübersteht, aber vielleicht überdenken Sie Ihre Meinung, wenn ich Ihnen von Helena Roerich erzähle.

In alten Bleistiftaufzeichnungen meines Notizbuchs taucht der Name Roerich dreimal auf. Dieses Büchlein ist voller flüchtiger Eindrücke des vorbeiziehenden Lebens, voller Landschaftsbeschreibungen, zufälliger Gespräche mit Reisegefährten, ungewöhnlicher Wortschöpfungen, interessanter Gedanken, vergessener Adressen und Telefonnummern:

»Mai 1991, wir sind am Baikal. Über dem See hängen Wolkenfetzen, denn der Wasserspiegel liegt 454 Meter über dem Meer. Unser Zug hält an der Bahnstation Angasolka, vor dem Museum des Malers, Philosophen und Forschungsreisenden Nikolaj Roerich (1874 – 1947) und seiner Frau Helena. Uns beeindruckten nicht nur die Bilder östlicher Landschaften, sondern auch die große Karte, auf der ihre Reiserouten eingezeichnet sind. Diese beiden Menschen haben alle geistigen Höhen erreicht; was sie getan haben, taten sie für uns ...«

»12. Februar 1979. Vor genau 100 Jahren wurde Helena Schaposchnikowa, mit Ehenamen Roerich, geboren. Zu ihren Vorfahren gehören der Feldmarschall Kutusow und der Komponist Mussorgskij. An diesem Tag haben wir drei Verehrer ihrer mystischen Lehren uns aufgemacht in die Siedlung Iswara im Leningrader Gebiet. Hier auf dem Hof der Eltern Nikolaj Roerichs, wo auch Helena oft zu Gast war, wurde vor kurzem ein Roerich-Museum eröffnet. Roerich schreibt in seinem Tagebuch: ›Iswara ist ein schöner Ort, schön im Sinne des besonderen traurigen Zaubers des Nordens.‹ Und so ist es. Der Platz ist wunderschön. Es ist eine zweistöckige, hellgelb getünchte, alte Villa mit weißen Fensterläden und spitzen Türmchen auf dem Dach.

Als wir uns dem Gehöft näherten, geschah etwas Ungewöhnliches. Es war, als ob uns der Geist Helena Roerichs in Gestalt eines edlen weißen Pferdes mit silberner Kette um den Hals erschienen wäre und es sich losgerissen hätte, um uns entgegenzueilen. Wir alle haben es gesehen ...«

Das Haus der Familie Roerich war einst von einem alten Park umgeben, hinter dem Felder, Wälder und Hügelgräber begannen. Die Gräber aus dem 10. Jahrhundert hatten schon früh das Interesse der Archäologen geweckt, und während einer Ausgrabung ereignete sich eine merkwürdige Geschichte: Der archäologiebegeisterte junge Nikolaj Roerich half den Wissenschaftlern bei der Ausgrabung und barg einen Ring aus der Erde. Als er ihn von der anhaftenden Erde reinigte, glitt er wie von selbst auf seinen Finger, und er konnte ihn nur mit Mühe wieder abnehmen. In der folgenden Nacht erschien ihm im Traum ein außergewöhnlich schönes Mädchen. Ihr Gesicht war unter einem weißen Schleier versteckt, und mit zarter Hand streckte sie ihm den Ring entgegen. Roerich erwachte und hatte sich in die unbekannte Traumgestalt verliebt.

Noch bemerkenswerter ist, daß zur selben Zeit, weitab von Iswara, in einem Sommerhaus in Pawlowsk bei St. Petersburg ein Mädchen namens Lelja Schaposchnikowa ebenfalls sehr lebhaft träumte. Lelja hatte schon seit ihrer Kindheit einen sich stets wiederholenden Traum, in dem ihr ein Mann, mal als Jüngling, mal als Weißhaariger, erschien, und die Stimme ihres verstorbenen Vaters ihr riet: »Heirate N. K.« Als sie später Nikolaj

Helena Roerich (1879 – 1955)

Konstantinowitsch Roerich begegnete, erkannte sie in ihm ihren Traumgefährten. Und auch er fand in ihr die schöne Unbekannte aus seinem Traum wieder, und sie wurde seine Frau.

Helena Roerich war ungewöhnlich schön, und alle, die sie kannten, waren sich einig, daß keine Fotografie, kein Porträt ihrer Vollkommenheit gerecht wurde. Zudem verfügte sie über eine ganze Reihe von Talenten, und so wurde sie nicht nur Weggefährtin ihres Mannes, sondern auch Hohepriesterin seines Kultes. Nikolaj teilte mit seiner Liebsten alles, was ihm teuer war. Er beeilte sich, ihr sein geliebtes Iswara zu zeigen, denn schon 1900, ein Jahr vor ihrer Heirat, mußte das Gut verkauft werden; vom Verkaufserlös fuhren sie nach Paris.

Georgij Grebentschikow, ein emigrierter Schriftsteller und Freund der Familie, schrieb über Helena Roerich: »Es ist schwer, in der Welt und in der Menschheitsgeschichte eine Frau zu finden, die derart harmonisch tiefe Weisheit, höchste Menschenliebe und fundierteste philosophische Kenntnisse in sich vereint. Es ist, als ob sie die Schönheit aller Frauen der ganzen Welt und aller Zeiten verkörpern würde.«

Im Jahr 1902 wurde der Sohn Jurij (George) geboren und 1904 der zweite Sohn Swjatoslaw. In St. Petersburg sammelten die Roerichs einen Kreis von Gleichgesinnten um sich, darunter die Maler Michail Wrubel und Archip Kuindschi, der Theatermann Sergej Djagilew und der Komponist Igor Strawinsky. Anfang 1916 verließen die Roerichs Rußland. Zuerst reisten sie nach Finnland, wo sie in einem stillen kleinen Ort am Ufer des Ladogasees lebten. Nach der Revolution begannen dann ihre ausgedehnten Reisen, die erst in Indien ihr Ende finden sollten.

Als ich Helena Roerichs Hauptwerk *Lebendiges Wasser*, die vielbändigen Aufzeichnungen der esoterischen Lehre des Agni Yoga, las, fiel mir auf, daß sie den Frauen eine gewichtige Rolle bei der geistigen Umgestaltung unseres Planeten zuweist. Ihrer Ansicht nach sind alle Leiden und Krankheiten der Vergangenheit und Gegenwart direkte Folgen der Erniedrigung und Versklavung von Frauen, denn eine Sklavin könne der Welt nur Sklaven schenken. Sie schreibt: »Die wunderbare, neu anbrechende Epoche ist eng verbunden mit der Wiedergeburt der Frauen. Die kommende Zeit muß den Frauen ihren Platz am Ruder des Lebens, den Platz neben dem Mann, ihrem ewigen Begleiter, zurückgeben, den sie in den besten Zeiten der Menschheit innehatte.«

Hierzu die dritte Notiz aus einer meiner alten Kladden: »Januar 1984. Heiliger Abend. Man hat mir aus Piter (St. Petersburg) einen Samisdat-Nachdruck mitgebracht – das erste Buch von Helena Roerich, *Blätter des Gartens Morya*, das 1924 in Paris erschienen ist. Die ganze Nacht habe ich Zitate, die mir gefallen, herausgeschrieben.« Dies sind die Stellen, die mich besonders beeindruckten:

»Wandelt das Häßliche in Schönes. So wie der Baum sein Laub erneuert, so erblühen die Menschen auf dem Weg zum Guten.«

Helena Roerich (1879 – 1955)

»Wunder kommen ins Leben durch die Liebe und das Streben.«

»Lerne, auf das Glück zu warten, gleichviel in welcher Erscheinungsform es kommen mag.«

»Kenne die Wurzel und die Früchte, und überlasse anderen die Blätter, sie wechseln jedes Jahr.«

»Erkenne, welches Glück darin liegt, das Licht zum Dunklen und Bösen zu tragen.«

»Einsam steht der Gipfel – das Gefühl der Einsamkeit verläßt ihn nie. Wohl euch, wenn euch dieses Gefühl nicht unbekannt ist. Ihr seid schon auf dem Weg zu uns, doch der einsame Gipfel nährt mit Schnee die Flüsse der Täler und läßt so die Ernte auf den Feldern gelingen.«

»Es ist weise, die Seele nicht mit Trauer zu beschweren, sondern freudig nach etwas zu streben.«

»Die Ungeduld der Fahrgäste läßt die Lokomotive nicht schneller fahren.«

»Die Nacht verhüllt selbst die vollkommenste Form, doch wisse: Das Licht wird kommen.«

»Man fragt: ›Wo bleibt die Suche nach Vollkommenheit?‹ Antwortet: ›In der Liebe, in der Schönheit, im Tun – diese drei sind genug.‹«

»Das Wichtigste ist, nicht im Zorn zu handeln, sondern mit widerständigem Geist.«

»Das Feuer des Zorns hinterläßt Brandlöcher im Gewebe der Welt.«

Helena Roerich begann am 24. März 1920 in London, dieses Buch zu schreiben, und genau an diesem Tag traf sie Menschen, die ihr bereits Jahre früher in Träumen und Visionen begegnet waren: Mahatma Morya und Mahatma Kut-Chumi, die der *Weißen Bruderschaft* vorstanden.

Als sie etwa sechs Jahre alt war, erschien ihr im Garten ein großgewachsener Mensch in weißer Kleidung, der sich rasch wie Nebel auflöste, und während einer Krankheit besuchten sie zwei Unbekannte mit weißen Turbanen. Sie hatte prophetische Träume und konnte manche Ereignisse vorhersehen. So warnte sie schon zwei Wochen vorher vor dem Ausbruch eines Feuers, und zehn Jahre vor dem Tod ihres Vaters konnte sie das genaue Sterbedatum vorhersagen.

Mit glänzenden Noten absolvierte sie das *Mariinskij-Gymnasium* für Mädchen, doch die dort erworbenen Kenntnisse reichten ihr bei weitem nicht, und deshalb las sie viel. Ihre Lieblingsbücher waren die Lehren der indischen Philosophen Sri Ramakrishna und Swami Vivekananda.

Doch zurück ins Jahr 1920, als Helena Roerich begann, ihre Lehre von der *Lebendigen Ethik des Agni Yoga* zu entwickeln: »Sie beinhaltet in sich das ganze Leben, all seine Bereiche und hat jegliche Vervollkommnung zum Ziel.« Die Anhänger der Roerichs waren überzeugt, daß Helena eine so hohe Stufe der Vergeistigung erreicht habe, daß sie ohne weitere Vorbereitung oder Ausbildung jederzeit die Stimmen Mahatma Moryas und Mahatma Kut-Chumis hören könne, deren Worte sie dann in ihrem Tagebuch notierte. Später schrieb sie auf der Grundlage dieser Aufzeichnungen ihr Buch, das heute das Fundament der Lehre des Agni Yoga bildet. Helena Roerich war fest davon überzeugt, daß sie lediglich aufschreibe, was die beiden Lehrer ihr übermittelten. Deshalb lehnte sie es sogar ab, ihren Namen auf den Titel des Buches drucken zu lassen, so daß praktisch alle ihre Arbeiten unter verschiedenen Pseudonymen erschienen.

Obwohl Helena Roerich deutlich von den theosophischen Lehren der Russin Helena Blavatsky beeinflußt war, wiederholte sie nicht einfach deren Thesen, sondern entwickelte auch eigene Anschauungen. Während Helena Blavatsky allgemeintheoretische Erkenntnisse bezüglich der Existenz der Menschheit und ihrer Wechselwirkung mit dem Kosmos formulierte, konzentrierte sich Helena Roerich besonders zu Anfang auf Ratschläge und Anleitungen, die es dem einzelnen Menschen erlauben sollten, auf dem Weg der Selbstvervollkommnung zu den Gipfeln seiner spirituellen Entwicklung zu gelangen. Nach den Worten der Mahatmas befinde sich die Welt am Vorabend der entscheidenden Auseinandersetzung zwischen Gut und Böse, und die Menschheit müsse den Weg der spirituellen Reinigung einschlagen, die ihr nicht nur neues Wissen bringe, sondern ihr auch erlaube, die Kräfte des Bösen auf ewig zu besiegen. Vereinfacht gesagt, stellt die *Lebendige Ethik* eine Handlungsanweisung dar, die verschiedene philosophische und religiöse Lebensprinzipien, die in unterschiedlichen Kulturen und zu verschiedenen Zeiten entwickelt wurden, in sich vereint.

Helena Roerich (1879 – 1955)

Helena Roerich schreibt: »Dies ist die Synthese aller Lehren, aber im neuen Bewußtsein aller Grundlagen des Seins, im neuen Verständnis des kosmischen Wissens des Menschen und im Streben nach Gleichgewicht in der Welt. Wie wunderbar ist das Erkennen der Vollkommenheit des Seins! Dieser Gedanke zieht sich wie ein roter Faden durch die Lehre, die sich jetzt so üppig ergießt, um die Leiden der geschlagenen Menschheit zu lindern.«

Nach *Blätter des Gartens Morya* (1924) erschienen die Bücher *Erleuchtung* (1925), *Unbegrenztheit* (1930), *Hierarchie* (1931), *Herz* (1932), *Aum* (1936), *Bruderschaft* (1937) und einige weitere.

Dies sind meine Lieblingssentenzen aus der in Paris erschienenen *Erleuchtung*:

»Es ist richtig, von der Liebe nicht zu sprechen, sondern sie durch Taten zu beweisen. Es ist richtig, Hingabe nicht zu versichern, sie zeigt sich durch Taten. Es ist richtig, überflüssige Worte zu vermeiden, ihre Kraft zeigt sich in Taten.«

»Überraschung ist die Schwester der Beweglichkeit. Beweglichkeit ist die Schwester der Heldentat. Die Heldentat ist die Schwester des Sieges.«

»Mut vereint sich mit Vorsicht, sonst wird er zum Wahnsinn.«

»Macht euch keine Feinde, dieser Rat gilt allen. Erkennt eure Feinde, hütet euch vor ihnen, vereitelt ihr Tun, aber hegt keinen Groll gegen sie. Und wenn ein Feind freiwillig unter euer Dach tritt, so wärmt ihn, denn euer Dach bietet Platz genug.«

»Vielfältig sind die Wege der Suche, der Weg der Schönheit kommt der Vollendung am nächsten.«

In dem in Riga veröffentlichten Buch *Bruderschaft* gefällt mir dieses Zitat am besten:

»Geduld ist die Voraussetzung für Wachsamkeit, wahre Wachsamkeit ist die Grundlage der Erkenntnis. Ein ungeduldiger Mensch kann sich keine richtige Vorstellung von den Dingen machen. Ihm fehlen die Wachsamkeit und die Hellsichtigkeit. Welche Erkenntnis könnte aus Selbstbezogenheit erwachsen, die die Wirklichkeit verleugnet? Schon oft hat sich gezeigt, wie große Wahrheiten durch Intoleranz entstellt wurden. Intoleranz könnte mit Unwissenheit gleichgesetzt werden, doch das wäre zu nachsichtig. Intoleranz ist das Böse. Es kann keine gute Intoleranz geben, denn zwangsläufig wohnt ihr die Lüge inne und sie verdeckt die Wahrheit.«

Einer Legende zufolge war Helena Roerich die erste Russin, die die »Feuertaufe« erhielt und sich damit den Zugang zu höheren Sphären eröffnete. Ihr wurde der Name Urusvati gegeben, was auf Sanskrit »Licht des Morgensterns« bedeutet. Von da an trug sie, einem fernen Stern gleich, die Hoffnung in das Dunkel der ewigen Nacht, sie brachte den Menschen neues Wissen, das sie reinigen und auf den Weg der Selbstvervollkommnung führen sollte.

Ende 1920 trafen die Roerichs in den USA ein, wo Nikolaj seine Bilder mit großem Erfolg zeigte. Die Tournee durch das Land war so erfolgreich, daß die Roerichs auf der Welle der Popularität etliche Institutionen gründen konnten: das *Nicholas Roerich Museum* in New York, dem er seine Bilder schenkte, das New Yorker *Master Institute of United Arts*, das die Prinzipien verwirklichen sollte, nach denen Roerich bereits eine Schule in St. Petersburg hatte umgestalten wollen, das Kunstzentrum *Corona Mundi* und die Künstlervereinigung *Cor Ardens*. Bei jeder dieser Gründungen hatte Helena Roerich eine ausgesprochen aktive Rolle inne, instruierte und inspirierte Schüler und Anhänger. »Es ist eine Freude zu sehen«, schreibt sie, »wie sich helle Seelen in den Tagen der Zerstörung im Namen der Kultur im Bemühen versammeln, das Feuer zu bewahren und denen, die einen Ausweg aus der geistigen Sackgasse, die auch in materielle Armut führt, suchen, die Freude am kreativen Schaffen und an der Erweiterung des Bewußtseins zu geben.«

Im Dezember 1923 begaben sich die Roerichs endlich in ihr Traumland – nach Indien. Sie hatten sich kaum am neuen Ort eingerichtet, da beschlossen sie, auf eine mehrmonatige Expedition zu gehen, die sie in abgelegene und wenig erforschte Gebiete Asiens führte. Am Ende dauerte diese Reise schließlich fünf Jahre.

Helena Roerich war die einzige Frau, die an der großen Reise, der zentralasiatischen Expedition, teilnahm. Sie war den Männern in allem ebenbürtig, und, wie es sich für eine umsichtige Frau gehört, begegnete sie allen Herausforderungen mit großer Gelassenheit. Sie sorgte sich nicht nur um den Erfolg des Unternehmens, sondern auch um die Gesundheit und den Seelenfrieden jedes Teilnehmers.

Helena Roerich (1879 – 1955)

»Hilfe leisten, loben, erklären, zu all dem war Helena stets bereit, ohne die eigenen Kräfte zu schonen«, schreibt Nikolaj. »Es ist schon erstaunlich, woher sie die Kraft nimmt, wenn man um ihr schwaches Herz weiß. Sie ist mit uns durch ganz Asien geritten, hat in Tibet gefroren und gehungert, doch sie war immer die erste, die für die gesamte Karawane ein Vorbild an Munterkeit abgab, und je größer die Gefahr, desto munterer, bereiter und freudiger war sie. Sie hatte einen Puls von 140, aber immer noch organisierte sie persönlich die Karawane und regelte alle Reiseangelegenheiten. Nie sah man sie verzagt oder gar verzweifelt, obwohl es dafür viele Anlässe verschiedenster Art gegeben hat.«

Während der Expedition wurde eine beträchtliche Menge sehr wertvollen Materials zu verschiedenen Forschungsgebieten wie Geschichte, Archäologie, Geographie, Ethnographie und Linguistik gesammelt, es wurden einzigartige Texte sowie Gegenstände der Volkskunst und des Alltags zusammengetragen. Helena Roerich schrieb mehrere Bücher zur Lehre des Agni Yoga und übersetzte außerdem einen Teil der berühmten Briefe der Mahatmas ins Russische. Die Übersetzungen wurden in dem Buch *Der Kelch des Ostens* publiziert, das unter dem Pseudonym Iskander Chanum erschien.

Unter dem Namen Natalja Rokotowa wurde 1926 in der Mongolei die Abhandlung *Grundlagen des Buddhismus* veröffentlicht, in der Helena Roerich den westlichen Lesern die grundlegenden Thesen der buddhistischen Philosophie erläutert: Karma, Nirwana, Reinkarnation und allgemeine Prinzipien der buddhistischen Ethik, die dem breiten Publikum bis dahin nahezu unbekannt waren.

Während ihrer Expedition gelang es den Roerichs, für kurze Zeit Rußland zu besuchen; Berichten zufolge begaben sich Nikolaj, Helena und Jurij 1926 mit einem Kästchen voller Himalaja-Erde zum Lenin-Mausoleum in Moskau. Weiterhin hatten sie eine Botschaft der Mahatmas an die russische Regierung im Gepäck, doch leider wollten die Bolschewiken die Empfehlungen der *Weißen Bruderschaft* nicht befolgen, und so wurde die UdSSR nicht das erste Land, das den Weg der »Großen Transmutation« einschlug, den Weg des Übergangs der Menschheit zu einer grundsätzlich neuen Entwicklungsstufe.

Nachdem sie nach Indien zurückgekehrt waren, siedelten sich die Roerichs im Norden des Landes, im Kullu-Tal, an, wo sich das milde Klima und der wunderbare Blick auf den Himalaja vereinen. Überlieferungen zufolge liegt im Himalaja das mystische Königreich Shambala, der Wohnort der Lehrer. An ihrem neuen Wohnort gründeten die Roerichs das *Himalaja-Institut für wissenschaftliche Forschung*, das zu Ehren Helenas den Namen *Urusvati Himalayan Research Institute* erhielt. Sie träumte davon, daß dieses Institut in der Zukunft einmal das Zentrum einer Stadt des Wissens werden würde, wo alle »Leidenden« sich jeglicher Wissenschaft widmen könnten. Sie schreibt: »Wir wünschen uns, in dieser Stadt eine Synthese aller geistigen Errungenschaften zu vermitteln, denn in Zukunft müssen alle Bereiche der Wissenschaft in ihr vertreten sein. Und so, wie das Wissen den gesamten Kosmos als Quelle hat, so müssen die Bewohner der Stadt aus aller Welt zu uns kommen, allen Nationalitäten angehören.«

Von dieser Zeit an widmete sich Helena Roerich fast ausschließlich der Arbeit für den Agni Yoga: Sie schrieb Bücher, übersetzte alte heilige Schriften und führte einen umfangreichen Briefwechsel mit Menschen in der ganzen Welt. Die angesehensten Schriftsteller, Wissenschaftler und Politiker hielten es für eine Auszeichnung und Ehre, mit Helena Roerich im Briefwechsel zu stehen. Die Briefe, die sie im Unterschied zu ihren Büchern unter eigenem Namen veröffentlichte, stellen eine einzigartige Materialsammlung dar.

Im Jahr 1929 gab sie in Paris unter dem Pseudonym Josephine Saint-Hilaire das Buch *Kryptogramme des Ostens* heraus, ein Sammelband von Überlieferungen aus den Leben großer Propheten und Lehrer der Menschheit, von Buddha und Christus bis zu Sergius von Radonesh. Einige Jahre später übersetzte sie die berühmte *Geheimlehre* von Helena Blavatsky aus der englischen in die russische Sprache. Angeblich war sie im Übersetzen derart schnell, daß niemand glauben mochte, daß man überhaupt so rasch schreiben könne; dabei übersetzte sie nicht nur von der einen Sprache in die andere, sondern gleichzeitig auch noch die vielen im Text enthaltenen Zitate aus anderen alten Sprachen.

Helena Roerich (1879 – 1955)

Ende der 1920er, Anfang der 1930er Jahre begannen die Roerichs, besorgt um das Schicksal der Weltkulturen, ihre Arbeiten an einem internationalen Vertrag zum Schutz des kulturellen Erbes. Dieser wurde später *Roerich-Pakt* genannt. Es wurde geplant, ein Gremium einzurichten, das die schützenswerten Denkmäler festlegen sollte. Als Symbol wurden drei rote Kreise auf weißer Leinwand in einem roten Ring gewählt. Nach verschiedenen Auslegungen symbolisieren die drei Kreise entweder die Einheit von Religion, Wissenschaft und Kunst, die durch die Kultur vereint sind, oder die Einheit von Vergangenheit, Gegenwart und Zukunft, die durch die Ewigkeit miteinander verbunden sind. Es ist insbesondere Helena Roerichs unermüdlichem Einsatz zu verdanken, daß der Roerich-Pakt 1935 von immerhin 22 Staaten unterzeichnet wurde. Er stellt einen Vorläufer der *Haager Konvention zum Schutz von Kulturgut bei bewaffneten Konflikten* von 1954 dar.

In ihrem 1936 in Riga erschienenen Buch *Aum* schreibt Helena Roerich: »Die Verrohung der Menschen hat heute über alle Maßen zugenommen. Die Zügellosigkeit hat die Städte befallen und die Verbreitung geistiger Werte zunichte gemacht. Der Autolärm übertönt den Aufschrei des Geistes. Darum ist jeder Ruf nach Geisteskultur ein Hilferuf.«

Die meisten Schüler der Roerichs sind der Meinung, daß sie vor allem Helena Roerich viel zu verdanken haben – ihrer Spiritualität, dem Leuchten ihrer Persönlichkeit, ihren Büchern und ihrem persönlichen Beispiel. Doch am allermeisten wurde sie von ihrem Ehemann verehrt, ihrem Ratgeber, Freund und Seelenverwandten. Er zeichnete sie nicht nur auf zahllosen Bildern, besang sie in Versen und rühmte sie in seinen theoretischen Arbeiten, sondern schien sein ganzes Leben ihr gewidmet zu haben. An ihrem 40. Hochzeitstag notierte er in seinem Tagebuch: »40 Jahre sind eine lange Zeit. Auf einer so ausgedehnten Reise trifft man auf Stürme und Gewitter, kameradschaftlich haben wir alle diese Hürden gemeistert, und die Hindernisse haben sich in Möglichkeiten verwandelt. Meine Bücher habe ich immer mit dieser Widmung versehen: ›Für Helena, meine Kameradin, Begleiterin und Muse‹. Sowohl in Piter als auch in Skandinavien, England, Amerika und ganz Asien haben wir gearbeitet, gelernt, unser Bewußtsein erweitert. Wir haben gemeinsam etwas erschaffen, und nicht umsonst sagt man, daß das Werk zwei Namen tragen müßte, einen weiblichen und einen männlichen.«

Nikolaj Roerich starb am 13. Dezember 1947. Nach hinduistischem Brauch wurde sein Leichnam verbrannt, und am Platz seiner Einäscherung wurde ein Stein mit folgender Inschrift errichtet: »Hier wurde am 15. Dezember 1947 der Körper Maharishi Nikolaj Roerichs, des großen russischen Freundes Indiens, den Flammen übergeben. Es lebe der Frieden!«

Der Tod ihres Gefährten war für Helena Roerich ein schwerer Schlag, doch der Mahatma unterstützte sie, indem er ihr Worte des Trostes schickte: »Du, meine Verwaiste, eine neue Bürde muß angenommen werden. Bewahre Deine Kräfte, denn man muß den ›Kelch‹ in die Heimat tragen.«

Der Kelch steht symbolisch für die Lehre des Agni Yoga, die in der UdSSR verbreitet werden sollte. Helena Roerich glaubte weiterhin, daß dieser Staat prädestiniert sei, das neue Wissen zu propagieren und als »Verkörperung einer neuen Zivilisation die alte abzulösen.«

Nach dem Tod ihres Mannes wartete Helena Roerich zusammen mit ihrem Sohn Jurij einige Monate auf ein Schiff, das ihnen ein Visum für die Sowjetunion bringen sollte. Das Schiff kam, allerdings ohne die Dokumente. Wegen der angespannten politischen Lage in der Umgebung von Kullu zogen sie nach Kalimpong, einem Städtchen im Osthimalaja, wo sie ihre stummen »Gespräche« mit den Lehrern fortsetzte.

Helena Roerich starb am 5. Oktober 1955. Als ihr Leichnam zum Ort der Einäscherung getragen wurde, begleiteten Tausende sie auf ihrem letzten Weg. Heute steht dort ein Denkmal aus weißem Marmor, das erste Denkmal in Indien, das einer Frau gewidmet wurde. In unmittelbarer Nachbarschaft befindet sich ein buddhistisches Kloster.

Die Mission und das Werk der Roerichs wurden von ihren Söhnen fortgeführt. Jurij konnte den elterlichen Traum von der Rückkehr in die Heimat verwirklichen, wo er an der Verbreitung der Lehre des Agni Yoga arbeitete. Swjatoslaw wurde wie sein Vater Maler und übergab 1990 dem russischen Staat das Erbe seiner Eltern, Bilder und Bücher.

Helena Roerich (1879 – 1955)

Doch kehren wir noch einmal an den Lieblingsort der Roerichs in Rußland zurück, in die Siedlung Iswara, wo ich einst mit zwei Freunden an einem kalten Februartag den Geburtstag Helena Roerichs feierte. Es gibt eine Legende, an die Nikolaj Roerich und seine Anhänger fest glauben: Der Name »Iswara«, was auf Sanskrit soviel wie »göttlicher Geist« bedeutet, wurde dem Gut von einem seiner Vorbesitzer, dem Grafen Roman Woronzow, gegeben, der auf einer Indienreise in mystische Geheimnisse eingeweiht worden war. Nikolaj Roerich war ständig auf der Suche nach indischen Spuren in seiner Umgebung, und selbst als er im Land seiner Träume lebte, befaßte er sich weiter mit den Spuren Indiens auf russischem Boden. In einem seiner Briefe an Igor Grabar schrieb er: »Hast Du je von folgendem interessanten Umstand gehört? Circa zehn Werst (etwa 10,5 km) von unserem früheren Wohnort Iswara entfernt befand sich das Gut Jabloniza, und zu Zeiten Katharinas lebte dort ein hinduistischer Radscha. Der Prophet hat mir gesagt, daß er selbst die Überreste des mongolischen Parks gesehen habe. Der verstorbene Tagor hat sich sehr dafür interessiert und gefragt, ob es nicht irgendwelche Aufzeichnungen darüber gebe. Manchmal suchen wir in der Ferne, was eigentlich ganz nahe liegt. Nun, alles wird sich finden!«

Er hatte recht, und alles fügte sich; Jahrzehnte später hatten die indische Kultur und die Lehre der Roerichs Tausende Anhänger in Rußland.

Mein Lieblingsbuch von Helena Roerich trägt den Titel *Herz*, und ich möchte diesen Essay mit einem Zitat daraus beenden:

»Wir festigen uns auch dadurch, daß wir zu allen Menschen freundschaftliche Beziehungen herstellen. Eine der wesentlichen Bedingungen des Seins ist die Aufrichtigkeit, anders gesprochen, die Herzlichkeit. Wenn diese Grundlage nicht sehr ausgeprägt entwickelt ist, kann man sie stärken, indem man zum Herzen spricht.«

Die siamesische Prinzessin

Jekaterina Desnizkaja (ca. 1886 – 1960)

Heute leben nach offiziellen Angaben in Pattaya, Thailand circa 20.000 Russen, die sich dort Wohnungen gekauft haben. Eine noch größere Gruppe, nämlich ungefähr 25.000, lebt illegal in dieser Stadt, einem Badeort, der zwei Autostunden von Bangkok entfernt ist. Es gibt einen russischen Fernsehsender, drei russische Zeitungen und drei russische Restaurants, von denen eins *Bei Sacharowna* heißt und einer sibirischen Rentnerin gehört. Ihr hat es in Thailand so sehr gefallen, daß sie dorthin übersiedelte und nun die Touristen mit Borschtsch und Moskauer Salat verpflegt.

Heute scheint Thailand gar nicht mehr so rätselhaft und fern, aber zu Zeiten von Jekaterina Desnizkaja hieß es noch Siam, und für Russen war es unerreichbar und märchenhaft. Erstaunlich allerdings, daß der Russe Pjotr Schurowskij die Hymne dieses fernen Landes komponierte und daß die Uniform der Nationalgarde der der zaristischen Armee nachempfunden war.

Auf das Stichwort Thailand bekommen Sie heutzutage von jedem Russen die unglaublich populär gewordene Liebesgeschichte eines russischen Mädchens und des Prinzen von Siam zu hören. Das Schicksal Jekaterina Desnizkajas ist von Legenden umwoben, und bei Menschen, die den Familiennamen Desnizkij tragen, interessiert es uns sofort, ob sie vielleicht mit der siamesischen Prinzessin verwandt sind. Heute kann niemand mehr sagen, ob es tatsächlich noch Verwandte der Prinzessin in Rußland gibt. Auch zu ihrem Geburtsdatum gibt es in den Quellen unterschiedliche Jahresangaben: 27. April 1886 oder 1887 oder auch 1885. Jekaterina Desnizkaja, genannt Katja, wurde in dem alten Städtchen Luzk in der nordwestlichen Ukraine geboren.

Diese Stadt gehörte mal zu Rußland, mal zu Litauen, mal zu Polen und gehört heute zur Ukraine. Ich war in meiner Jugend einmal dort und erinnere mich an die halb verfallene Jesuitenkirche aus dem 17. Jahrhundert, an das klare, munter dahinplätschernde Flüßchen Styr und an die hübschen rothaarigen Mädchen von der Pädagogischen Hochschule.

Als Jekaterina zwei Jahre alt war, starb ihr Vater, der Richter Iwan Desnizkij. Ein Jahr darauf zog die Mutter mit ihren beiden Kindern, dem 14jährigen Iwan und der kleinen Katja, zu den Großeltern nach Kiew. Sie lebten in sehr bescheidenen Verhältnissen. Mit 18 Jahren konnte Iwan durch die Unterstützung von Verwandten ein Studium an der Moskauer Universität aufnehmen, er machte einen glänzenden Abschluß und träumte von einer Karriere als Diplomat. 1903 starb auch die Mutter, und die Verwandten schickten die Waise Katja zu ihrem Bruder nach St. Petersburg. Dort begann sie eine Krankenpflegeausbildung bei den *Barmherzigen Schwestern*. Kaum war die Ausbildung beendet, begann der Russisch-Japanische Krieg, und Katja beschloß, an die Front zu gehen, um Verwundeten zu helfen. Von patriotischen Gefühlen durchglüht, taten dies damals sehr viele junge Mädchen.

Wie aber konnte sie einen siamesischen Prinzen kennenlernen? Der Zarewitsch Nikolaj, der zukünftige Zar Nikolaj II., unternahm 1883 eine Weltreise. Besonders feierlich wurde er in Siam von König Rama V. empfangen. Nikolaj verbrachte ungefähr fünf Wochen in dem Land, freundete sich mit dem König an und lud ihn nach St. Petersburg ein. Der Gegenbesuch von Rama V. erfolgte 1886. Ihm gefiel es in St. Petersburg, und zehn Jahre später schickte er seinen jüngsten Sohn, den Prinzen Chakrabon, zur Ausbildung in diese Stadt. Der Prinz hatte vorher bereits ein englisches Internat besucht. Am St. Petersburger Hof wurde er gemeinsam mit Sprößlingen der russischen Hocharistokratie ausgebildet. Der Prinz und sein Freund Nan Pum waren die ersten Siamesen, die Russisch sprachen. Chakrabon war fleißig und lernte leicht, womit er alle Lehrer in Erstaunen versetzte. Er beendete seine Ausbildung als Gardehusar, trat der Akademie des Generalstabs bei und erhielt dort den Rang eines Obersten. Rußland gefiel ihm, und ganz besonders liebte er das russische Ballett. Es verging keine Woche, in der er nicht im Theater anzutreffen war. Und

Jekaterina Desnizkaja (ca. 1886 – 1960)

trotzdem wurde seine Auserwählte nicht etwa eine Primaballerina, sondern eine hübsche, bescheidene Ordensschwester.

Katja lernte Prinz Chakrabon kurz vor ihrer Abreise an die Front bei einem Wohltätigkeitsball zugunsten verwundeter Soldaten kennen. Wie alle anderen Schwestern sammelte auch sie während des Festes Spenden, und dem Prinzen gelang es nicht einmal, sie zum Tanzen zu überreden. Es heißt, Katja habe auffällig schönes dunkelrotes Haar und ungewöhnlich helle Haut gehabt, eine typische Rothaarige. Dies war es, was den Prinzen besonders anzog. Leider gibt es kaum Fotografien von ihr, auf den wenigen vorhandenen sieht man eine stupsnasige junge Frau mit rundem, russischem Gesicht und klugen, großen Augen. Sie war nicht auffallend hübsch, doch der Prinz verliebte sich auf den ersten Blick unsterblich in sie. Er kam fast täglich in die bescheidene Heimstatt der Geschwister Desnizkij, die zwei Zimmer in der oberen Etage eines kleinen Hauses gemietet hatten. Der Prinz ging mit Katja spazieren, ins Theater oder zum Schlittschuhlaufen, denn es war Winter und Katja liebte das Eislaufen. Ehe sie an die Front abreiste, bat er ihren Bruder um ihre Hand. Iwan war verlegen, und Katja lehnte den Antrag ab!

Voller Ernst und mit klaren Worten erklärte sie dem Prinzen, daß sie fahren müsse, denn die Pflicht, den Leidenden zu helfen, rufe sie. Und so reiste sie, wie beschlossen, in die Mandschurei. Vermutlich glaubte sie nicht an die Liebe des siamesischen Prinzen, hielt diese für eine Laune, eine flüchtige Schwärmerei. Doch der Prinz schrieb ihr jede Woche, und seine Briefe waren voll zärtlicher Leidenschaft: »Außer Dir brauche ich keine. Wenn Du bei mir wärest, wäre alles wunderbar und nichts könnte mein Glück trüben.«

Sie antwortete ebenso regelmäßig, und gegen Ende des Krieges nannte sie ihn in ihren Briefen schon »Lek«, was auf siamesisch »mein Kleiner« bedeutet. Er war fast doppelt so alt wie Katja, doch manchmal schien er ihr ein unvernünftiges Kind zu sein.

Tatsächlich war es für ihn in höchstem Maße unvernünftig, eine nicht adlige Ausländerin zur Frau nehmen zu wollen, statt ein Mädchen aus einer angesehenen siamesischen Familie zu heiraten. Außerdem konnte ein Prinz von Siam mehrere Ehefrauen haben; Chakrabon selbst war das 40. Kind seines Vaters und ein Sohn von dessen Lieblingsfrau. Aber er hatte auch lange genug in Rußland gelebt, um zu wissen, daß Katja in eine Heirat nur einwilligen würde, wenn sie seine einzige Frau bliebe. Doch für sie war der Prinz zu allem bereit, er hätte sich sogar mit seiner Familie überworfen. Er liebte sie so sehr, daß er zum orthodoxen Glauben konvertierte, und als sie von ihrem Lazaretteinsatz zurückkehrte, willigte sie ein, seine Frau zu werden.

Der Prinz fürchtete allerdings, daß seine Verwandten von den Hochzeitsplänen erfahren könnten und versuchen würden, sie zu vereiteln. Deshalb waren auch nur Katjas Bruder und Chakrabons Freund Nan Pum in die Einzelheiten eingeweiht. Zu viert reisten sie nach Konstantinopel, wo das Paar in einer kleinen griechischen Kirche nach orthodoxem Ritus getraut wurde. Danach kehrte Katjas Bruder nach Rußland zurück, und das junge Paar reiste in Begleitung von Nan Pum nach Ägypten. Chakrabon war glücklich, doch Katja sorgte sich um ihre Zukunft. Sie schrieb ihrem Bruder: »Ich fürchte, daß es für mich in Siam äußerst schwierig werden wird. Mein Leben war bisher viel zu einfach, als daß ich mich schnell an eine solche Veränderung anpassen könnte. Jetzt, da ich anfange, besser zu verstehen, was mir bevorsteht, sehe ich die Zukunft nicht mehr in rosaroten Farben.«

Beide reisten anschließend nach Asien, doch während Katja in Singapur blieb, fuhr der Prinz allein nach Bangkok, angeblich, um die Eltern auf die Ankunft Katjas vorzubereiten. Doch sein Mut reichte nicht, um ihnen seine Ehe mit einer Ausländerin zu beichten. Tage, Wochen, Monate gingen ins Land, die Feierlichkeiten aus Anlaß seiner Rückkehr waren längst zu Ende, und noch immer wartete Katja in Singapur. Dort erkrankte sie zum ersten Mal, sie vertrug die tropische Hitze nicht, und sie begann, ihre Heirat mit dem Prinzen zu bereuen. Voller Verzweiflung schrieb sie ihrem Bruder: »Mir scheint, dies ist die wirkliche Hölle.«

Endlich erfuhr König Rama V. von der Ehe seines Lieblingssohns mit einer Ausländerin, allerdings nicht von Chakrabon selbst, sondern von Nan Pum, der sich die ganze Zeit in Singapur um Katja gekümmert hatte. Nun kam er nach Bangkok mit einem Brief von ihr und der Nachricht von ihrer Erkrankung. Es ist nicht überliefert, wie Chakrabon seine Heirat und das lange Schweigen erklärte, doch schließlich erlaubte der König, Katja nach Bangkok zu holen. Wegen ihrer nicht standesgemäßen Herkunft weigerten sich allerdings sowohl König Rama V. als auch Chakrabons Mutter, Königin Saowabha, Katja kennenzulernen. Man schenkte dem jungen Paar den Parusakawan-Palast, wo sie ein abgeschiedenes Leben führten. Katja züchtete Blumen, erlernte die für sie neue Sprache und schrieb unzählige traurige Briefe an den Bruder und an Freundinnen. In den Briefen stand oft, daß sie Chakrabon nicht verlassen könne, da sie ihn liebe und sich daher nicht vorstellen könne, ohne ihn zu leben.

Die Lage änderte sich 1908, als Katja einen Sohn zu Welt brachte, der Chula Chakrabon (der jüngere Chakrabon) genannt wurde. Dieses freudige Ereignis wurde in ganz Siam festlich begangen. Chula selbst schreibt in seiner Autobiographie: »Ich wurde am 28. März 1908, einem Samstag, um 23.58 Uhr geboren. Die genaue Zeit ist deshalb bekannt, weil mein Vater nicht wollte, daß ich an einem Sonntag zur Welt käme. Er war, ebenso wie sein Bruder Vajiravudh, an einem Samstag geboren worden, und deshalb maßen beide diesem Umstand eine große Bedeutung bei. Mein Vater behielt die Uhr im Blick. Ich bin äußerst zufrieden, daß meine erste Tat auf Erden ihn nicht enttäuschte.«

Königin Saowabha vergötterte ihren Enkel vom ersten Tag seines Lebens an, und seine Wiege wurde in ihrem Schlafzimmer aufgestellt. Auch Chula liebte seine Großmutter sehr, und in seiner kindlichen Vorstellung nahm sie die Stelle der Mutter ein. Katja mußte sich damit zufrieden geben, ihren Sohn zweimal in der Woche zu sehen. Sie bekam keine weiteren Kinder, denn ihr Gesundheitszustand verschlechterte sich weiter, und alle folgenden Schwangerschaften endeten mit Fehlgeburten. Dabei träumte sie doch so sehr von einer Tochter! Mädchen wurden in Siam nicht sehr hoch geschätzt, und deshalb hätte man ihr eine Tochter vermutlich nicht weggenommen.

König Rama V. lernte seinen Enkel erst kurz vor seinem Tod kennen, als er bereits schwer krank war und keine Kraft mehr hatte, sich dem Wunsch seiner Lieblingsfrau zu widersetzen, die ihm den Jungen gern zeigen wollte. Chula gefiel ihm, insbesondere, weil dieser in keiner Weise europäisch aussah. Katja allerdings wurde dem König niemals vorgestellt, er wünschte es nicht, und auch seinem Sohn hatte er nie wirklich verziehen.

König Rama V. starb 1910, und den Thron bestieg sein ältester Sohn, der kinderlose Vajiravudh (Rama VI.). Chakrabon war der nächste in der Thronfolge, solange sein Bruder ohne Söhne blieb. Vajiravudh erkannte Jekaterina Desnizkaja offiziell als Chakrabons Gemahlin an.

Katja hegte lange Zeit die Hoffnung, in die russische Heimat zu reisen, doch die Oktoberrevolution machte diese Träume für immer zunichte. Auch ihre Gesundheit verschlechterte sich zunehmend: Die Beine schwollen an, das Herz schmerzte, und sie litt unter Atemnot. Sie nahm nicht mehr an Reisen, Ausflügen oder Zerstreuungen teil, und Chakrabon wandte sich einer anderen Frau zu, der erst 15jährigen Prinzessin Chawalit, einer entfernten Verwandten. Sie war fröhlich, agil und sehr gebildet, war in Europa erzogen worden und trieb gern Sport. In allem war sie die ideale Gefährtin für Chakrabon, von Bootsausflügen bis zum Golfspiel. Sie verbrachten immer mehr Zeit miteinander, und im Frühjahr 1919 begaben sie sich auf eine gemeinsame Reise durchs Land.

Nachdem er von der Reise zurückgekehrt war, fand Chakrabon lange nicht die Zeit, Katja im Parusakawan-Palast zu besuchen. Als er es endlich tat, teilte er ihr mit, daß er beschlossen habe, Chawalit zu heiraten und sie zu seiner zweiten Frau zu machen.

Im Sommer 1919 verließ Katja heimlich Bangkok, sie zog nach Schanghai, wo sie sich mit ihrem Bruder Iwan traf. Er war beruflich sehr erfolgreich, zum Direktor der *Ostchinesischen Eisenbahn* ernannt worden, hatte eine sowjetische Emigrantin geheiratet und einen Sohn mit ihr. Das Klima in Schanghai war zuträglicher für Katjas Gesundheitszustand, und ihr Befinden verbesserte sich allmählich. Sie kaufte ein Haus, in dem sie eine Zufluchtsstätte für Familien weißgardistischer Offiziere einrichtete. Das Gefühl, etwas Nützliches zu tun, veränderte ihr Leben und gab ihr neue Kraft. Weiterhin gründete sie ein kleines Krankenhaus für russische Frauen und organisierte Krankenpflege-Kurse. Der amerikanische Ingenieur Harry Clinton-Stone, der eine Wohnung in ihrem Haus mietete, verliebte sich in Katja, und sie erwiderte dieses Gefühl. An ihm gefielen ihr vor allem seine Klugheit, seine Offenheit, seine Ehrlichkeit und seine Güte. Heiraten konnte sie ihn allerdings nicht, da sie noch immer die Frau Chakrabons war. Trotzdem wäre sie glücklich gewesen, hätte sie nicht von ihrem Sohn getrennt leben müssen. Sie konnte ihn nicht mehr sehen und durfte ihm auch nicht schreiben.

Im Sommer 1920 starb Chakrabon an den Folgen einer Lungenentzündung, die er sich bei einer Seereise zugezogen hatte. Per Telegramm wurde Katja zur Beerdigung eingeladen; sie riskierte die Reise nach Bangkok, weil sie hoffte, ihren Sohn mit zurücknehmen zu können. Doch sehr schnell wurde ihr klar, daß man ihr Chula nie überlassen würde, und so kehrte sie allein nach Schanghai zurück.

Ein Jahr später heiratete sie Harry Clinton-Stone und zog mit ihm nach Paris. Im darauffolgenden Jahr wurde Chula zum Studium nach England geschickt, wo Katja ihn besuchen konnte und sie sich endlich richtig kennenlernten. Besondere Innigkeit entstand zwischen Mutter und Sohn nicht mehr, doch für den Rest des Lebens wechselten sie sehr herzliche Briefe.

Jekaterina Desnizkaja starb 1960. Chula heiratete die Engländerin Elizabeth Hunter und weigerte sich, nach Thailand zurückzukehren. Er wurde Historiker und Journalist und schrieb Bücher über die Geschichte Thailands. In den 1940er Jahren entwickelte er eine Leidenschaft für den Motorsport und nahm recht erfolgreich an Moto-Cross-Rennen teil. Seine Tochter, Rajawongse Narisa Chakrabon, schrieb ein Buch über die ungewöhnliche Liebe ihrer Großmutter.

Jekaterina Desnizkaja brachte es in ihrem langen Leben zustande, sowohl Ordensschwester als auch siamesische Prinzessin, Flüchtling und Frau eines Angestellten in Paris zu sein. Sie sagte gern: »Alles, was sich in meinem Leben ereignet hat, nahm ich mit Dankbarkeit an, selbst die dunklen Zeiten, denn letztendlich lassen sie uns das Glück bei der Überwindung von Hindernissen und Schwierigkeiten empfinden.«

Welch wunderbarer Ratschlag für die schweren Stunden des Lebens!

»Die Eiserne Frau« namens Moura

Maria Zakrewskaja-Benckendorff-Budberg (1892 – 1974)

Diese Frau trug zu verschiedenen Zeiten unterschiedliche Namen: Gräfin Zakrewskaja, Gräfin Benckendorff, Baronin Budberg. Sie war die Muse von zwei großen Schriftstellern des vergangenen Jahrhunderts – Maxim Gorkij und H. G. Wells. Davor verzauberte sie noch einen der größten englischen Spione, Sir Robert Bruce Lockhart. Maria Zakrewskaja, die später unter dem Kosenamen Moura bekannt wurde, war selbst Agentin dreier Geheimdienste, des englischen, des deutschen und des sowjetischen. Darüber hinaus war sie in England die bekannteste Übersetzerin russischer Literatur. Schließlich gibt es auch noch das Gerücht, daß sie Maxim Gorkij vergiftet haben soll.

Den Großteil der Legenden über ihr Leben schuf Maria Zakrewskaja selbst; wie eine Künstlerin gestaltete sie ihre Vergangenheit um und umgab sich mit der Aura des Geheimnisvollen. Allerdings war ihr wirkliches Leben viel phantastischer als alle noch so legendenumwobenen Geschichten über sie.

Maria Zakrewskaja war die legendäre »Eiserne Frau«, eine der rätselhaftesten und schillerndsten Frauen des 20. Jahrhunderts. Wenn Sie in der Presse ein Foto des stellvertretenden britischen Premierministers Nick Clegg sehen, werden Sie eine gewisse Ähnlichkeit zwischen ihm und Maria Zakrewskaja nicht leugnen können, was allerdings auch nicht verwundert, wenn man weiß, daß sie seine Urgroßtante war.

Als ich noch zur Schule ging, fiel mir die Widmung Maxim Gorkijs in seinem Roman *Das Leben des Klim Samgin* auf: »Für Maria Ignatjewna Zakrewskaja«. Damals in der Schule hörte ich diesen Namen zum ersten Mal, und ich fragte die Lehrerin, wer das sei. Sie antwortete nur, daß es sich wohl um eine Genossin im Kampf für die großen Ideale der Revolution handele. Für die sowjetischen Historiker und Literaturwissenschaftler existierte dieser Name nicht.

Mehr erfuhr ich über Maria Zakrewskaja 1989, als in der sowjetischen Zeitschrift *Druschba narodow* die Erzählung *Die Eiserne Frau* aus der Feder der emigrierten russischen Schriftstellerin Nina Berberowa erschien. Sie beschreibt Maria Zakrewskaja als eine außergewöhnlich schöne Frau, groß, klug, stark und sehr kontaktfreudig. Die Autorin hat die Geschichte der Maria Zakrewskaja so niedergeschrieben, wie diese sie ihr erzählt hatte; doch war »die Eiserne Frau« eine Meisterin darin, sich selbst immer wieder neu zu erfinden, so daß man der Erzählung nur bedingt Glauben schenken kann.

Als erstes fand ich heraus, daß das überall angegebene Geburtsjahr 1892 wohl nicht das richtige ist. Maria wurde vermutlich zwei Jahre vorher geboren. Warum hat sie ihr Geburtsdatum geändert? Historiker meinen, daß ihr die Herkunft aus der ukrainischen Siedlung Berjosowaja Rudka im Poltawa-Gebiet mißfiel; sie wollte gern St. Petersburg als Geburtsort haben. Ihr Vater, Ignat Zakrewskij, war aber erst 1892 aus der Provinz, wo seine Familie seit Generationen lebte und Erbgüter besaß, dorthin gezogen, um eine Tätigkeit als Jurist aufzunehmen.

Er war ein ungewöhnlicher Mensch; die Familiengruft auf dem Gut bei Poltawa gestaltete er beispielsweise nach Art einer ägyptischen Pyramide. Seine Nachbarschaft versetzte er auch dadurch in Erstaunen, daß er für die Erziehung seiner Kinder eine Gouvernante namens Margaret Wilson aus England kommen ließ. Er war zu jener Zeit mit Maria Borejscha verheiratet, der Tochter eines verarmten Grundbesitzers aus der Nachbarschaft. Sie hatten fünf Kinder: Anna, Maria, Pawel und die Zwillinge Anna und Alla.

Der Unterricht, den die Kinder ausschließlich zu Hause durch ihre Gouvernante erteilt bekamen, war so hervorragend, daß später alle Marias Worten Glauben schenkten, wenn sie erzählte, sie habe in Cambridge studiert. Außerdem behauptete Maria gern, eine Urenkelin von Agrafena Zakrewskaja zu sein, der Frau eines früheren Moskauer Gouverneurs. In diese sei angeblich Puschkin

Maria Zakrewskaja-Benckendorff-Budberg (1892 – 1974)

verliebt gewesen, und er habe ihr sogar Verse gewidmet. In Wirklichkeit gab es diese Verwandtschaft aber nicht. Maria erzählte auch, sie sei über eine andere Linie mit der Familie Rasumowskij verwandt, die auf den Zaren Peter den Großen zurückgehe. Sie klebte sich einen Schnurrbart an und sagte: »Schauen Sie, ich ähnele doch Peter dem Großen, oder?« Tatsächlich gab es eine gewisse Ähnlichkeit, doch es gibt keinerlei Beweise für eine solche Verwandtschaft.

Ihr Vater machte in St. Petersburg eine glänzende Karriere und wurde Oberstaatsanwalt. Nach den seltenen Fotografien aus jener Zeit zu urteilen, entwickelte sich Maria zu einer wahren Schönheit. Sie war eine sehr schlanke junge Frau mit dichtem, welligem Haar, ungewöhnlich ausdrucksstarken dunklen Augen und einem strahlenden Lächeln. Dazu kamen noch ihr Charme und die Lebendigkeit ihres Wesens. In ihrem Elternhaus gingen die namhaftesten Persönlichkeiten ein und aus, und der heranwachsenden Maria mangelte es nicht an Verehrern.

Die Familie beschloß, die 16jährige eine Zeit lang zu ihrer älteren Schwester Anna nach Berlin zu schicken. Anna war mit einem Diplomaten der russischen Botschaft verheiratet und galt in ihrem Berliner Kreis ebenfalls als außergewöhnliche Schönheit. Maria verbrachte fast zwei Jahre bei ihrer Schwester und bereiste während dieser Zeit ganz Deutschland, Frankreich und England. Dabei machte sie Bekanntschaft mit jungen Leuten aus angesehenen Familien. Einer von ihnen war Johann (Iwan) von Benckendorff, der 29jährige Sproß einer einflußreichen estnischen Adelsfamilie aus Reval (Tallinn). Sie verliebten sich und heirateten am 24. Oktober 1911. Im selben Jahr wurde der junge Ehemann zum Botschaftssekretär in Deutschland ernannt, und die Jungvermählten zogen nach Berlin, wo sich Maria Zakrewskaja-Benckendorff ins gesellschaftliche Leben stürzte. Sie glänzte bei allen Gelegenheiten.

Im Jahr 1913 wurde ihr Sohn Pawel geboren, und im folgenden Jahr kam ihre Tochter Tatjana zur Welt. Im August 1914 waren die Benckendorffs gezwungen, nach Rußland zurückzukehren. Sie ließen sich in Petrograd (St. Petersburg) nieder, wo Johann bei der Militärzensur arbeitete. Nach der Februarrevolution 1917 beschloß die Familie, mit den Kindern auf die estnischen Güter der Benckendorffs zu ziehen. Sie lebten dort eine Zeitlang, als Maria während eines Aufenthalts in Petrograd eine schreckliche Nachricht aus Estland erhielt: Johann war von Männern aus dem Nachbarort brutal ermordet und das Wohnhaus niedergebrannt worden. Der Gouvernante war mit den beiden Kindern die Flucht zu den Nachbarn gelungen, wo sie sich hatten verstecken können. Später fanden sie bei estnischen Verwandten Unterschlupf, die ihnen dabei halfen, einen Teil des Hauses wieder aufzubauen, und auch lange Zeit für die Kinder sorgten.

Ihr bisheriges Leben war in sich zusammengestürzt, und von da an hatte Maria Zakrewskaja-Benckendorff nur noch ein Ziel: Überleben! Nach Reval konnte sie nicht zurückkehren, denn es fuhren keine Züge, weil die Bahnlinie durch den Frontverlauf unterbrochen war. Es gab niemanden, den sie um Hilfe bitten konnte. Doch da kam Robert Bruce Lockhart, der frühere Generalkonsul Großbritanniens in Moskau, nach Petrograd. Maria Zakrewskaja-Benckendorff kannte ihn noch aus ihrer Londoner Zeit. Er war als Agent in besonderer Mission unterwegs. Wahrscheinlich liefen sich die beiden zufällig über den Weg. Maria wußte damals noch nicht, wer dieser zurückhaltende junge Mann in Wirklichkeit war, doch ihr gefiel, daß er großes Interesse ihrem Land gegenüber zeigte. Er war ein regelmäßiger Besucher der Literaturzirkel, liebte das Theater und hatte sowohl unter Künstlern als auch unter prominenten Politikern viele Freunde. In den besten Restaurants der Stadt war für ihn stets ein Tisch reserviert. Trotz ihrer Lebenskrise verliebte sie sich in ihn, und hier in Petrograd begann eine leidenschaftliche Liebesgeschichte. Bald zog sie zu ihm, und er verschaffte ihr eine Stelle an der britischen Botschaft in Moskau. In seinen *Memoirs of a British Agent* (1932) bemerkt er: »Es trat etwas in mein Leben, das stärker war als das Leben selbst. Von dieser Minute an verließ sie mich nicht mehr, bis uns die militärische Gewalt der Bolschewiken trennte.«

In dem Versuch, seine Gefühle zu ordnen, schrieb er in sein Tagebuch: »Sie ist die Russischste aller Russen, den Kleinigkeiten des Lebens gegenüber verhält sie sich gelassen und ungerührt, was als Beweis für das völlige Fehlen von Furcht gesehen werden kann. Ihr Lebenswille und ihre Vitalität sind unglaublich und ansteckend. Sie ist so gesellig und den Menschen zugetan. Ihre Lebensphilosophie macht sie zur Herrin ihres eigenen Schicksals. Sie ist Aristokratin, könnte aber auch Kommunistin sein, nie aber Kleinbürgerin. Ich sehe in ihr eine Frau von unwiderstehlichem Zauber, und ein Gespräch mit ihr kann meinen Tag erhellen.«

Für Maria Zakrewskaja-Benckendorff war Robert Bruce Lockhart die Liebe ihres Lebens, und so fügte es sich, daß ausgerechnet die Zeit, in der ringsum nichts als Zerstörung herrschte, für sie zur glücklichsten wurde.

Doch bald sollte auch diese Zeit enden, denn das britische Spionagenetz, für das Lockhart arbeitete, wurde vom sowjetischen Geheimdienst unterwandert. Nach der Ermordung des bolschewistischen Revolutionärs Urizkij und dem Attentat auf Lenin wurde Robert Bruce Lockhart verhaftet, später dann auch

Maria. Der Chef des Geheimdienstes stellte Lockhart vor die Wahl: entweder für die Sowjetunion zu spionieren und mit Maria im Land zu bleiben oder Moskau unverzüglich zu verlassen. Nach wie vor ist es rätselhaft, warum die beiden nach der Aufdeckung der Verschwörung zum Sturz des Bolschewismus nicht hingerichtet wurden, warum Lockhart später nach Großbritannien zurückkehrte und warum seine Geliebte unbehelligt in der Sowjetunion bleiben konnte.

Maria blieb wieder einmal allein zurück, ohne finanzielle Mittel, doch wieder war ihr das Schicksal gewogen. Der Schriftsteller Kornej Tschukowskij fand für sie eine Stelle als Redakteurin im Verlag *Wsemirnaja literatura*. In diesem ging Maxim Gorkij ein und aus, der Schriftsteller, der nach anfänglicher Freundschaft mit Lenin nunmehr von diesem tief enttäuscht war. Sein Privatleben war nicht einfach: Er war verheiratet, lebte aber mit der attraktiven Schauspielerin Maria Andrejewa zusammen, doch auch diese Beziehung war nicht glücklich. Gorkij interessierte sich für Maria und lud sie ein, als Sekretärin und Übersetzerin für ihn zu arbeiten. Sie willigte ein, und während der folgenden zehn Jahre war sie seine Muse, die er liebevoll Moura nannte. Vieles, was sie ihm aus ihrem Leben erzählte, verarbeitete er in seinem größten Roman, *Das Leben des Klim Samgin*, der von der Russischen Revolution handelt und der in gewisser Hinsicht sein Vermächtnis ist. Er widmete dieses Werk Maria Zakrewskaja-Benckendorff.

Im Jahr 1920 lebte im Haus Gorkijs zeitweilig auch der englische Schriftsteller H. G. Wells. Moura dolmetschte für ihn, kochte ihm Porridge und englischen Tee. Sie verbrachten auch eine Nacht zusammen, doch das Verhältnis war nur von kurzer Dauer, da Wells bald wieder abreiste. Moura ahnte damals nicht, daß der 54jährige Science-fiction-Autor ungeachtet seines recht durchschnittlichen Äußeren ein echter Don Juan war.

Um Moura vor der ständigen Verfolgung durch den sowjetischen Geheimdienst Tscheka abzuschirmen, half Gorkij ihr dabei, eine Scheinehe mit dem baltischen Adligen Nikolaj Baron Budberg einzugehen; dadurch erhielt sie die zur Ausreise benötigten Dokumente. Der Bräutigam war der mißratene Sprößling der Familie Budberg, ein Müßiggänger und Taugenichts, der enterbt worden war und zu seiner Familie keinen Kontakt mehr hatte.

Der Titel eines Barons war ihm allerdings geblieben, und er war bereit, ihn mit Moura zu »teilen«, wenn sie ihn ihrerseits finanziell unterstützen würde. Gorkij half mit Geld, und so wurde aus Maria Zakrewskaja-Benckendorff Anfang 1922 eine Baronin Budberg. Ihr Ehemann reiste noch am Hochzeitstag nach Berlin ab, und sie sah ihn nie wieder.

Moura begann zu jener Zeit, als Gorkijs Literaturagentin viel zu reisen. Er gab ihr die Vollmacht, die Bedingungen für die Übersetzung seiner Werke auszuhandeln und seine Bücher im Ausland veröffentlichen zu lassen. Als Gorkij aus gesundheitlichen Gründen nach Italien zog, begleitete Moura ihn, und sie lebten einige Jahre auf Capri. Alle Biographen Gorkijs beschreiben einmütig die Jahre von 1921 bis 1927 als die besten seines Lebens. Seine bedeutendsten Werke stammen aus jener Zeit; und ungeachtet aller Geldsorgen und gesundheitlicher Probleme war für ihn das Wichtigste, daß er in Italien war und seine Muse und Geliebte Moura sich an seiner Seite befand.

Im Jahr 1991 war Anastasia Zwetajewa, die jüngere Schwester der berühmten Dichterin Marina Zwetajewa, meine Tischnachbarin im Pensionat des russischen Schriftstellerverbandes *Dom tworschestwa* in Peredelkino. Die angesehene Lyrikerin erzählte mir sehr lebhaft davon, wie sie 1927 zu Gorkij nach Sorrent gereist war. Er lebte dort mit seiner Familie in der Villa *Il Sorito*. Anastasia Zwetajewa fuhr mit dem Schiff von Neapel nach Ostia. An der Anlegestelle empfing sie ein Herr mit Melone und dunklem Vollbart. Bevor sie sich überhaupt hätte orientieren können, hatte dieser bereits eine Kutsche gerufen und ihre beiden Koffer aufgeladen. Sie konnte nur noch rasch fragen: »Villa *Il Sorito*? Gorkij?« und erhielt ein kurzes »Si, si!« zur Antwort, als die Fahrt auch schon losging. Der Begleiter brachte sie zur Präfektur, wo man ihre Papiere studierte und sie nach dem Grund ihrer Reise befragte. Sie lächelte und antwortete: »Ich möchte mich am »bello panorama italiano« ergötzen.« »Ach ja«, war die Antwort, »dann werden wir uns mal eine Zeitlang an Ihnen ergötzen, Frau Zwetajewa.« Und von diesem Augenblick an wurde sie auf Schritt und Tritt überwacht.

In der Familie Gorkij lebte man auf großem Fuß. »Es herrschte ein fröhliches, lebendiges Chaos«, erzählte Anastasia Zwetajewa,

»und Moura brachte Ordnung da herein. Gorkij sprach keine Fremdsprache, und Moura führte seine gesamte Geschäftskorrespondenz, war seine Sekretärin, Literaturagentin und engste Freundin.«

Moura war von Gorkijs Familie schnell aufgenommen worden; wegen ihrer Herkunft hatte man ihr den Kosenamen »Titka« gegeben, was auf ukrainisch »Tante« bedeutet. Übrigens war Mouras ukrainische Großmutter väterlicherseits eine solche Schönheit gewesen, daß der größte ukrainische Klassiker, Taras Schewtschenko, ihr die herrlichsten Liebesgedichte gewidmet hat ...

Endlich konnte Moura auch ihre Kinder zu sich holen, und Gorkij sorgte auch für diese. Doch wirklich glücklich war die Beziehung der beiden nicht – Gorkij war sehr eifersüchtig und suchte oft Streit mit ihr –, und immer öfter dachte Moura darüber nach, ihn zu verlassen. In dieser Zeit begann sie, sich wieder mit Lockhart zu treffen; sie sahen sich in Wien, Paris, London und Prag, in diesen Städten arbeitete Lockhart in den jeweiligen Botschaften als Berater in Handelsfragen. Doch er war mittlerweile verheiratet, und die beiden verband lediglich eine enge Freundschaft.

Moura unternahm eine Reise zu H. G. Wells nach England. Er verließ für sie seine langjährige niederländische Geliebte und half Moura, die britische Staatsbürgerschaft zu erlangen. Ab 1931 erschien sie zu allen gesellschaftlichen Ereignissen als offizielle Partnerin von Wells. Sie blieb bis zu seinem Lebensende mit ihm zusammen, lehnte es aber beharrlich ab, ihn zu heiraten. »Das schickt sich nicht in meinem Alter, und mir reichen drei Familiennamen«, bekannte sie.

Wells schrieb über sie: »Moura ist die Frau, die ich wirklich liebe. Ich liebe ihre Stimme, ihre bloße Anwesenheit, ihre Stärken und ihre Schwächen. Ich freue mich jedes Mal, wenn sie zu mir kommt. Ich liebe sie mehr als alles andere auf der Welt, es gibt für mich keine Rettung vor ihrem Lächeln oder ihrer Stimme, vor ihrer Hochherzigkeit und ihrer bezaubernden Zärtlichkeit. Genauso gibt es für mich keine Rettung vor meinem Diabetes oder meinem Lungenemphysem.«

Als der Schriftsteller William Somerset Maugham, ein enger Freund von Wells, Moura die Frage stellte, wie um alles in der Welt sie denn diesen dicken und sehr aufbrausenden Menschen lieben könne, antwortete sie wie gewohnt schlagfertig: »Es ist unmöglich, ihn nicht zu lieben – er riecht nach Honig.«

Ungeachtet der Tatsache, daß sie mit Wells in England lebte, traf sie sich von Zeit zu Zeit mit Gorkij. Als seine Literaturagentin für das Ausland konnte sie reinen Gewissens einen Teil der Einkünfte Gorkijs für sich und die Kinder ausgeben. Außerdem übersetzte sie russische Klassiker ins Englische und übernahm sogar eine Statistenrolle in dem Spielfilm *Nicholas and Alexandra*, in dem es um das Schicksal der Zarenfamilie geht. Sie spielt darin eine russische Aristokratin. In ihren letzten Lebensjahren wurde sie als Expertin für russische Literatur und Geschichte von bekannten Regisseuren wie Alexander Korda zu Rate gezogen.

Ende der 1920er Jahre begann Gorkij darüber nachzudenken, in die UdSSR zurückzukehren. Moura redete ihm diesen Gedanken nicht aus, sondern unterstützte ihn mit aller Kraft. Sie ließ sich von nüchternen Überlegungen leiten: Die Verkäufe seiner übersetzten Bücher waren stark rückläufig, und auch in der Sowjetunion schien er mehr und mehr in Vergessenheit zu geraten. Vor der Abreise übergab Gorkij Moura einen Teil seines italienischen Archivs, insbesondere die Briefwechsel mit aus der UdSSR emigrierten Literaten, die sich über die Sowjets beklagten – diese Dokumente konnte er unmöglich mit zurücknehmen.

Moura folgte Gorkij nicht nach Moskau, denn ihre Anwesenheit hätte ihn in eine »peinliche Situation« gebracht. So lautete die offizielle Version, doch vielleicht hatte sie auch andere, viel gewichtigere Gründe nicht zurückzukehren. Und so trennten sich im April 1933 ihre Wege: Moura reiste mit einem Koffer voller Unterlagen von Sorrent nach London, und Gorkij begab sich nach Rußland. Doch bedeutete die Trennung nicht das Ende ihrer Beziehung. Sie schrieben sich Briefe und trafen sich gelegentlich. Ihre letzte Begegnung fand 1936 statt, als man Moura auf Bitten des im Sterben liegenden Schriftstellers nach Moskau rief. Die Umstände dieses Treffens sind bis heute ein Geheimnis geblieben; vermutlich erfuhr nicht einmal Wells die ganze Wahrheit. Erwiesen ist lediglich, daß Moura in Moskau war und nach Gorkijs Beisetzung wieder abreiste.

Im Jahr 1946, zehn Jahre nach Gorkij, starb H. G. Wells; Moura blieb bis zu seinem Tod eng mit ihm befreundet.

Robert Bruce Lockhart ließ sich 1938 scheiden und nahm unmittelbar vor Ausbruch des Krieges seinen Dienst im *Foreign Office* wieder auf, wo er erneut einen hohen Posten innehatte. Auch ihm blieb Moura zeitlebens freundschaftlich verbunden.

Nach dem Krieg lebte Moura unbehelligt und ohne finanzielle Sorgen in London. Sie war eine typische ältere Aristokratin: Sie behängte sich mit dicken Perlenketten, trug lange, weite Röcke, sprach mit tiefer Stimme, rauchte Zigaretten, liebte Anekdoten und hatte noch immer einen großen Freundeskreis. Mehrfach reiste sie mit einem britischen Paß in die UdSSR.

Zwei Monate vor Mouras Tod am 1. November 1974 nahm ihr Sohn sie zu sich nach Italien. Am 2. November 1974 erschien in der *Times* die Nachricht von ihrem Tod sowie ein langer Nachruf. »Moura war Schriftstellerin, Übersetzerin, Beraterin, bearbeitete Manuskripte in fünf Sprachen und vieles mehr. Sie konnte jeden Matrosen unter den Tisch trinken«, heißt es in dem Nachruf. »Unter ihren Gästen waren Filmstars und berühmte Schriftsteller, aber auch die nichtssagendsten Langweiler, und alle wurden gleichermaßen liebenswürdig behandelt. Niemand kann sie ihren engsten Freunden ersetzen.«

Mouras Leichnam wurde nach London übergeführt, beim Trauergottesdienst in der russisch-orthodoxen Kirche standen die britische High-Society und der russische Adel in einer Reihe mit ihren Kindern und Enkeln. Und so endete das Leben der »Eisernen Frau«, der »Roten Mata Hari«, wie man sie im Westen nannte.

Noch Anfang 1974 hatte sie den Plan gehabt, ihre Erinnerungen niederzuschreiben. Doch eines Nachts brannte der Autoanhänger, in dem sie ihr persönliches Archiv aufbewahrte. Niemand weiß, ob dies die Tat irgendeines Geheimdienstes war oder ob »die Eiserne Frau« nun doch nicht mehr wollte, daß ihre Geheimnisse enthüllt würden.

Die Milchfrau aus dem Ural

Alja Rachmanowa (1898 – 1991)

In einem Tagebucheintrag der Schriftstellerin Alja Rachmanowa aus dem Jahr 1943 heißt es: »Salzburg hat wirklich ein Wunder vollbracht, das größte, welches ein Mensch erleben kann, der seine Heimat verloren hat: Es schenkte mir eine neue Heimat.«

Mich hat Alja Rachmanowa vor allem deshalb besonders interessiert, weil es ihr so schnell gelang, sich anzupassen, als sie aus dem Ural ins fremde Westeuropa kam. Voller Neugier auf das Leben, fürchtete sie sich vor nichts. Sie erlebte sowohl die Russische Revolution als auch Europa unter Hitlers Schreckensherrschaft und den Zweiten Weltkrieg. Aus jeder noch so ausweglos scheinenden Situation fand sie heraus, indem sie einfach die erstbeste Arbeit annahm, ohne lange darüber nachzudenken, ob sie ihrer Stellung angemessen sei oder ob sie sie würde bewältigen können. Sie schrieb Tagebuch, später auch Bücher über alles, was sie erlebte. Ihr Leben war ein steter Kampf um das Recht, gehört zu werden.

Es gibt Schriftsteller, die ständig im Gespräch sind und über die scheinbar bereits alles gesagt oder geschrieben wurde. Über andere dagegen ist nur wenig bekannt, und zu letzteren gehört Alja Rachmanowa.

Sie wurde am 27. Juni 1898 in der Stadt Kasli in der Nähe von Jekaterinburg unter dem Namen Galina Djuragina als Tochter eines Arztes adliger Abstammung geboren. Ihr Familienname ist kalmückisch. Die Vorfahren der Kalmücken waren die Oiraten. Diese waren starke, wilde Stämme, die sich vor vielen hundert Jahren von einer mongolischen Dynastie losgelöst hatten. Im 17. Jahrhundert hieß das Reich der Oiraten Dsungarisches Khanat. Zu dieser Zeit waren sie für fast hundert Jahre die Herrscher in Mittelasien. Doch die Geschichte ändert sich so schnell wie der Wind in der Wüste. Die Kalmücken verloren ihre Heimat und siedelten sich in der russischen Steppe an. Im Jahr 1771 machte sich ein Großteil von ihnen, etwa 300.000 Menschen, auf den Weg, um durch die Wüste nach Dsungarien zurückzukehren. Das Gebiet des damaligen Dsungarien befand sich zwischen dem Altai-Gebirge und dem östlichen Teil des Tian-Shan-Gebirges. Die Entscheidung war verhängnisvoll: Auf dem Weg vernichteten Wüstennomaden, die in der Karawane leichte Beute gewittert hatten, fast das ganze Volk. Nur ein kleiner Teil der Kalmücken blieb übrig; dieser wurde am Ural-Flußlauf ansässig und unterwarf sich den Ural-Kosaken. Die Familiennamen Dsungarin und Djuragin kommen seitdem häufig dort vor. In den kleinen Städten Kasli, Kyschtym und Karabasch im Tscheljabinsk-Gebiet traf ich sehr oft Menschen mit diesen Namen, und ihre Gesichter erinnerten mich immer an Alja Djuragina-Rachmanowa.

Ich besuchte Alja Rachmanowas Geburtsstadt einmal, als ich dort eine Fernsehreportage über die Herstellung der berühmten gußeisernen Ziergitter und Skulpturen drehte. Noch immer befindet sich eine dort angefertigte, sehr ausdrucksstarke Statuette des Don Quijote in meinem Besitz, die mir ans Herz gewachsen ist. In Jekaterinburg gibt es ein Kunstmuseum, in dem sich eine große Sammlung solcher gußeisernen Skulpturen aus Kasli befindet.

Galina studierte Psychologie und Literaturwissenschaft an der Universität in Perm. Während dieser Zeit mußte die Familie Kasli verlassen, da ihr Besitz infolge der Revolution verstaatlicht worden war, und sie zog nach Omsk. Dort lernte Galina den österreichischen Kriegsgefangenen Arnulf von Hoyer kennen und heiratete ihn 1921. Später schrieb sie über diese Zeit in ihren Büchern *Studenten, Liebe, Tscheka und Tod* sowie *Ehen im roten Sturm*. Ihre Ehe wurde zu einer stillen Insel des Glücks inmitten von nachrevolutionärem Chaos, Kälte, Hunger und Leiden. 1922 wurde der einzige Sohn, Jurij, geboren; sein Kosename war Jurka. 1925 wurde die Familie des Landes verwiesen, weil Arnulf von Hoyer Österreicher und zudem auch adlig war. Von 1925 bis 1927 holte er an der Universität Wien sein Pädagogikstudium nach, denn seine russische Ausbildung wurde in Österreich nicht

Alja Rachmanowa (1898 – 1991)

anerkannt. Im Juli 1927 flammten auch in Wien revolutionäre Kämpfe auf, die jedoch von der Polizei mit Waffengewalt brutal niedergeschlagen wurden. Alja Rachmanowa schrieb dazu: »Wenn mir jemand gesagt hätte, daß ich so etwas in Wien erleben müsse, hätte ich lachend geantwortet: ›Erstens sind wir in Wien, zweitens unter Deutschen. Für mich ist der Begriff *deutsch* verbunden mit der Vorstellung von Ordnung, Kultur, Achtung gegenüber der Persönlichkeit und des Privateigentums.‹«

Um sich vom Wahrheitsgehalt der Gerüchte zu überzeugen, begab sich Alja auf die Straße und war entsetzt über das, was sie sah. »Auf den Straßen bauen sie Barrikaden, und überall wird geschossen. Sie wollen schon die Geschäfte plündern, es wird sicher wieder Hunger geben wie im Krieg ... Die Leute standen in Haufen beisammen, und heftig gestikulierend sprachen sie miteinander ... Ich erfaßte mit einem Mal diese Einstellung der Wahnsinnspsychose, diese leidenschaftliche Maßlosigkeit, dieses Hervorschießen des Tierischen im Menschen, kurz und gut, diese Stimmungslage, in der der einzelne Mensch vollständig aufhört zu existieren, in der alles verfließt in eine gleichmäßige Masse, die nur einen Willen hat, den, zu zerstören und zu töten. Oh, wie gut kenne ich dies!!! Und mit einem Mal war es mir, ich wäre in Rußland. Ja, das war Rußland! Das Rußland der Menschen, die Haß in den glänzenden Augen tragen und in abgerissenen Worten und Gesten von Mord und Vernichtung sprechen.«

Alja Rachmanowa blieb in Wien nicht untätig; die Absolventin einer russischen Hochschule wurde zur legendären Milchfrau des Wiener Stadtteils Währing. Zu ihren Kunden gehörten die verschiedensten Menschen mit manchmal erstaunlichen Schicksalen, und deshalb nutzte die junge Frau jede freie Minute, um die Geschichten aufzuschreiben, die sie erzählt bekam. Die leidenschaftlichen Monologe in ihrem 1933 erschienenen Buch *Milchfrau in Ottakring*, die auf diesen Aufzeichnungen basieren, lassen niemanden ungerührt. Sie verlegte die Handlung von Währing in den Stadtteil Ottakring und änderte die Namen aller Personen. Ihr Pseudonym »Alja Rachmanowa« diente insbesondere dazu, die in der Sowjetunion verbliebenen Verwandten nicht zu gefährden. Der Familienname Rachmanow ist tatarisch und im Tscheljabinsker Gebiet sowie im benachbarten Baschkirien und Tatarien so häufig wie in Deutschland der Name Müller; er bedeutet soviel wie »der Barmherzige«.

Alja Rachmanowas Aussehen auf Fotos aus jener Zeit ist asketisch-schön und vornehm; ihre Haltung strahlt Würde aus. All das machte sie sehr anziehend und zeugt davon, daß sie eine ganze Welt in sich trug, eine Welt, die sich selbst genug ist. Sie wirkte wie ein beherrschter und sehr ruhiger Mensch, dies ließ sie wohl gelegentlich auch verschlossen erscheinen. Aber in Wirklichkeit war es eine »stille Hölle«, unter der ihre ursprünglich freie Seele litt: Kalmücken zeigen nie ihre Gefühle. Sie sagen: »Gras ohne Seele ist Heu, ein Baum ohne Seele ist Holz. Die Menschenseele muß sich gut verstecken und nie Regungen zeigen ...« Und dies gilt auch für Alja Rachmanowas schriftstellerisches Schaffen. Ihre Werke sind eher der Grafik als der Malerei ähnlich ...

Im Jahr 1927 siedelte die Familie nach Salzburg über, in Arnulf von Hoyers Heimat. Im Herbst 2010 besuchte ich das ruhige, herbstlich-romantische Salzburg; dabei erinnerte ich mich an eine Bemerkung Alja Rachmanowas. Sie schrieb: »Es ist mir unendlich wohl. Mein Körper ist ausgeruht und auch meine Seele. Unwillkürlich wende ich jetzt meinen Blick zurück auf den Lebensweg, den ich zurückgelegt, und es scheint mir nun, als habe sich, unsichtbar und unfühlbar, jemand um mich gesorgt, um mich zu dem jetzigen Glück zu führen. Jemand, der ganz groß, unendlich weise und unendlich liebevoll ist. Und immer mehr erfüllt sich mein Herz mit Dankbarkeit. Ich danke Dir, großer Gott, für die Sonne, für die Natur, in der jede Blume mich mit Freude erfüllt, für das Glück, in diese unendlich weite Ferne blicken zu dürfen, für das Glück, daß ich in diesem herrlichen Lande eine neue Heimat gefunden habe, eine Heimat, in der ich nun still und ruhig werde leben können, zusammen mit meinen Lieben.«

Bei einem Spaziergang durch die Stadt entdeckte ich eine Gedenktafel, die an Alja Rachmanowa erinnert, und in einer Buchhandlung lag an exponierter Stelle ein Buch über die Berühmtheiten Salzburgs, in dem es heißt: »Alja Rachmanowa ist eine der bekanntesten Frauen Salzburgs.«

Ich war in die Stadt gekommen, um mich mit Ilse Stahr zu treffen; die promovierte Psychologin ist Besitzerin eines umfangreichen Privatarchivs zu Alja Rachmanowa. Dieses umfaßt zahlreiche Buchausgaben, Zeitungsartikel, Fotografien, Briefe, Ansichtskarten und anderes. Ilse Stahr zeigte mir all dies voller Liebe und Stolz und berichtete mit Enthusiasmus: »Die Geschichte reicht weit zurück und beginnt in meiner Schulzeit in Bregenz, als ich etwa 14 Jahre alt war. Damals bekam ich von meiner Tante das erste Buch der Tagebuchtrilogie *Studenten, Liebe, Tscheka und Tod* geschenkt. Selbst ein Teenager damals, ergriff mich das Leben dieser jungen Russin so sehr, daß es mich nicht mehr losließ. Ich wählte die russischen Tagebücher als Stoff für meine Redeübung in Deutsch und begann damals bei meinen Mitschülerinnen, andere Menschen auf das Leben dieser interessanten Frau aufmerksam zu machen. Meine Identifikation mit der russischen Psychologiestudentin war groß, und so freute es mich, wenn ich Parallelen wie das Studium der Psychologie oder den Wohnsitz Salzburg in unseren Biographien fand. Da ich mich so intensiv mit dem Leben Alja Rachmanowas beschäftigte, keimte in mir natürlich auch der Wunsch auf, ihr zu begegnen oder sie zumindest wissen zu lassen, daß es mich gibt. So schrieb ich 1965 einen Brief und bekam zu meiner großen Freude eine Antwort. Es blieb bei diesem einmaligen Kontakt, und mein Interesse an Alja Rachmanowa rückte etwas in den Hintergrund bis zu ihrem Todestag im Februar 1991, als ich die Meldung über ihren Tod in den *Salzburger Nachrichten* las.

Nun war für mich die Zeit gekommen, endlich nach Ettenhausen in der Schweiz zu fahren und ihr Grab aufzusuchen. Dort erfuhr ich, daß Alja, ihr Mann und ihr Sohn in Salzburg begraben sind. Die Fahrt von Bregenz nach Ettenhausen war dennoch der Beginn meiner weiteren Spurensuche und ausschlaggebend, daß ich nun schon seit Jahren einen Teilnachlaß von Alja Rachmanowa besitze.

Ich traf damals auf Frau Maria Sprenger, die Nachbarin und Betreuerin von Alja. Sie war gerade dabei, das Rachmanowa-Haus zu räumen, und erkannte, daß einige Dinge, die schon für die Container bereit waren, bei mir besser aufgehoben sind. Nach und nach vermehrte sich mein Material. Von allen Seiten wurden mir Bücher, Briefe, Fotos zugetragen, so daß ich nun ein ganz ansehnliches Archiv besitze. Der offizielle Nachlaß ist sehr umfangreich und befindet sich in der Kantonsbibliothek in Frauenfeld.

Inzwischen bin ich zu einer unermüdlichen ›Aktivistin‹ geworden und versuche, das Andenken an diese Schriftstellerin hochzuhalten und sie nicht in Vergessenheit geraten zu lassen.

Unheimlich spannend und erfreulich ist, daß es nach wie vor gelingt, Menschen für dieses Thema zu begeistern.

Mein eigenes Leben wurde durch die Beschäftigung mit Alja Rachmanowa, ihrem Leben und ihrem Werk sehr bereichert. Unzählige interessante Kontakte resultierten daraus, und letztlich hat sie ja auch uns zusammengeführt, da ich eine Affinität zu russischen Schriftstellerinnen habe und ich bei unserer ersten zufälligen Begegnung in *Auerbachs Keller* witterte, daß sich hier etwas anbahnen könnte.«

Sie schloß den Bericht mit der Bitte: »Sollte es Dir gelingen, in einem Deiner nächsten Bücher Alja Rachmanowa ein Denkmal zu setzen, würde es mich sehr freuen.«

Diesem Anliegen bin ich nun nachgekommen.

Alja Rachmanowa (1898 – 1991)

Im Jahr 2010 fand in der *Gedenkbibliothek zu Ehren der Opfer des Kommunismus / Stalinismus* in Berlin die Ausstellung *Utopie und Terror. Alja Rachmanowa und Alexander Solschenizyn. Zwei russische Schriftsteller-Phänomene* statt, für die Ilse Stahr ihre umfangreiche Sammlung zur Verfügung stellte.

Nach meiner Rückkehr aus Salzburg begann ich sofort, Alja Rachmanowas Bücher noch einmal zu lesen und diesen Essay zu schreiben. Sie schrieb auf russisch, ihre Bücher erschienen aber auf deutsch; ihr Mann übersetzte alle ihre Texte. Ihr Name ist in der russischen Literaturgeschichte völlig unbekannt, in der deutschen und der österreichischen Literaturgeschichte findet sie kaum Erwähnung. Es ist, als hätte es sie nie gegeben, doch ihr Werk ist der Spiegel eines dramatischen Frauenschicksals in der Emigration. Es rüttelt auf und ruft uns zu: »Gebt euch nicht zufrieden, ergebt euch nicht, belügt euch nicht selbst, äußert immer offen eure Meinung und seid bereit, den Preis dafür zu zahlen!«

Die *Milchfrau in Ottakring*, ihr bekanntestes Buch, erschien in einer Gesamtauflage von 350.000 Exemplaren und hatte sensationellen Erfolg. Es wurde in 21 Sprachen übersetzt, erreichte mehr als 20 Auflagen, und Alja Rachmanowa wurde damit eine der erfolgreichsten Autorinnen ihrer Zeit.

In Salzburg verlebte die Familie ihre glücklichsten Jahre, und die junge Frau reifte zu einer angesehenen Schriftstellerin heran. Die Bücher folgten schnell aufeinander: 1931 *Studenten, Liebe, Tscheka und Tod*, 1932 *Ehen im roten Sturm*, 1933 *Milchfrau in Ottakring* und *Geheimnisse um Tataren und Götzen*, 1935 *Die Fabrik des neuen Menschen*, 1937 *Tragödie einer Liebe*, 1938 *Jurka. Tagebuch einer Mutter*, 1940 *Wera Fedorowna* …

Interessierte es Alja Rachmanowa, was in ihrer russischen Heimat passierte? Natürlich, sie erfuhr, was der Rundfunk meldete, die sowjetischen Zeitungen schrieben und welche Bücher erschienen. Die Informationen betrübten sie. Auf dem ersten Kongreß der sowjetischen Schriftsteller 1934 wurde die Rede von Tamara Tscheban, einer hochdekorierten Kolchosbäuerin aus dem Moskauer Gebiet, bejubelt. Sie kritisierte den Schriftsteller und späteren Nobelpreisträger Michail Scholochow für sein Buch *Neuland unterm Pflug*: »Genosse Scholochow, diese Lukerja schmust die ganze Zeit mit ihrem Mann. Wir bitten Sie, daß der zweite Band möglichst schnell erscheint, damit Lukerja dort zur Aktivistin der landwirtschaftlichen Produktion wird. (Applaus im Saal) Genossen, nehmen Sie es mir nicht übel, wenn ich sage, daß die Frau in unserer Literatur nicht so gezeigt wird, wie sie jetzt ist. (Rufe im Saal: ›Richtig!‹) Wir bitten Sie, solche Frauen zu zeigen, die eigenhändig 22 Tonnen Milch melken, wir bitten Sie, solche Frauen zu zeigen, die Tag und Nacht an der Dreschmaschine arbeiten, wir bitten Sie, solche Frauen zu zeigen, die besser als die Männer die Säcke bewältigen, wenn das Getreide abtransportiert wird.«

Ich stelle mir vor, wie lächerlich solche Berichte Alja Rachmanowa erscheinen mußten, doch in der Sowjetunion wurde das alles sehr ernst genommen: Roman, Dreschmaschine, Partei, Stalin ...

Aus Berichten der Salzburgerin Johanna Schuchter weiß ich, wie Alja Rachmanowa und ihre Familie in diesen Jahren in Salzburg lebten. Sie erzählte mir über einen Besuch bei ihnen: »Auf mein Klingeln öffnete sich die Tür einen Spaltbreit, und eine weibliche Silhouette im Hausmantel hielt schüchtern und unentschlossen die Klinke in der Hand. Ungewöhnliche, dunkle Augen schauten mich prüfend an. Das Zimmer, in das sie mich führte, war kaum möbliert: Bett, Tisch, zwei Stühle und ein Fell auf dem Fußboden anstelle eines zweiten Bettes. Im angrenzenden Arbeitszimmer saß der fünfjährige Sohn auf einem Bänkchen vor einer großen Landkarte, die an der Wand hing. ›Er verbringt Stunden mit dieser Beschäftigung‹, sagte seine Mutter. Ich sah mich in dem engen Zimmer um, es war leer. Es gab nicht einmal irgendein Spielzeug. Bei dem Blick auf das einsame Kind vor der Landkarte spürte ich das schwere Schicksal von Menschen ohne Heimat.«

Hatte Alja Rachmanowa Heimweh? Eine Antwort erhält man in einem Tagebucheintrag vom Juli 1927, der später in einem ihrer Bücher Aufnahme fand. Dort berichtet sie über einen Kinobesuch: »Ich war so froh, daß es dunkel war. Da konnte wenigstens niemand den Ausdruck meines Gesichtes beobachten. Neben mir saß ein Pärchen, das ununterbrochen Konfekt aß und halblaute Bemerkungen machte.

Der Film war sehr gekürzt, man war wohl der Ansicht, das Publikum interessiere sich mehr für das Lustspiel und für die Pariser Modenschau; aber dennoch, was waren für mich diese fast zusammenhanglos aneinandergereihten Bilderfetzen! Iwan der

Schreckliche, der seine heiße Krautsuppe über den Kopf des sich unter schrecklichen Schmerzen windenden Hofnarren gießt, Iwan der Schreckliche, der seinen Sohn erschlägt, Iwan der Schreckliche, der in schwarzer Mönchskleidung für die Seelen derer betet, die er zu Tode gequält hat – ach, dieses grausame, düstere und manchmal so rührend traurige Gesicht des Menschen, der trotz allem Gott sucht: Das ist mein Rußland!

Schrecklich ist manchmal dein Antlitz, o Rußland, aber manchmal auch majestätisch schön, wenn die Sehnsucht nach dem Schönen und dem Guten aus deinen Liedern tönt.

Es war schon ganz dunkel, als ich nach Hause ging. Die Fenster waren geöffnet, und von überall her ertönten die Klänge der Klaviere und der Radios, und viele Stimmen sangen mir unbekannte, seltsame Lieder.

Wien ruhte nun von der Arbeit aus, und alles war so leicht, so graziös, so einschmeichelnd, so ganz anders als die russische Fröhlichkeit, die grobe, schwere, düstere russische Fröhlichkeit mit den betrunkenen, heiseren Stimmen, dem Gebrüll und dem Lärmen.

Ich ging heim, allein in der Dunkelheit. Und so klar ich auch fühlte, daß meine Heimat auch jetzt, im 20. Jahrhundert, nicht anders ist, als sie damals im 16. war, so sehr ich auch die Grausamkeit meiner Heimat durchschaute, dennoch fühlte ich, daß ich nie werde aufhören können, an sie zu denken und sie zu lieben.

Ja, und selbst so bist du, mein Rußland, mir teurer als die ganze Welt!«

Im April 1945 fiel ihr einziges Kind, der Sohn Jurij, während der letzten Kämpfe um Wien. Das Leben Alja Rachmanowas und ihres Mannes war wieder in Gefahr, als die Rote Armee sich näherte, denn für die Russen war sie eine Verräterin der Heimat. Die Eheleute flüchteten in die Schweiz. In dem Buch *Einer von vielen* verarbeitete sie den Schmerz über den Verlust ihres Sohnes: »Dreiundzwanzig Jahre haben wir unser Kind umsorgt, haben versucht, es zu schützen vor allem, was ihm schaden könnte, haben es in grenzenloser Liebe gebadet, die unsere Herzen erfüllte, und jetzt gibt es unser Kind nicht mehr, weil es in einer Welt leben mußte, in der der Haß stärker ist als die Liebe, und uns, den Eltern, hat man den einzigen wirklichen Sinn der Existenz auf dieser Erde für immer genommen.«

Die Schweizer Periode war die produktivste im Schaffen von Alja Rachmanowa. Ihre Texte wurden weiterhin von ihrem Mann übersetzt. Sie waren sich sehr nahe, ihre Liebe durchdrang mit besonderem Licht alles, was sie schrieb. »Mein Gott, wie schön ist es zu leben! Wie glücklich bin ich über das, was ich erreicht habe! Endlich habe ich Ruhe für meine Seele gefunden ... Ich erinnere mich, daß ich etwa einmal, vor vielen Jahren, in einer Enquete über den Sinn des Lebens geschrieben habe, ich wolle Frau und Mensch sein. Damals habe ich nur davon geträumt; jetzt kann ich endgültig sagen, ich habe das erreicht, was ich wollte: ich bin Frau und Mensch. Ich habe alles getan, was in meinen Kräften stand, oft vielleicht sogar über meine Kräfte hinaus, um diese Ruhe zu erreichen.

Wenn ich Worte hätte, würde ich beten, wie ein Kind, zart die Hände faltend. Nimm, o Gott, heute meine Dankbarkeit entgegen, für alles, was Du mir in diesem Leben geschenkt hast, für die bitteren Stunden des Leidens, die mich gelehrt haben, die Freude zu lieben, und für die Stunden der Freude, die meine Seele licht und fest wie Stahl gemacht haben. Am meisten aber danke ich Dir für das große Glück der Liebe, die es mich vergessen gemacht hat, daß der Mensch einsam sein kann, für die Liebe, die aus mir das gemacht hat, was ich jetzt bin.«

Alja Rachmanowa starb am 11. Februar 1991 im Alter von fast 93 Jahren in Ettenhausen; sie hatte ihren Mann um 20 Jahre überlebt. Sowohl Alja als auch ihr Mann und ihr Sohn liegen auf dem Kommunalfriedhof in Salzburg begraben.

In dem Buch *Milchfrau in Ottakring* heißt es an einer Stelle: »Es ist ganz dunkel geworden. Die Zahl der Lichter in der Stadt unten wächst und wächst. Auf den Straßen huschen Lichter dahin. Es scheint, als ob sie etwas suchen würden. Und ich, ich habe alles, alles gefunden!«

Die Yoga-Königin

Indra Devi (1899 – 2002)

Es war um Weihnachten irgendwann in den 1990er Jahren, als ich das erste Mal mit dem Zug nach Berlin fuhr. Ich teilte mir das Abteil mit einer sympathischen jungen Deutschen. Erst schwiegen wir lange, dann schaltete sie ihr Kofferradio ein, und wir hörten den populären Song *White Christmas*. Ich brach das Schweigen und fragte: »Wissen Sie, daß der russische Emigrant Irving Berlin dieses Lied komponiert hat? Er wurde 1888 in der sibirischen Stadt Tjumen geboren.« Wir kamen ins Gespräch. Meine Mitreisende erwies sich als große Anhängerin von Jazz, George Gershwin und Yoga. Wieder konnte ich nicht an mich halten und bemerkte, daß auch Gershwin einer russischen Emigrantenfamilie entstammte, woraufhin die junge Frau ungläubig lächelte. Dann nahm sie ein Buch aus der Tasche und vertiefte sich in die Lektüre. Auf dem Umschlag war zu lesen: »Yoga for Americans by Indra Devi«. Ich dachte: »Wenn ich jetzt noch sage, daß auch Indra Devi eine Russin ist und eigentlich Jewgenija Peterson-Labunskaja heißt, dann hält mich meine Nachbarin bestimmt für verrückt.«

Diese ungewöhnliche Russin im Sari war in Rußland zum ersten Mal im Mai 1990 in der Fernsehsendung *Vor und nach Mitternacht* zu sehen; sie saß im Lotussitz und erzählte erstaunliche Dinge. Nach ihren Worten steige die Popularität von Yoga immer in solchen Zeiten, in denen es den Menschen an Ruhe und Freude in ihrem Leben fehle.

Ich arbeitete damals beim Moskauer Fernsehen in der Dokumentarfilm-Abteilung. Eine meiner Kolleginnen nahm die 91jährige Yogameisterin am Eingang in Empfang, um sie zum Interview ins Studio zu begleiten. Sie fragte nach dem Befinden ihres Gastes und schlug vor, mit dem Fahrstuhl in den zweiten Stock zu fahren. Doch die sympathische, grauhaarige, zierliche Dame lächelte nur und flog förmlich die Treppen hinauf, um oben zu warten, bis schließlich auch ihre Begleiterin die Stufen erklommen hatte.

Was ist mir aus diesem Interview im Gedächtnis geblieben? Indra Devi sagte, daß für sie drei Länder eine besondere Bedeutung hätten: Rußland als das Land, in dem sie geboren wurde, Indien als ihre geistige Heimat und Argentinien als das Land ihrer Liebe. Und noch etwas hat sich mir eingeprägt: Indra Devi reiste 1960 in die UdSSR, zu einer Zeit, in der die Beschäftigung mit Yoga nicht gern gesehen wurde. Den Machthabern waren jegliche Gurus suspekt. Immerhin fand der indische Botschafter in Moskau eine Gelegenheit, die bekannteste indische Yogameisterin einigen Repräsentanten der sowjetischen Partei- und Staatsführung vorzustellen: Mikojan, Kossygin und Gromyko. Von dieser Begegnung sprach Indra Devi in dem Interview:

»Ich erklärte ihnen das Wesen dieser über 2.500 Jahre alten indischen Lehre. Yoga besteht aus Philosophie und täglichen Übungen. Es ist ein Leben mit dem Herzen, in dem es immer Liebe gibt, egal, was das Schicksal auch bringen mag. Die einen glauben, daß Yoga eine Religion sei, andere halten es für eine Art Magie, und wieder andere assoziieren Yoga mit Zauberkunststückchen wie Schlangenbeschwören und Feuerschlucken. In Wahrheit aber ist Yoga eine Methode, ein System der physischen, geistigen und seelischen Entwicklung.«

Am Ende der Yoga-Lektion brachte Gromyko einen Toast aus: »Auf Indra Devi, die uns die Augen für das Yoga geöffnet hat!«

Nach dem Besuch von Indra Devi im Kreml las man in ausländischen Zeitungen Schlagzeilen wie: »Mutige Yogameisterin hat den Kreml auf den Kopf gestellt!«

Die spätere Yogakönigin Jewgenija Peterson wurde am 12. Mai 1899 in Riga geboren, das damals zum russischen Reich gehörte. Ihr Vater, Wassilij Peterson, war ein kräftiger, blonder, russifizierter Schwede und Direktor einer Bank. Ihre Mutter Alexandra, eine Russin, war Schauspielerin; sie trat unter dem Künstlernamen Labunskaja auf. Die kleine Jewgenija wurde russisch-orthodox getauft. Ihr Taufkreuz bewahrte sie ihr Leben lang auf. Auf dessen Rückseite ist ein rätselhaftes Datum eingraviert, der 31. April 1899, ein Datum,

Indra Devi (1899 – 2002)

das es nicht gibt, das aber mit einem Gedicht in Verbindung steht: In ihrem Geburtsjahr hatte der damals sehr populäre russische Dichter Konstantin Balmont sein Gedicht *Indisches Motiv* nach einer Indienreise geschrieben und auf diesen »Tag« datiert. Es war Indra Devis Lieblingsgedicht, mit dem ihre Liebe zu dem Land begann. Hier eine kurze Passage in der Übersetzung von Stefan Döring:

»Wie Widerschein von Muscheln, darin Perlen schimmern,
Wie der vernommene Ton, der doch sich selbst hört nimmer,
Wie Weiß, das auf des Stromes Oberfläche blinkt,
Wie Lotos, wachsend aus dem Grund, im Winde schwingt, –
Mit der Verirrung Glanz, mit seinem Überschäumen
Ist Leben so ein Träumen eines andren Träumens.«

Im Jahr 1917 schloß Jewgenija das Gymnasium in St. Petersburg mit Auszeichnung ab und wurde bald darauf Studentin an der Theaterhochschule in Moskau. Ihr Lehrer Fjodor Komissarschewskij sagte seiner Lieblingsschülerin eine glänzende Zukunft voraus, doch diese träumte insgeheim bereits von Indien.

Anfang des 20. Jahrhunderts tauchten die ersten Bücher über die östliche Yoga-Lehre in den Regalen der russischen Buchhandlungen auf. Eines dieser Bücher, *Vierzehn Lektionen zur Philosophie des Yoga und zum östlichen Okkultismus*, geriet zufällig in die Hände der 15jährigen Gymnasiastin Jewgenija Peterson und veränderte ihr gesamtes Leben. Kaum hatte sie das Buch durchgeblättert, fühlte sie ihr Herz heftig schlagen: »Yoga! Indien! Ich muß unbedingt dorthin.«

Doch es sollten noch viele Jahre vergehen, ehe sie diesen Traum verwirklichen konnte. In Rußland begann bald darauf der Bürgerkrieg. Ihr Verlobter, der junge Offizier Wjatscheslaw Tretjakow, wurde eingezogen und schon wenig später an der Front vermißt. Viele Freunde und Bekannte der Petersons emigrierten. Zusammen mit ihrer Mutter flüchtete Jewgenija nach Lettland, dann, im Dezember 1920, nach Polen und ein Jahr später nach Berlin.

Im Jahr 1926 entdeckte Jewgenija im Schaufenster einer kleinen Buchhandlung Bücher über Theosophische Literatur, und sie beschloß hineinzugehen. Der Verkäufer gab ihr ein Informationsblatt. So erfuhr sie, daß bald in den Niederlanden ein Kongreß der *Theosophischen Gesellschaft* der berühmten Annie Besant stattfinden und der indische Yogameister Krishnamurti daran teilnehmen würde. Jewgenija erinnerte sich später noch deutlich an ihren brennenden Wunsch, zu diesem Kongreß in die Niederlande zu fahren.

Der Kongreß fand auf dem weitläufigen Landsitz eines adligen niederländischen Theosophen statt; im Park des Anwesens kamen mehr als 4.000 Menschen zusammen, um die hinduistische Philosophie und Meditationstechniken kennenzulernen. Sie wohnten in Zelten, bereiteten sich selbst ihre streng vegetarischen Mahlzeiten zu und spülten selbst ihr Geschirr. Zuerst kam Jewgenija dies alles wie östliche Exotik vor. Doch das änderte sich, als sie einmal abends am Lagerfeuer den indischen Gast, den Dichter, Philosophen und Yogameister Jiddu Krishnamurti alte heilige Hymnen auf Sanskrit singen hörte.

Viele Jahre später erinnerte sie sich: »Es schien mir, als ob ich aus weiter Ferne einen fast vergessenen, aber bekannten Ruf hörte. Von diesem Augenblick an veränderte sich alles für mich. Diese Woche im Zeltlager wurde ein Wendepunkt in meinem Leben.«

Jewgenijas Theaterkarriere verlief ausgesprochen erfolgreich. In Berlin spielte sie an einer russischen Bühne in dem Stück *Der blaue Vogel* von Maurice Maeterlinck, mit dem sie auch auf Gastspielreisen in europäische Städte ging. Der berühmte Regisseur Max Reinhardt wurde auf sie aufmerksam und wollte sie an sein Theater holen. Zudem hatte sie einen großen Kreis von Verehrern. Der Bankier Hermann Bolm machte ihr einen Heiratsantrag, und sie willigte ein.

Es schien, als sei ihr Lebensweg nun festgelegt, aber Jewgenija stellte ihrem Bräutigam eine Bedingung. Vor der Hochzeit wollte sie endlich ihren Traum verwirklichen und nach Indien reisen. Bolm war ohne Umschweife einverstanden und stattete sie mit den nötigen Reisedevisen aus. Er war überzeugt, daß es ihr dort nicht gefallen würde: fremdes Umfeld, schreckliche Hitze, Schmutz, Krankheiten – sie würde enttäuscht zurückkommen.

Und so brach Jewgenija am 17. November 1927 zu ihrer ersten Indienreise auf, bei der sie das Land von Süden nach Norden durchquerte. Sie besuchte die Stadt Mathura, in der der Legende nach Krishna geboren wurde. Die Stadt liegt unweit von Agra, wo mittlerweile Massen von Touristen das berühmte Tadsch Mahal belagern. Gemeinsam mit indischen Gläubigen verneigte sie sich vor den Statuen von Krishna und Vishnu in den Tempeln am Ufer des Yamuna. Der Krishna-Kult beeindruckte sie. Bis ins hohe Alter hatte Krishna sich das Aussehen eines schönen Jünglings erhalten. In einigen Krishna-Tempeln entdeckte Jewgenija Statuen von seltsamer Form – sie waren rund, ohne Arme und Beine, mit hervorquellenden Augen. Diese sogenannten Dschagannaths zeigen den in Ekstase gefallenen Krishna. Auf dieser Reise hörte Jewgenija auch folgende Geschichte, die sie später gern ihren Schülern erzählte:

»Einmal erhob sich ein Mensch während des Gebetes in die Lüfte«, erzählte ein Schüler.

Darauf antwortete der Lehrer: »Vögel fliegen viel höher.«

»Ein Mensch wurde zur selben Zeit an zwei Orten gesehen«, gab der Schüler keine Ruhe.

»Der böse Geist kann gleichzeitig an tausend Orten erscheinen«, sagte der Lehrer.

»Was ist dann das Höchste?« wollte der Schüler wissen.

»Morgens aufzustehen, auf den Markt zu gehen, um einzukaufen, sich eine Mahlzeit zuzubereiten, zu meditieren, in Frieden zu leben und Gott nicht zu vergessen«, war die Antwort des Lehrers.

Zuerst kam es Jewgenija seltsam vor, einen Sari zu tragen, auf dem Boden zu sitzen, sich wie die Inder zu waschen und ohne Besteck nur mit den Fingern der rechten Hand zu essen. Doch bald wurde sie von den Indern als eine der ihren akzeptiert. Die junge Frau eignete sich in sehr kurzer Zeit die indische Lebensweise an. Als Bolm seine »verlorene Braut« nach drei Monaten wiedersah, merkte er, daß sie sich sehr verändert hatte. Sie sprach nur noch von ihren Indienerfahrungen. Gleich nach ihrer Rückkehr, noch vom Bahnhof aus, führte er sie in ein Restaurant, um das Wiedersehen mit ihr zu feiern. Doch das Beisammensein entwickelte sich nicht nach seinen Vorstellungen, denn gleich nach der Ankunft im Lokal gab Jewgenija ihm den Verlobungsring zurück. Sie fühlte sich schuldig, hoffte aber dennoch auf Verständnis: »Dort ist meine Heimat.«

Jewgenija verkaufte ihre wenigen wertvollen Habseligkeiten und fuhr zurück ins »Land der Elefanten« – für immer, wie sie damals dachte. Ihr Geld sollte für einige Monate reichen, alles Weitere würde sich finden. Sie erinnerte sich später an ein lange zurückliegendes Gespräch mit der Mutter: »Wen hast du dort in Indien?« Sie antwortete: »Niemanden.«

Jewgenija begann, Indien für sich zu entdecken, genauer gesagt »zu erinnern«, denn es kam ihr oft so vor, als ob sie alles bereits von früher kennen würde. So beschloß sie zum Beispiel einmal, klassischen indischen Tanz zu erlernen, und sie begab sich zu einer im ganzen Land bekannten Tänzerin. Sie war sehr erstaunt, als die Lehrerin den Unterricht bereits nach wenigen Stunden für beendet erklärte.

»Sie wissen auch so schon alles«, sagte die Tänzerin.

Als Jewgenija einmal bei einer Zusammenkunft der *Theosophischen Gesellschaft* in Adyar einen indischen Tempeltanz aufführte, wurde Pandit Nehru auf sie aufmerksam. Man machte sie miteinander bekannt, und zwischen der russischen Tänzerin und dem indischen Politiker entwickelte sich eine langjährige, nach ihren Worten »zärtliche Freundschaft«.

Indra Devi (1899 – 2002)

Ebenfalls bei dieser Tagung in Adyar bot der bekannte Regisseur Bhagwati Mishra Jewgenija eine Rolle in dem Film *Arabische Ritter* an. Sie sagte zu, denn das Geld konnte sie gut gebrauchen, und am Morgen nach der Premiere im Januar 1930 war sie der neue Stern am indischen Kinohimmel. Allerdings tauchte ihr Name, Peterson-Labunskaja, im Abspann nicht auf, sondern »Indra Devi« erblickte das Licht der Welt. Man hatte ihr zuvor eine Liste mit Namen vorgelegt, aus denen sie sich einen Künstlernamen aussuchen sollte. Mit dem Finger tippte sie zufällig auf eine Zeile und wurde zur »Himmelsgöttin«, wie sich Indra Devi aus dem Sanskrit übersetzen läßt.

Sie führte ein bewegtes Leben, reiste umher und lernte viele Menschen kennen. Bei einer Abendveranstaltung machte man Indra mit dem begehrtesten Mann der Bombayer Gesellschaft bekannt, dem 40jährigen tschechischen Diplomaten Jan Strakati und Vorsitzenden des »Clubs der Junggesellen«. Bald darauf heirateten die beiden, und Indra übernahm die Rolle einer Lady – Empfänge, Bälle, Pferderennen. Sie führten ein großes Haus, doch Indra Devi erinnerte sich später:

»Das einzige, worauf ich nicht verzichten mochte, war meine Freundschaft zu Indern aller Kasten und Ränge, obwohl das die ungeschriebenen strengen Gesetze der in Indien lebenden Weißen verletzte. Ich traf mich, mit wem ich wollte, und lud zu mir ein, wen ich wollte.«

Dennoch wurde ihr dieses Leben nach einiger Zeit zu eng. Sie war zwar in Indien, doch sie fragte sich:

»Bin ich deshalb hierhergekommen? Um Gastgeberin eines Salons und vornehme Dame zu werden? Was ist aus meinen Plänen zu lernen, zu arbeiten und den Menschen zu helfen geworden? Ich sagte mir, daß ich etwas tun müsse. Ich mußte mein Leben ändern und noch einmal ganz neu anfangen.«

Eines Tages bekam ein Gast ihres Hauses unerwartete Herzprobleme. Sie erinnerte sich, daß sie einmal gesehen hatte, wie ein indischer Yogameister seine Heilmethoden vorgeführt hatte, und konzentrierte alle ihre Gedanken darauf, ihrem Gast zu helfen. Es ging ihm bald sehr viel besser, doch am nächsten Tag zwangen starke Herzbeschwerden Indra Devi zur Bettruhe. Ein herbeigerufener Arzt diagnostizierte Herzinsuffizienz, doch die verordneten Medikamente zeigten keine Wirkung. Sie war gezwungen, tagelang im Bett zu bleiben. Ihr Ehemann brachte sie nach Europa zu den besten Kardiologen, doch auch diese wußten keinen Rat.

Nach ihrer Rückkehr nach Bombay verschlechterte sich Indras Gesundheitszustand weiter.

»Ich nahm zu, mein Gesicht hatte eine ungesunde Farbe und bekam Falten. Oft war ich ohne Grund sehr traurig.« So vergingen vier qualvolle Jahre.

Während eines Urlaubs in Prag lernte Indra einen Medizinstudenten kennen, der sich viele Jahre lang mit Yoga beschäftigt hatte. Einmal verlor sie in seiner Gegenwart das Bewußtsein, und als sie ihm darauf erzählte, wie ihre Krankheit ihren Anfang genommen hatte, erklärte er ihr: »Sie haben ohne hinreichende Kenntnisse eine Yogamethode angewendet, aber leider wohl einen Fehler gemacht. Es wäre ratsam, mit einem Yogameister über Ihre Beschwerden zu sprechen.«

Gleich nach ihrer Heimreise wandte sich Indra an den berühmten Yogameister Sri T. Krishnamacharya. Sie wollte bei ihm Unterricht nehmen, um sich zu heilen und eine gesunde Lebensweise zu erlernen.

»Ich bereitete mich lange auf dieses Treffen vor, wollte einen guten Eindruck machen.«

Doch der Guru bedachte sie lediglich mit einem spöttischen Blick und erklärte, daß Yoga nur etwas für indische Männer sei. Und tatsächlich wurden zu dieser Zeit, 1937, nur Angehörige der militärischen Elite des Landes unterrichtet.

»Eine Frau, und noch dazu eine Ausländerin, nehme ich nicht«, erklärte Krishnamacharya. Indra Devi erinnert sich: »Er konnte Wunder bewirken, sein Herz zum Stillstand bringen, elektrische Schalter aus der Ferne bedienen, doch sich mich vom Hals halten – das konnte er nicht!«

Auf Fürsprache eines einflußreichen Inders ließ sich der Guru umstimmen. Indra Devi wurde in die Yogaschule aufgenommen, doch der Meister hatte nicht vor, es ihr leicht zu machen. Aber sie war zu allem bereit, um die Geheimnisse der Yogalehre zu ergründen: sich das Wissen um die Tiefe zu bewahren, doch, wenn notwendig, an die Oberfläche zu gehen; am Alltäglichen teilzunehmen, ohne die Seele damit zu belasten; der Stimme des Gewissens und der Stimme des Göttlichen zu lauschen.

Indra mußte sich einer strikten Diät und einer strengen Disziplin unterwerfen. Das bedeutete unter anderem, keine »toten« Lebensmittel zu essen: kein Fleisch, kein weißes Mehl, keinen weißen Reis, keinen Zucker, keine konservierten Lebensmittel. Ausgenommen waren auch alle Gemüsearten, die unter der Erde wachsen wie Kartoffeln, Zwiebeln und Möhren. Als Nahrung durfte nur verwendet werden, was Sonnenstrahlen aufgenommen hatte. Es war verboten, später als um 21.00 Uhr schlafen zu gehen und sich am Ofen zu wärmen.

Wenn ich über Menschen schreibe, denen es gelingt, durch Askese und Meditation zur Selbsterkenntnis zu gelangen, denke ich mir immer: Selbstbeschränkung und Kasteiung gehören nicht zu meinem Wortschatz, ich bin nicht geneigt, auf alle erdenklichen Annehmlichkeiten zu verzichten – mein Kochbuch ist ein Beweis dafür. Nur ein Feinschmecker kann die Verzichtsbereitschaft eines Asketen richtig beurteilen. Ich habe vollstes Verständnis für Papst Eugen III. Er traf an einem Freitag im Jahr 1147 in Paris ein. Um die christliche Tradition, freitags kein Fleisch zu essen, zu umgehen, bestimmte er, daß Donnerstag sei, damit seine Ankunft mit üppigen Speisen gefeiert werden konnte ... Mein Weg zur Selbsterkenntnis sind meine Reisen durch die Welt, ich liebe es zu reisen, dabei die Küche der verschiedenen Länder zu probieren und Bücher darüber zu schreiben.

Doch zurück zu Indra Devi: Die Yogaschüler standen mit der Sonne auf und begannen mit dem Unterricht. Da es keine Frauenklassen gab, mußte Indra sich gemeinsam mit den Männern der Ausbildung unterziehen. In den ersten Monaten erschien es ihr, als habe sie dem Teufel ihre Seele verkauft, doch mit der Zeit gewöhnte sie sich an das streng reglementierte Leben. Sie verlor an Gewicht, ihre Haut wurde glatter, und – was das Wichtigste war – alle Symptome der unbekannten Krankheit verschwanden.

Als er ihre Willenskraft und Entschlossenheit bemerkte, übernahm Krishnamacharya selbst ihre Ausbildung.

»Der Lehrer sagte mir, daß ich bereit sei für die nächste Stufe der Ausbildung, und wies mich an, am folgenden Tag etwas früher zu ihm zu kommen. Er verschloß die Tür, damit wir ungestört sein würden. Krishnamacharya setzte sich auf den Boden und begann, mich in ganz besonderen Atemübungen zu unterweisen. Er hielt mich an, alles aufzuschreiben, was er sagte. Zunächst waren seine Worte sehr ungewöhnlich. ›Wenn man den Weg des Yoga beschreitet, kann man mancherlei Wunder erleben und sie manchmal sogar selber bewirken. Zum Beispiel kann man durch Wände sehen. Allerdings darf man dem keine besondere Bedeutung beimessen und sich nicht davon ablenken lassen. Wenn man seine Aufmerksamkeit darauf richtet, bedeutet das, daß man vom Weg abgekommen ist. Ziel der Yogalehre ist die Vereinigung der Seele mit dem Höheren, das heißt, sich immer mehr von Oberflächlichkeiten zu entfernen.‹«

Die Bedeutung dieser Worte erschloß sich Indra erst nach und nach, aber 1938 wurde sie die erste Frau und damit auch die erste Ausländerin unter den Geweihten.

Krishnamacharya sagte: »Wenn ein Lehrer eine Seele findet, in der er etwas bewirken kann, dann nutzt er sie für eine Vielzahl von Zielen, eröffnet ihr Hunderte von Richtungen, vervielfältigt ihre Möglichkeiten ins beinahe Unermeßliche, weit über gewöhnliche Menschenkräfte hinaus.«

Als Krishnamacharya davon erfuhr, daß Indra Devis Ehemann nach Schanghai versetzt werden sollte, rief er sie wieder zu sich: »Sie verlassen uns jetzt und werden selber unterrichten. Sie können und werden das tun! Ihr Herz wird voller Liebe sein, was auch immer Ihnen geschehen mag.«

Indra konnte es kaum glauben: Als neu Geweihte war es ihr bisher nicht einmal in den Sinn gekommen, daß sie selbst Lehrerin sein könne. Doch in Indien widerspricht man dem Lehrer nicht. Sie reiste aus Indien ab, immer noch in der Überzeugung, daß sich Krishnamacharya geirrt habe und sie ganz sicher keine Auserwählte sei.

Bereits auf dem Schiff bemerkte sie, daß sie kein Vergnügen mehr am Tanz, an Schmuck oder luxuriösen Kleidern hatte. Sie zog einen hellen Sari an und trug nie wieder andere Kleidung.

Im Jahr 1939 eröffnete Indra Devi im Haus einer glühenden Yogaanhängerin in Schanghai ihre erste Schule. Unter ihren Schülern waren viele Amerikaner und Russen. Immer öfter nannten ihre Schüler sie »matadschi«, was »Mütterchen« bedeutet und als ausgesprochen ehrerbietige Anrede für Lehrerinnen verwendet wird. Indra Devi hielt auch Vorträge über Yoga und unterrichtete unentgeltlich in Kinderheimen und Armenhäusern.

In Indien erreichte sie die Nachricht vom unerwarteten Tod

ihres Mannes, der dienstlich in Europa unterwegs gewesen war. Sie reiste umgehend nach Schanghai, um die Besitz- und Erbschaftsangelegenheiten zu klären. Ihr bisheriges Leben nahm ein Ende; sie würde abreisen – doch wohin? Nach Beendigung des Zweiten Weltkriegs verkehrten die Schiffe nur unregelmäßig. Sie beschloß, einfach zum Hafen zu fahren und eine Passage für das erste auslaufende Schiff zu buchen.

So ging im Jahr 1947 die nach acht Jahren des Unterrichtens schon sehr bekannte Yogameisterin Indra Devi an Bord eines Schiffes, das nach Kalifornien auslief. Wie aber gestaltete sich der Empfang in Amerika?

»Man sah mich an wie eine Verrückte«, erinnerte sie sich.

Ein Jahr später eröffnete sie ein Yogastudio in Hollywood, wobei die Unterstützung von Elizabeth Arden sehr hilfreich war. Die Kosmetikkönigin nahm Yogaelemente in das Programm ihrer Schönheitssalons auf.

Um die Popularität von Yoga zu steigern, setzte Indra Devi auf Berühmtheiten: »Viele Menschen lieben es, die Vorlieben ihrer Idole zu kopieren. Sie beschäftigen sich allein deshalb mit Yoga, weil zum Beispiel Gloria Swanson, Yehudi Menuhin oder die Politiker Nehru und Ben-Gurion Anhänger der Yogalehre sind«, schrieb sie in einem ihrer Bücher.

Gloria Swanson, Greta Garbo, Yul Brynner und Marilyn Monroe waren Schüler Indra Devis. Es heißt, auch die amerikanische Schriftstellerin und Begründerin der Philosophie des Objektivismus Ayn Rand, deren Buch *The Virtue of Selfishness* gegenwärtig in Rußland sehr populär ist, sei eine Zeitlang von ihr unterrichtet worden. Nur wenige wissen, daß Ayn Rand 1905 in St. Petersburg geboren wurde und ihr Geburtsname Alisa Rosenbaum war. Ab 1925 lebte sie in den USA, arbeitete als Verkäuferin, Kostümbildnerin, Statistin in Kinofilmen und Drehbuchautorin, ehe sie eine berühmte Schriftstellerin wurde. Sie starb 1982 in New York und liegt begraben in einer Stadt mit dem symbolträchtigen Namen Valhalla, New York.

Ayn Rand und Indra Devi lernten sich kennen, als Indra kostenlose Yoga-Entspannungskurse für Fabrikarbeiterinnen und Verkäuferinnen gab. Sie vermittelte die einfachsten und grundlegenden Yogapositionen, um die Frauen in die Lage zu versetzen, nach langen Arbeitstagen Anspannung und Ermüdungserscheinungen in den Griff zu bekommen. Schrittweise erarbeitete sie dabei Lehrmethoden, die sich an den Bedürfnissen der Menschen im Westen orientierten. Neben den Yogaübungen umfaßte der Lehrplan auch Atemübungen und Ernährungsregeln. Indra Devi vermittelte ihren Schülern die Auswirkungen des Yoga auf den Organismus und lehrte die Grundlagen von Konzentration und Meditation nach dem klassischen Yoga Patandschalis.

Ich persönlich kannte einen Menschen, der sich die Techniken des Yoga nach Indra Devis Buch *Yoga leicht gemacht* angeeignet hatte. Er machte täglich seine Übungen und lebte bewußt nach den von ihr empfohlenen Lebensregeln. Es handelt sich um den bekannten russischen Schauspieler und Komiker Georgij Wizin. Auf der Leinwand gab er mal den hoffnungslosen Alkoholiker, mal den feigen Lumpen und mal den willensschwachen Nichtsnutz, aber nichts hiervon entsprach im wirklichen Leben seinem Charakter; er war das genaue Gegenteil. Er handelte überlegt, fand seine Kraft in der Ruhe und Friedfertigkeit. Wizin erzählte mir, daß seine angetrunkenen Schauspielerkollegen oft zu ihm sagten: »Du trinkst nicht, du rauchst nicht, hast keine Affären – du bist eine Leiche.« »Nein«, antwortete er, »ich bin ein Yogi.« Er starb 2001 im Alter von 84 Jahren, hatte aber wie ein 40jähriger ausgesehen.

Im Jahr 1953 heiratete Indra Devi erneut, nämlich den bekannten Arzt Dr. Siegfried Knauer, der auch ihr Assistent wurde. Mitte der 1950er Jahre erhielt sie die amerikanische Staatsbürgerschaft und ließ den Namen Indra Devi offiziell in ihrem neuen Paß eintragen. Einige Zeit später machte Dr. Knauer seiner Frau ein Geschenk – eine riesige Ranch an der kalifornischen Grenze in Mexiko. Indra Devi zog mit ihrem Mann dorthin und gründete ein internationales Trainingszentrum für Yogalehrer. Weiterhin reiste sie mehrmals im Jahr nach Indien. Nach dem Tod ihres Mannes lebte sie auch einige Zeit in ihrem Lieblingsland. Doch in ihrer spirituellen Heimat auf den Tod zu warten, war nicht die Art von Indra Devi. Noch immer war sie voller Kraft und Ideen, wollte ihre Mission fortsetzen.

Als sie 1982 erstmals zu einer Vortragsreise nach Argentinien kam, beschränkte sich ihr Wissen über das Land auf einige Klischees. Doch Buenos Aires bezauberte sie sofort, und ihr genügte ein Abend, ein Fernsehauftritt, um die Herzen der Argentinier zu erobern. Drei Jahre später beschloß sie, in dieses Land umzusiedeln. Die Mehrzahl ihrer Freunde riet ihr von einem solch riskanten Unterfangen ab: das Land zu verlassen, in dem sie sich bereits einen Namen gemacht hatte, ihre Schule und ihre Schüler im Stich zu lassen und wieder irgendwo neu anzufangen.

Doch Indra Devi begann noch einmal ganz von vorn. Sie hielt wieder Vorträge, gab Seminare, und zwar nicht nur in Argentinien, sondern auch in Brasilien, Paraguay, Uruguay, Chile, Mexiko, Spanien und Deutschland. Ihren 100. Geburtstag, zu dem mehr als 3.000 Gäste kamen, feierte sie in Buenos Aires. Nach wie vor gab sie zweimal am Tag Yogaunterricht. 2002 begannen ihre gesundheitlichen Probleme, und die Kräfte reichten nicht einmal mehr für eine Reise nach Indien, wo sie eigentlich gern ihren Lebensweg beenden wollte. Am 25. April 2002 verstarb die Yoga-Königin in Buenos Aires. Nach der Tradition ihrer geistigen Heimat Indien wurde ihr Leichnam verbrannt, und die Asche am Rio de la Plata verstreut.

In einer Mappe bewahre ich immer noch schlecht gedruckte, verblichene Blätter eines Samisdat-Druckes über Yoga auf, den wir in den achtziger Jahren von Hand zu Hand reichten. 1992 wurde *Yoga für alle* von Indra Devi erstmals in russischer Sprache in Rußland herausgebracht. Zu dieser Zeit war Yoga bereits »legalisiert« worden. 1989 fand die erste wissenschaftlich-praktische Allunionskonferenz unter dem Titel *Yoga. Fragen der Gesundung und Selbstvervollkommnung des Menschen* statt, auf der die sowjetische Yogavereinigung gegründet wurde.

Ich habe alte Fotografien aus dem Jahr 1990, auf welchen man Indra Devi durch den Moskauer Kreml spazierengehen sieht. Die ernsthafte, weise, grauhaarige, schlanke Frau im hellen Sari steht vor der berühmten Kathedrale mit den goldenen Kuppeln. Ich sehe mir diese Fotos oft an und meine dabei die Stimme Indra Devis aus jener legendären Fernsehsendung *Vor und nach Mitternacht* zu hören, in der sie sagte, daß Yoga weit mehr sei als ein paar Positionen und einige Bücher. Yoga ist eine einzigartige geistige Technik, und wenn wir sie beherrschen, können wir unsere innere Welt um kosmische Dimensionen erweitern.

»Man darf nicht eine Minute vergessen, daß ...«

Irène Némirovsky (1903 – 1942)

Weihnachten 2010 in Paris. In den Gängen der Pariser Metro hängen riesige Plakate, auf denen eine junge Frau in einem strengen, karierten Kleid in Lebensgröße zu sehen ist. Eine bemerkenswerte Erscheinung! Auf ihrem Gesicht zeichnen sich tiefe Traurigkeit und Nachdenklichkeit ab. Wer ist sie? Unter dem Bild steht in großen Buchstaben: »Irène Némirovsky 1903 – 1942. Ausstellung im *Mémorial de la Shoah*.«

Ich hatte diesen Namen noch nie gehört. Der Familienname Nemirowskij ist bei uns in der Ukraine sehr verbreitet. Es heißt, er leite sich von dem Städtenamen Nemirow her; diesen Ortsnamen gibt es zweimal: zum einen im Gebiet von Winniza, zum anderen im Gebiet von Lwiw.

Das *Mémorial de la Shoah* befindet sich zehn Gehminuten von der Kathedrale Notre-Dame entfernt. Es ist dem Gedenken an die Opfer des Holocaust gewidmet. Der Begriff »Holocaust« wird von Juden selbst nie benutzt, denn sie meinen, daß das Wort unzutreffend sei. Dagegen sei das Wort »Schoah« genauer; aus dem Hebräischen übersetzt, bedeutet es »Katastrophe, Vernichtung, Verschwinden«.

In der Ausstellung erfuhr ich, daß Irène Némirovsky eine russische Emigrantin der ersten Auswanderungswelle gewesen ist, die ursprünglich aus Kiew stammte. Obwohl das 20. Jahrhundert in Rußland viele herausragende Persönlichkeiten hervorgebracht hat, verdient ihr tragisches Leben besondere Aufmerksamkeit, denn es bietet Stoff für mehr als einen Roman. Nur 39 Lebensjahre wurden ihr vom Schicksal gewährt ...

Ich ging durch die Ausstellungsräume, las die auf russisch geschriebenen Ansichtskarten und Briefe, schaute mir Fotos an und blieb vor einem kleinen Fernseher stehen. Es lief ein Film, in dem Irène Némirovskys Tochter Denise Epstein von ihrer Mutter erzählt. Es war eine bewegende Geschichte. Sie sprach über die Zeit des Naziterrors und das Auflehnen dagegen, über unerfüllte Hoffnungen und die sich ändernde Sicht auf das Erlebte. Dann kam sie auf den berühmten Koffer zu sprechen, der 60 Jahre lang das Geheimnis des letzten Manuskripts von Irène Némirovsky geborgen hatte. Ich sah mich um, erblickte den abgegriffenen, alten Lederkoffer in einer Vitrine und begann zu weinen.

Im Jahr 1942 wurde die 39jährige Irène Némirovsky, Mutter zweier Töchter und bekannte französische Schriftstellerin, in das Konzentrationslager Auschwitz deportiert. Weder ihr noch ihrem Mann gelang es, der Ermordung durch die Nazis zu entgehen. Als sie sich von ihren Kindern verabschiedete, gab sie einen Koffer mit Papieren in die Obhut ihrer heranwachsenden Tochter Denise. Diese ließ ihn den gesamten Krieg über nicht aus den Augen. Erst 60 Jahre später wagte sie einen genaueren Blick in ein dickes, großes Heft, das sie immer für das Tagebuch ihrer Mutter gehalten hatte. Doch es war das Romanmanuskript über das Leben einer Familie während der Nazi-Okkupation, das Irène Némirovsky in ihren letzten Lebensjahren verfaßt hatte und das bis zur Wiederentdeckung als verschollen gegolten hatte. Dieser unvollendete Roman mit dem Titel *Suite française* wurde schon bald darauf veröffentlicht und brachte der Schriftstellerin postum im Jahr 2004 den Literaturpreis *Prix Théophraste Renaudot* ein.

Es gab Zweifler, die nicht an die Geschichte mit dem Koffer glaubten, sie für literarische Mystifizierung und den Roman für eine Fälschung hielten. Doch das Buch läßt Irène Némirovskys unverwechselbaren Stil und die für sie typische bittere Ironie deutlich erkennen. Es enthält viele prägnante Details aus ihrem Leben und zeichnet sich durch besonders große Authentizität aus. Auch ein ukrainisches Sprichwort, das sie gern verwendete, fand Eingang: »Ein Körnchen Erfolg im Leben ist genug für einen Menschen, doch ohne dies ist er nichts.«

Nach dem Erfolgsroman *Suite française* wurden fast alle Werke der Schriftstellerin, die ihr in den 1930er und 1940er Jahren auch im Ausland Anerkennung eingebracht hatten, in Frank-

Irène Némirovsky (1903 – 1942)

reich neu aufgelegt. Ins Russische wurden ihre Bücher lange nicht übersetzt, denn sie schrieb zu kritisch und zu ehrlich über die russische Intelligenz. Anders als die ebenfalls aus Rußland nach Frankreich emigrierte Schriftstellerin Elsa Triolet sympathisierte sie niemals mit dem Bolschewismus. Doch mir scheint, daß sie die Hoffnung hatte, auch einmal in ihrer Heimat als Schriftstellerin Anerkennung zu finden.

Nun endlich sind einige ihrer Bücher, wie zum Beispiel die Novelle *Der Ball*, in Rußland erschienen.

Irina Nemirowskaja (später als Irène Némirovsky bekannt) wurde am 11. Februar 1903 in Kiew geboren. Ihre Kindheit verlebte sie in einer großzügigen Wohnung in der Puschkin-Straße.

Ihr Vater, Leonid (Ariel) Nemirowskij, war Bankier, ihre Mutter, Anna Margoulis, war eine gebildete, schöne Frau, jedoch egoistisch und despotisch. In der biographisch geprägten Novelle *Der Ball*, die die traurigen Erinnerungen an Irènes Kindheit schildert, trägt eine Figur die Züge ihrer Mutter. Es geht in diesem Text darum, ob unter bestimmten Bedingungen jeder Mensch böse werden kann. Doch diese Frage bleibt auch dort ohne endgültige Antwort.

Vorwegnehmend möchte ich hier von einer Begebenheit berichten, die Irène Némirovskys Tochter Denise auf dem Video schilderte. Als der Krieg zu Ende war und Irène Némirovsky und ihr Mann längst in Auschwitz ermordet worden waren, sollten Denise und ihre Schwester zu ihrer Großmutter Anna Némirovsky gebracht werden. Der Vormund der Töchter hatte die Mädchen versteckt, und sie überlebten wie durch ein Wunder. Die sehr vermögende Anna Némirovsky hatte während des Kriegs unbehelligt mit einem lettischen Paß in Paris gelebt. Dennoch lehnte sie es ab, ihre Enkelinnen aufzunehmen und erklärte kaltherzig, daß es für arme Kinder in Frankreich Waisenhäuser gebe. Übrigens lebte Anna Némirovsky noch bis 1972.

Doch kehren wir nach Kiew zurück. Das Mädchen Irina liebte seine französische Gouvernante, las und musizierte gern, und im Sommer pflegte die Familie, nach Frankreich zu reisen. In der 1940 erschienenen Erzählung *Le Sortilège* schildert Irène Némirovsky ihre Kindheit, die einem adligen Leben Tschechowscher Prägung glich. Auch die Erzählung *Das Kindermädchen*, die 1931 unter dem geänderten Titel *Herbstfliegen* veröffentlicht wurde, stellt eine Hommage an ihre Jugend dar. Vieles im Werk Irène Némirovskys ist autobiographisch, sie »verwandelte die flüssige Milch des Lebens in die dicke Sahne der Prosa«. Oft wurden ihre Mitmenschen zu literarischen Helden, doch obwohl sie die richtigen Namen trugen, hatten sie häufig mit den realen Personen wenig gemein.

Gleich zu Beginn des Ersten Weltkriegs zog die Familie Nemirowskij nach St. Petersburg. Für Irina war dies eine unangenehme Erfahrung. Sie erinnerte sich daran in dem Romanentwurf *Der Wein der Einsamkeit*: »Es war einer dieser naßkalten, düsteren Tage der kalten Jahreszeit, wenn sich die Sonne in diesen

Breiten fast gar nicht zeigt. Mit welcher Kraft der scharfe Nordwind an jenem Tag blies! Und welch ein Modergeruch aus dem stinkenden Newawasser aufstieg!«

Drei Jahre später flüchteten die Nemirowskijs vor den Bolschewiken nach Moskau, dann wieder zurück nach St. Petersburg, das nun schon Petrograd hieß. Von dort aus überquerten sie in einer frostigen Nacht mit einem Schlitten die Grenze nach Finnland und gelangten in das Örtchen Mustamaki. Nach einem Zwischenaufenthalt in Schweden trafen sie schließlich 1919 in Paris ein.

Die 1920er Jahre waren die glücklichsten im Leben der jungen Irène. Auf Fotos aus jener Zeit, die im *Mémorial de la Shoah* ausgestellt waren, sieht man eine lächelnde, schöne Frau mit modernem Kurzhaarschnitt, die häufig sogar eine Zigarette in der Hand hält. Sie begann, über die Jugend der Goldenen Zwanziger zu schreiben, ihr Stil ist leicht und parodierend, und sie schrieb bereits auf französisch. Ihre Individualität und ihr eigensinniger Charakter sind schon in diesen frühen literarischen Versuchen zu spüren.

Im Zuge der ersten Emigrationswelle waren viele talentierte Literaten aus Rußland nach Paris gegangen; die Mehrheit von ihnen schrieb auf russisch. Nur wenige wechselten sofort ins Französische und hatten Erfolg; zu diesen gehörten Elsa Triolet, Nathalie Sarraute und Irène Némirovsky.

Im Gegensatz zu vielen westlichen Autoren gab sich Irène Némirovsky niemals den Verführungen des Salonbolschewismus hin und schenkte Versprechungen und großen Worten keinerlei Glauben. In ihrem Roman *Der Fall Kurilow* (1933) rechtfertigt ein Revolutionär seinen Fanatismus und seine Gewalttätigkeit mit hohen Zielen. Und auch später, als sie an der Tschechow-Biographie arbeitete, dachte sie viel über die Quellen der revolutionären russischen Bewegung nach, über »das uralte, ewiglich Böse Rußlands« – die Korruption, die Naivität der Intelligenz, die den Bauern idealisiere, und die sinnlose Grausamkeit der Ungebildeten.

Im Jahr 1926 heiratete Irène Némirovsky einen Landsmann, Michel Epstein, den Sohn eines St. Petersburger Bankiers, der in einer Pariser Bank arbeitete. 1929 wurde ihre Tochter Denise, 1937 ihre Tochter Élisabeth geboren.

Im Jahr 1929 erschien Irène Némirovskys erster großer Roman, *David Golder*, der beim französischen Publikum große

Anerkennung fand. Diese Geschichte wurde von Lew Tolstojs Erzählung *Der Tod des Iwan Iljitsch* inspiriert und handelt davon, daß die Tragödie eines einsamen Todes gegenüber der Tragödie eines umsonst gelebten Lebens verblaßt. Der Protagonist des Romans ist ein erfinderischer, prinzipienloser Jude, weshalb Kritiker die Autorin des Antisemitismus beschuldigten. Sie beantwortete solche Vorwürfe stets mit der Feststellung, daß man wegen der Ängste und Meinungen anderer nicht von der künstlerischen Wahrheit abweichen dürfe. Irène Némirovsky verbarg ihre jüdische Herkunft nie, wenngleich sie und ihre Familie im Februar 1939 zum Katholizismus konvertierten. Die Taufzeremonie fand in der Kapelle Sainte-Marie in Paris statt.

Im Jahr 1933 schloß Irène Némirovsky mit ihrem Verlag einen Vertrag, in dem sie sich verpflichtete, ein bis zwei Romane pro Jahr zu schreiben.

Sie schrieb eine beeindruckende Anzahl beachtenswerter Bücher wie *Le Malentendu* (1930), *Feuer im Herbst* (1948) und *Herr der Seelen* (2005) ...

In Irène Némirovskys Werken ist das Leben schwierig und traurig, die Wünsche der Menschen sind banal und dennoch unerfüllbar: Ehemann und Ehefrau suchen ihr Glück in einer neuen Liebe und möchten gleichzeitig ihre Familie erhalten; Vater und Mutter lieben ihre Kinder und wollen das Beste für sie, doch ihre aufrichtigsten Gefühle wandeln sich unerklärlicherweise in Tyrannei; die Kinder, kaum erwachsen geworden, zerschlagen die Träume der Eltern von einem friedlichen Lebensabend inmitten ihrer Nachkommen; jeder Mensch kann zum Verräter werden ...

Ähnliches findet sich im Roman *Leidenschaft*, der jetzt, zu Beginn des 21. Jahrhunderts, in Rußland sehr populär geworden ist. Auf der letzten Seite nehmen sich ein Mann und eine Frau, beide schon in die Jahre gekommen, an einem Frühlingsabend des Jahres 1914 zaghaft in die Arme. Die beiden stehen im hell erleuchteten Flur eines alten Hauses, sie sind voller Hoffnung auf Liebe und ein spätes Glück, doch aus dem dunklen Zimmer ruft der todkranke Ehemann dieser Frau: »Hélène!« ...

Nach außen gelassen, beherrscht und stets wohlmeinend, vertraute Irène Némirovsky ihre Zweifel und Enttäuschungen einzig ihrem Tagebuch an. Am 5. Juni 1937 schrieb sie: »Unruhe,

Traurigkeit, der unbändige Wunsch nach Sicherheit. Ja, genau das suche ich und werde es wohl erst im Paradies finden: Zuversicht ... Aber ich liebe das Leben trotzdem.«

Irène Némirovskys Vater starb 1932, ohne ein Testament hinterlassen zu haben. Der Mutter gelang es, nahezu das gesamte Vermögen an sich zu reißen, weder ihren Töchtern noch ihren Enkelinnen gegenüber zeigte sie jemals Interesse, noch ließ sie ihnen gar Zärtlichkeit und Liebe zuteil werden. 1938 schrieb Irène Némirovsky harte, aber ehrliche Worte in ihr Tagebuch: »Was würde ich beim Tod meiner Mutter fühlen? Mitleid, Erschütterung und Furcht vor der Gefühllosigkeit meines eigenen Herzens, und ich würde hoffnungslos in der Tiefe meiner Seele erkennen, daß ich ohne Mitgefühl bin, kalt und gleichgültig, daß dies für mich, o weh, kein Verlust ist, sondern eher das Gegenteil ...«

Als sie 1937 das schwarze Heftchen mit ihren ersten literarischen Versuchen noch einmal gelesen hatte, kommentierte sie gerührt: »Meine Töchterchen, wenn ihr dies irgendwann einmal lest, haltet ihr mich für eine vollkommene Närrin. Und mir selbst erscheine ich als eine Närrin in jenen glücklichen Tagen. Aber man muß seine Vergangenheit achten, und deshalb werde ich sie nicht vernichten.«

Zwei Wochen, bevor die deutsche Armee am 14. Juni 1940 Paris besetzte, zog Irène Némirovsky mit ihren Töchtern in ein kleines Dorf in Burgund; ihr Mann folgte ihnen bald darauf, denn seine Bank wurde geschlossen. Die Familie Némirovsky lebte zwei Jahre dort, während sich der Faschismus in Frankreich ausbreitete. Sie waren die einzigen Juden im Dorf, und sie mußten den gelben Stern an ihrer Kleidung tragen.

Zur gleichen Zeit wurden alle ihre Freunde und Verwandten, die in der Ukraine geblieben waren, in Babij Jar, nahe Kiew, der Geburtsstadt von Irène Némirovsky, vernichtet. Ich erinnere mich, wie 1966 in Babij Jar das Denkmal für die dort im September 1941 ermordeten Juden eingeweiht wurde. Als der russische Schriftsteller Viktor Nekrassow, ein ehemaliger Frontkämpfer, bei der Feier das Wort ergriff, schrie man ihm aus der Menge zu: »Hier sind nicht nur Juden erschossen worden!« Der Hintersinn war eindeutig: Es gebe keinen Grund, die jüdischen Leiden hervorzuheben. Nekrassow antwortete ebenso schlicht wie genial:

»Völlig richtig. Aber die Juden wurden allein deshalb erschossen, weil sie Juden waren.«

Am Morgen des 13. Juli 1942 wurde Irène Némirovsky von französischen Gendarmen verhaftet. Ihr blieben nur wenige Minuten, um von ihrem Mann und ihren Töchtern Abschied zu nehmen. Sie wurde ins KZ Auschwitz verschleppt, wo sie am 17. August 1942 »an Typhus« starb. Am 9. Oktober 1942 holten die Schergen auch ihren Mann, er wurde in den Gaskammern von Auschwitz getötet. Das Schicksal ihrer Töchter verlief anders, denn dem deutschen Offizier, der sie abholen sollte, fiel die Ähnlichkeit der Älteren mit seiner eigenen Tochter auf. Er flüsterte deshalb Julie Dumot, der langjährigen Angestellten der Némirovskys, zu: »Die Kinder holen wir in zwei Tagen.« Sobald er verschwunden war, riß Julie Dumot die Judensterne von der Kleidung der Mädchen und versteckte sich mit ihnen. So überlebten sie und mit ihnen der Koffer mit den Papieren.

Zahlreiche russische Emigrantinnen teilten das Schicksal von Irène Némirovsky. Zur gleichen Zeit wie sie lebte in Paris eine andere bedeutende Russin, Maria Skobzowa (1891 – 1945). Es ist schon erstaunlich, wie viele Personen Paris mir für dieses Buch beschert hat. Bei einem Spaziergang durch die Stadt stieß ich durch Zufall in der Rue de Lourmel am Haus Nummer 77 auf eine Gedenktafel zu Ehren von Maria Skobzowa. Sie wurde »Mutter Maria« genannt. Ich kannte sie bereits aus den Biographien von Alexander Blok, Anna Achmatowa und Nikolaj Gumiljow. In ihrer Jugend hieß sie Jelisaweta Kuzmina-Karawajewa; sie war eine talentierte Lyrikerin. 1924 emigrierte sie nach Paris und wurde Nonne. In der Rue de Lourmel leitete sie ein Haus für mittellose russische Emigranten, und in dem dazugehörigen ehemaligen Pferdestall richtete sie eine Kirche ein. Sie selbst malte die Ikonen und nähte die Gewänder für die Priester. Alle Russen in Paris liebten diese Kirche. 1945 wurde »Mutter Maria« im Konzentrationslager Ravensbrück ermordet, weil sie Opfern des Naziregimes Hilfe geleistet hatte. Sie hatte falsche Papiere für Juden besorgt und Verfolgten Unterschlupf gewährt.

Im Jahr 2004 wurde sie von der russisch-orthodoxen Kirche heilig gesprochen. Ich besitze sogar eine Ikone mit ihrem Bild. Darauf ist sie von fülliger, großer Statur, mit einem freundlichen, runden Gesicht, so wie sie wohl auch zu Lebzeiten ausgesehen hat und wie sie alle Russen, die damals in Paris lebten, in Erinnerung behalten haben. »Mutter Maria« lächelte immer! Es war, als wollte sie uns ihren Lieblingsgedanken mit auf den Weg geben: »Wie schwer die Prüfung auch sein mag, ich finde nichts Besseres, als folgende zwei Worte zu sagen: Liebt einander! – bis ans Ende und ohne Ausnahme, und dann ist das Leben gut und hell, anderenfalls ist es Abscheulichkeit und Bürde.«

In ihren letzten Jahren arbeitete Irène Némirovsky an zwei großen Werken – an einer Biographie über Anton Tschechow und an einem Roman über das Leben einer Familie während der deutschen Besatzung. Warum Tschechow? Ihr war seine Lebensphilosophie nah: Er stammte aus einer bescheidenen, kleinbürgerlichen Familie und wurde Arzt, ein hervorragender Schriftsteller und eine herausragende Persönlichkeit seiner Zeit, der nicht müde wurde zu wiederholen, daß hinter jedem zufriedenen und glücklichen Menschen jemand stehen solle, der ihn daran erinnert, daß es Unglückliche gibt, Schwache, solche, denen es schlecht geht. Das Buch über Tschechow erschien erst 1946, und der Roman *Suite française*, wie bereits erwähnt, erst viele Jahre später, nämlich 2004.

In der Pariser Ausstellung, die dem Schicksal Irène Némirovskys gewidmet war, beeindruckte mich insbesondere der Tagebucheintrag vom 2. Juni 1942: »Man darf nicht eine Minute vergessen, daß der Krieg vorbeigehen und wie alle geschichtlichen Ereignisse in Vergessenheit geraten wird. Man muß jetzt versuchen, alles Wesentliche von den Debatten und Geschehnissen festzuhalten, was die Menschen im Jahr 1952 oder 2052 interessieren könnte.«

Das heißt, sie hat an uns Heutige gedacht? Sie ahnte, daß ihre Prosa auch den künftigen Lesern etwas geben könnte. Die bloße Aufzählung historischer Daten und Fakten bleibt trocken, langweilig und nicht faßbar, solange nicht von konkreten Menschen und ihrem Leben erzählt wird. Die Schriftstellerin Irène Némirovsky schrieb mit scharfem Intellekt und unvergleichlichem Humor über solche Schicksale vor dem Hintergrund ihrer Zeit.

Eine meiner liebsten Passagen aus ihren Werken stammt aus dem Buch über Tschechow, in dem sie den zeitgeschichtlichen Hintergrund und dessen Bedeutung für den Schriftsteller beschreibt:

»Die Menschen jener Epoche erscheinen uns glücklich. Ihnen waren die Schicksalsschläge, unter denen wir leiden, völlig unbekannt. Sie dürsteten nach Freiheit, obgleich ihnen die niederschmetternde Tyrannei unserer Tage unbekannt war. Wenn wir uns vorstellen, wie sie auf ihren weitläufigen Gütern lebten, ohne nennenswerte Kriege außer dem Krimkrieg, und auch dieser weit weg, an der Peripherie des Reiches, wie sie keine Kümmernisse kannten außer Mißernten oder Bauernaufstände, im Unterschied zu unseren Revolutionen, ach, wie wir sie beneiden! Doch auch sie waren wahrhaft und zutiefst unglücklich, vielleicht gar unglücklicher als wir, weil sie nicht wußten, was genau sie leiden ließ. In jener Zeit triumphierte, wie auch jetzt, das Böse, doch es nahm nicht die heutigen Formen der Apokalypse an. Allerdings herrschte der Geist der Gewalt, der Boshaftigkeit und der Korruption überall. Wie auch heute war die Welt geteilt in blindwütige Henker und hilflose Opfer, doch wirken die Schrecken und Grauen aus heutiger Sicht eher unbedeutend. Es bedurfte eines Schriftstellers, der nicht mit Zorn und Widerwillen, sondern mit dem nötigen Mitgefühl davon berichtete.«

Solch ein Schriftsteller war Tschechow nach Ansicht von Irène Némirovsky, und solch eine Schriftstellerin war auch sie selbst.

Die Muse des Operettenkönigs

Vera Kálmán (1907 – 1999)

Vera Kálmán schrieb mehrere Bücher über die Erinnerungen an ihr Leben mit Emmerich (Imre) Kálmán (1882 – 1953): *Grüß' mir die süßen, die reizenden Frauen. Mein Leben mit Emmerich Kálmán, Die Welt ist mein Zuhause. Erinnerungen* und *Csárdás. Der Tanz meines Lebens*. Historiker meinen, daß diese Bücher wohl nicht ganz der Wahrheit entsprächen. »Sehen Sie«, pflegte Vera Kálmán zu sagen, »in der Mitte des schönsten und süßesten Apfels kann sich ein Wurm verbergen. Du beißt hinein, und das Innere läßt dich vor Ekel erschaudern. So ist das Leben, aber Erinnerungen sind ein Apfel, der nur aus Duft und makellosem Aussehen besteht und bei dem es keinerlei Risiko gibt, auf einen Wurm zu beißen.«

Ihre Bücher geben ihren Blick auf die Welt wieder, sie sind keine faktentreuen Dokumente, sondern gestalten die Vergangenheit künstlerisch um. Sie schrieb ihre Memoiren nicht, um ihr Herz zu erleichtern, die Geschichten spiegeln vielmehr eine Atmosphäre, den Geist ihrer Zeit wider und stellen eine Art Momentaufnahme dar. Kann man deshalb nicht alles glauben, was Vera Kálmán geschrieben hat? Wem kann man denn schon Glauben schenken? Lesen Sie die »wahrheitsgetreuen« Autobiographien von Politikern – alles nur ein Ringen um den eigenen Ruf ...

In einem russischen Musiklexikon steht zu der Biographie Emmerich Kálmáns: »Nach einer langjährigen Beziehung mit der 1928 verstorbenen Paula Dworczak war Kálmán zweimal mit der Schauspielerin Vera Makinskaja-Kálmán (eigentlich Marie Mendelsohn, 1907 – 1999) verheiratet, die sich 1942 von ihm scheiden ließ, aber bereits ein Jahr später zu ihm zurückkehrte. 1929 hatte die erste Vermählung stattgefunden. Aus dieser Verbindung gingen drei Kinder (Charles, Elisabeth und Yvonne) hervor.«

Russische Biographen verwöhnten Vera Kálmán nicht mit Aufmerksamkeit, deshalb kennt zum Beispiel auch niemand ihren russischen Geburtsort genau; einige behaupten, sie sei am 22. August 1907 in Perm im Ural geboren worden, andere datieren ihre Geburt auf das Jahr 1910 in St. Petersburg. Einmal heißt es, sie sei 85 Jahre alt geworden, ein anderes Mal, sie habe ein Alter von 92 Jahren erreicht. Auf ihrer Grabplatte steht lediglich ihr Sterbedatum, der 25. November 1999.

Es wird angenommen, daß sie in die Familie Mendelsohn geboren wurde und den Namen Maria erhielt. Sie selbst behauptete jedoch, daß sie aus einer verarmten Adelsfamilie stamme und bis zu ihrer Heirat den Namen Makinskaja getragen habe. In einem Lexikon fand ich folgende geheimnisvolle Passage über sie: »Ihre wahre Identität verschwieg sie bis zu ihrem Tod. Mit ins Grab nahm sie auch ihr tatsächliches Geburtsdatum, das sie niemals preisgegeben hat.«

Das Jahr 1929: Emmerich Kálmán war 46 Jahre alt, als er im Wiener *Café Sacher* einem jungen russischen Mädchen begegnete. Er hatte im Leben bereits alles erreicht. Maestro Kálmán war der bekannteste Operettenkomponist, Schöpfer der beliebten Melodien der *Csárdásfürstin*, der *Gräfin Mariza* und der *Zirkusprinzessin*. Ganz Wien sang sie, der Ruhm des Operettenkönigs wuchs, doch zugleich nahm auch seine Unzufriedenheit mit dem Leben zu, das er inmitten der Theaterboheme führen mußte. Er sehnte sich nach Ruhe und häuslicher Gemütlichkeit. Diese Träume schienen bei seinem Zusammentreffen mit Vera Makinskaja Wirklichkeit zu werden. Sie erzählte ihm, sie sei die Tochter einer alleinstehenden Mutter, einer mittellosen russischen Schauspielerin, die ständig von einer Stadt in die andere, von einem Engagement zum nächsten ziehe. Vera betonte später stets, daß sich Kálmán Hals über Kopf und unsterblich in sie verliebt habe. Auch ihr gefiel der berühmte Komponist vom ersten Augenblick an, obwohl er erheblich älter war als sie. Er verhielt sich zurückhaltend, küßte ihr nur manchmal die Hand und stellte eine Unmenge Fragen. Vera blieb ihm keine Antwort schuldig: Ja, sie wohne bei der Mutter, ja, sie lebten in sehr bescheidenen Verhältnissen. Dafür habe

Vera Kálmán (1907 – 1999)

sie aber etwas anderes, nämlich ihre Arbeit, Freunde und ihre geliebten Bücher. Vera liebte am meisten das Lesen und das Tanzen. Später kamen noch die Leidenschaft, Gäste zu bewirten – je mehr, desto besser –, und die Liebe zum Kino hinzu. Emmerich Kálmán sah am liebsten Cowboyfilme, Vera Kálmán liebte Melodramen. Vor seiner Begegnung mit Vera hatte Kálmán eine Liaison mit Agnes Esterházy, einer sehr kapriziösen adligen Ungarin und einem Star des Stummfilms. Die Beziehung war äußerst kompliziert, und er hoffte, daß mit Vera alles anders werden würde.

Doch Vera war nicht, wie Kálmán zuerst vermutet hatte, eine Emigrantin aus der Sowjetunion, alles war viel komplizierter. Ihre Mutter war noch unter der Zarenherrschaft aus St. Petersburg ausgewiesen worden, weil der Hof die Verbindung der armen jungen Frau aus dem Volk mit einem adligen Offizier nicht geduldet hatte. Sie und ihr Kind hatten das Land verlassen müssen; und der Offizier hatte eine standesgemäße Ehe eingehen sollen, doch er fiel im Ersten Weltkrieg.

Zu der Zeit ihrer Begegnung mit Emmerich hatte Vera schon als Statistin am Berliner *Metropol-Theater*, in einem Ballett-Ensemble und in kleinen Wiener Cabarets gearbeitet. Kálmán bot ihr an, sich bei seinem Freund Hubert Marischka, Direktor und erster Sänger des *Theaters an der Wien*, wo gerade seine Operette *Die Herzogin von Chicago* geprobt wurde, dafür einzusetzen, daß sie in die Balletttruppe aufgenommen würde. Veras Mutter hatte sie stets davor gewarnt, nicht alle Versprechen der Männer für bare Münze zu nehmen, damit sich ihr Schicksal nicht wiederhole. Doch Vera traute Kálmán. Er verhalf ihr tatsächlich zu ihrem ersten festen Engagement, und zwar gleich für die gesamte Saison. Am Abend nach der Vertragsunterzeichnung lud Kálmán Vera in ein teures Restaurant ein. Ein eleganter junger Mann kam an ihren Tisch, der Kálmán wegen der Jugendlichkeit seiner Begleiterin aufzog. Er sprach zwar ungarisch, aber Vera verstand ihn, denn sie hatte eine Zeitlang mit ihrer Mutter in Budapest gelebt. Sie erhob sich und verließ das Restaurant, ohne sich noch einmal umzublicken.

Trotzdem begann die Romanze, aber als ihre Mutter davon erfuhr, warf diese Vera vor, mit noch nicht einmal 18 Jahren viel zu jung für eine solche Beziehung zu sein. Sie beschloß, Vera mit nach Bukarest zu nehmen, wo sie ein Engagement bekommen hatte. Kálmán brachte die beiden zum Bahnhof, er war verzweifelt und wußte nicht, was er tun sollte oder wie er Veras Mutter umstimmen könnte: »Ich bin fast 47 Jahre alt, ich kann ein so junges Mädchen nicht heiraten, das habe ich in den letzten Monaten verstanden. Ich fürchte, ihr Leben zu ruinieren. Sie hat einen jungen und attraktiven Ehemann verdient. Verstehen Sie, ich bin nicht mehr jung.« Veras Mutter schnitt ihm fordernd das Wort ab: »Entweder Sie nehmen Vera zur Frau, oder ich bringe sie für immer von hier fort. Sie kann doch nicht ewig in Ihrer Balletttruppe herumhampeln. Ich verstehe, daß Sie ein großer Komponist sind, Maestro Kálmán, doch verstehen Sie auch uns. Die Russen haben ein Sprichwort: ›Setz dich

Vera Kálmán (1907 – 1999)

nicht in einen fremden Schlitten.‹ Vera sollte auf ihren Schlitten warten. Sie wird eine Familie und Kinder haben.«

Als bis zur Abfahrt des Zuges nur noch wenige Minuten blieben, machte Emmerich Kálmán Vera mitten im Bahnhofsgedränge, begleitet von dem Rattern der Züge und dem Pfeifen der Lokomotiven, einen Heiratsantrag. Er schlug ihr vor, sogleich zu ihm in das große Haus mit den antiken Möbeln, Gemälden und dem wertvollen Flügel zu ziehen.

Mit diesem Tag änderte sich das Leben der beiden. Vera umgab Emmerich mit Liebe und Fürsorge, und er nannte sie seinen Schutzengel, und allmählich übernahm sie auch die Verhandlungen mit den Theatern, führte seine Korrespondenz und wurde seine wichtigste Ratgeberin. Künftig widmete er ihr alle seine Operetten. Nach einer Premiere sagte Franz Lehár einmal zu Vera: »Ihr Name wird für immer einen Platz in der Operettengeschichte haben, selbst wenn Emmerich in Zukunft nichts mehr komponieren würde.«

Für ihre Memoiren, die sie in späteren Jahren schrieb, wählte sie als Arbeitstitel eine Zeile aus der Csárdásfürstin: »Weißt du es noch ...«

»Weißt du es noch,
Was wir beseligt empfunden?
Weißt du es noch?
Weißt du es noch?
War auch nur flüchtig der Traum,
Schön war es doch!«

Ihre Memoiren geben uns interessante Einblicke in ihr Familienleben. Es ist erstaunlich, wie abergläubisch Emmerich Kálmán war. Er war zum Beispiel der festen Überzeugung, daß seine Werke erfolgreich wären, wenn er ihnen weibliche Namen gäbe. Zwei seiner Frühwerke, *Der gute Kamerad* und *Der kleine König*, waren seiner Meinung nach aufgrund ihrer Titel mit männlichen Namen beim Publikum durchgefallen. Als seine Librettisten einer neuen Operette den Titel *Mister X* gaben, war Kálmán entsetzt und sprach erst wieder mit ihnen, als sie den Titel änderten – in *Die Zirkusprinzessin*. Außerdem glaubte Kálmán an die Magie des Schaltjahres, denn am 29. Februar 1904 hatte er sein offizielles Debüt als Komponist gegeben. Auf der Bühne der

Budapester Oper war seine symphonische Dichtung *Saturnalia* uraufgeführt worden. Auch die Premieren seiner wichtigsten Operetten fielen auf Schaltjahre: 1908 *Herbstmanöver*, 1912 *Der Zigeunerprimas* und 1924 *Gräfin Mariza*. *Die Csárdásfürstin* hatte 1915 in Wien Premiere, doch der große Erfolg kam erst im Schaltjahr 1916.

Auch davon, daß Uhren ihm Glück brächten, war Kálmán fest überzeugt, und deshalb kaufte er immer neue. Vera erinnerte sich, daß er, wann immer er aus dem Haus ging, nicht nur kontrollierte, ob er ein sauberes Taschentuch mithatte und ob an seinem Mantel kein Knopf fehlte, sondern vor allem, ob er seine Uhren bei sich trug. Eine mußte an seinem Handgelenk sein, die zweite, etwas kleinere, im Portemonnaie, eine Taschenuhr in der Weste und eine weitere in der Jackentasche.

Kálmán vergötterte »seine« Vera, sie mußte stets an seiner Seite sein. »Kálmán ist kein Mann, dem zu wissen genügt, wo du bist, er braucht dich immer neben sich«, sagte Vera. Sie wurde alles für ihn – Geliebte, Muse, seine wichtigste Gesprächspartnerin und seine Inspiration. So war sie unter anderem das reale Vorbild für die Violetta in der Operette *Das Veilchen vom Montmartre* (1930).

Sie heirateten 1929; ihre Hochzeit war sehr bescheiden, nur enge Freunde waren ihre Gäste, wie der distinguierte Schriftsteller Erich Maria Remarque und der poltrige Komponist Franz Lehár. Am Hochzeitsabend traf auch ein Geschenk des amerikanischen Komponisten George Gershwin ein.

Das Eheleben veränderte vieles in Veras Wesen, manchmal sagte sie zu ihrem Mann mit einem Lächeln: »Du liebst mich viel zu sehr.« »Und ich dachte, man könne nicht zu viel lieben!« gab Kálmán als Antwort.

Am 17. November 1929 wurde ihr Sohn Charles Emmerich Fedor geboren, genau wie Kálmán vorhergesagt hatte, schließlich hatte seine *Csárdásfürstin* an diesem Tag im Jahr 1915 Premiere gehabt. Seinen Namen erhielt er nach seinem Großvater, seinem Vater und dem unvergessenen »Mister X«, dem Protagonisten aus der Operette *Die Zirkusprinzessin*.

Kálmán komponierte häufig nachts, bis vier oder fünf Uhr morgens. »Hör dir diesen Ausschnitt an!« weckte er manchmal seine Frau. »Hier ist die Musik wie ein Gespräch, mal tritt das

Vera Kálmán (1907 – 1999)

eine Instrument auf, mal das andere.« Er hatte ein bemerkenswertes Arbeitstempo, arbeitete 16 Stunden am Tag und komponierte beispielsweise *Die Zirkusprinzessin* in nur acht Monaten. In der Hasenauerstraße, im besten Bezirk Wiens, kaufte Emmerich Kálmán eine Villa. Vera gab dort rauschende Feste, doch auch sie konnte Emmerich nicht dazu bringen, die Rolle des Gastgebers zu spielen.

Die Kinder der Kálmáns, Charles und Elisabeth, schrieben dazu 1954 in ihren Erinnerungen: »So sehr Papi seine Freunde liebt, so sehr haßt er große Gesellschaften. Wenn Mutti, die das ebenso seltene wie beneidenswerte Talent besitzt, Menschen zusammenzubringen, eine ihrer großen Gesellschaften gab, bei der sich die bedeutendsten Staatsmänner, Wissenschaftler, Bühnenkünstler, Filmstars und alles, was überhaupt Rang und Namen hat, trafen, erschien Papi aus Höflichkeit zwar ein paar Minuten, benutzte aber so rasch als möglich jede Gelegenheit, um unauffällig wieder zu verschwinden. Bei einem ›Buffetsouper‹, zu dem dreihundertfünfzig geladene Gäste erschienen und noch eine Menge ungeladene, wollte ein Journalist den berühmten Kálmán sprechen. Wo fand er ihn? In der Küche mit seinem Freund Erich Maria Remarque, wo sie sich versteckt einen Apfelstrudel schmecken ließen und zwischendurch über das Leben philosophierten.

Seine Scheu vor großen festlichen Empfängen erreichte ihren Gipfel, als unsere Mutti, die immer der Stern dieser Abende war, zu ihrem Geburtstag einen Ball arrangierte. ›Ball‹, das war zu viel für Papi, obwohl er im zweiten Akt seiner Operetten so oft Feste und Bälle berauschend vertont hat. Man fand ihn an diesem Abend überhaupt nicht. Er hatte sich ein Zimmer im gegenüberliegenden Hotel genommen und dort hermetisch eingeschlossen.«

So verschieden die Charaktere der Eheleute auch waren, sie konnten sich ein Leben ohneeinander nicht vorstellen. Emmerich sagte häufig, daß Vera sein ein und alles sei, ihm Inspiration und Sicherheit schenke.

Vera Kálmán beschloß, die Silvesterfeier 1937/38 besonders prächtig zu begehen. Auf dem Tisch im hellblauen Speisezimmer funkelten Kristall und Silberbestecke für fast 100 Personen. Eingeladen waren nahezu alle, die in Wien Rang und Namen hatten, doch die Uhr schlug zehn, elf, und niemand kam. »Und es wird auch keiner kommen«, konstatierte Emmerich bitter. »Hast du denn nicht bemerkt, daß die Theater nicht einmal mehr meine Operetten aufführen? Zur Zeit kann die Bekanntschaft mit einem jüdischen Komponisten böse Folgen haben.« Seine Frau antwortete ihm: »Aber Hitler liebt doch Operetten und hält sie für das ›Musikideal‹. Außerdem weißt du doch, daß seine Lieblingsoperette Lehárs *Lustige Witwe* ist. Er sollte keine Komponisten verfolgen, und er wird ja wohl kaum Österreich überfallen.«

Doch einige Monate später, am 12. März 1938, war Wien voller Hakenkreuze, die Truppen der Wehrmacht hatten Österreich besetzt. Der einzig verbliebene Ausweg war die schnelle Emigration. Die Kálmáns hatten inzwischen drei Kinder: den achtjährigen Charles, die sechsjährige Elisabeth (Lili) und das nicht einmal ein Jahr alte Nesthäkchen Yvonne Silva Mariza; Vera Kálmán war 27, Emmerich 55. Sie mußten alles zurücklassen – die luxuriöse Villa, die teuren Limousinen und die umfangreiche Bibliothek. Wie durch ein Wunder gelang es ihnen, sich von Wien nach Zürich und dann weiter nach Paris durchzuschlagen. Doch die braune Pest breitete sich immer weiter aus. Einen Monat vor Kriegsbeginn gelang es den Kálmáns schließlich, eine Schiffspassage für die Ausreise in die USA zu bekommen.

Im Jahr 2010 sah ich im *Aalto-Musiktheater* in Essen die *Csárdásfürstin* in einer modernen Inszenierung. Im zweiten Akt gab es eine der Ausreise der Kálmáns gewidmete Szene:

»Rohnsdorff: Der Führer hat mich persönlich – nur zum Beispiel – in Paris gerade zu einem seiner Lieblingskomponisten geschickt: Emmerich Kálmán. Ich sollte ihm anbieten, zum Ehrenarier ernannt zu werden.

Edwin: Und, was hat Kálmán gesagt?

Rohnsdorff: Du weißt ja, wie die sind, immer eine Gegenfrage: ›Wer garantiert mir das?‹

Edwin: Und?

Rohnsdorff: ›Ich garantiere mit meinem Leben‹, hab' ich geantwortet! Darauf dieser Kálmán zu mir: ›Und wer garantiert mir für Ihr Leben?‹ (lacht) Am nächsten Tag ist er nach Amerika ...«

Amerika empfing die Kálmáns mit Zurückhaltung. Für den Komponisten gab es keine Arbeit, Vera nahm für 200 Dollar im

Monat eine Stelle als Verkäuferin in einem Pelzsalon an. Ihrem Mann sagte sie allerdings, sie sei Mannequin, das klang prestigeträchtiger. Eine ihrer ersten Kundinnen war »die Göttliche«, Greta Garbo. Sie bestellte ein extravagantes Cape, und als sie erfuhr, wer sie da bediente, stellte sie umgehend Kontakte zu Produzenten und Regisseuren her. Emmerich Kálmán begann, Filmmusik zu komponieren. Auch seine alten Freunde, die Komponisten Bartók und Strawinsky, verhalfen ihm zu neuen Aufträgen. Auf ihre Anregung hin wurde die *Gräfin Mariza* in Hollywood verfilmt, und eine Verfilmung der *Csárdásfürstin* war geplant.

Auch Igor Strawinsky, der Komponist des Balletts *Le sacre du printemps*, hatte eine russische Ehefrau, die aus St. Petersburg stammte und Vera hieß. Vera Kálmán und Vera Strawinsky waren eine Zeitlang befreundet, teilten ihre Erinnerungen und sprachen gern russisch miteinander. Vera Strawinsky war schon mehrmals verheiratet gewesen, Igor Strawinsky war bereits ihr vierter Ehemann. Sie zitierte mit Vorliebe folgenden Gedanken von Tschechow: »Eine Frau ohne Männer wird älter und älter, ein Mann ohne Frauen wird dümmer und dümmer.« Vera Strawinsky wollte nicht älter werden, und vielleicht hat sie sich deshalb immer wieder in eine neue Liebe gestürzt ...

Für Vera Kálmán wurde 1942 ein ganz besonderes Jahr. Sie verliebte sich unerwartet, als sie im Pelzsalon einen temperamentvollen, schönen Mann kennenlernte. Er war eher klein, seine Haare kastanienbraun, seine Augen hatten die Farbe schwarzen Achats. Er liebte lateinamerikanische Musik, war ein hervorragender Tänzer, elegant gekleidet, mit ausgezeichneten Manieren und obendrein auch noch reich. Vera verliebte sich Hals über Kopf, traf sich heimlich mit ihrem Kavalier und ging mit ihm tanzen. Sie beschloß, ihre Familie zu verlassen und mit ihrem Liebhaber in seine lateinamerikanische Heimat zu gehen.

Es passierte gar nicht so selten, daß sich russische Emigrantinnen von ihren langweiligen, armen Ehemännern trennten und sich wohlhabenden Liebhabern zuwandten. Vera hätte allerdings wohl nie gedacht, daß auch sie einmal diesen Weg gehen würde, doch sie entschied sich, Emmerich alles zu erzählen.

Entgegen allen Erwartungen machte er ihr keine Vorwürfe, jagte sie nicht davon. Ganz pragmatisch begann er, Veras Zukunft zu erörtern, auszurechnen, mit welchen Mitteln er »seine kleine Vera« unterstützen könnte, und wohin er das Geld überweisen sollte.

»Wozu hat uns der Herr Prüfungen geschickt? Er weiß am besten, was er uns schicken muß. Laß uns gemeinsam darüber nachdenken, wie es weitergehen soll. Ich habe ja immer wieder zu bedenken gegeben, wie groß der Altersunterschied zwischen uns ist. Du bist gerade mal 31, ich bin fast 60. Natürlich hast du dich in einen jungen Mann verliebt«, seufzte Kálmán.

Damit Vera sich vollkommen frei fühlen konnte, ließ er sich von ihr scheiden, bot ihr aber gleichzeitig erneut Hand und Herz an. Schließlich zog Vera in ein Hotel, doch ihre Kinder besuchte sie trotzdem an jedem freien Tag. Die Eltern hatten beschlossen, daß diese beim Vater bleiben sollten, und obwohl Vera verstand, daß diese Regelung für die drei am besten war, schmerzte ihr Herz beim bloßen Gedanken daran.

Sie wurde von Zweifeln befallen, und es schien, als erwachte sie aus einem schrecklichen Alptraum: Was tat sie eigentlich? Warum und wohin trieb es sie? Hier hatte sie doch ihre Kinder und einen sie grenzenlos liebenden Mann! Sie mußte einer Sinnestäuschung erlegen gewesen sein! Wie hatte sie ihre Familie verlassen können? – Der schöne Lateinamerikaner fuhr schließlich allein in seine Heimat zurück ...

Einige Jahre später gestand Emmerich Vera, daß er sich gefühlt habe, als hätte man ihm die Seele gestohlen, als er erfahren habe, daß sie ihn verlassen wolle. Und erst, als seine Seele zurückgekehrt war, konnte er wieder komponieren. Über Veras Liebesaffäre wurde nie wieder ein Wort verloren.

Die Jahre im amerikanischen Exil brachten den Kálmáns unzählige Schwierigkeiten. Emmerich hatte große Sehnsucht nach seiner Mutter und seinen Schwestern, die im vom Krieg geschundenen Budapest zurückgeblieben waren. Doch auch hier gab es einen Hoffnungsschimmer – von den Fronten im fernen Rußland kamen tröstliche Nachrichten, denn die sowjetische Armee näherte sich der ungarischen Grenze.

In einem Broadway-Theater liefen Proben zu Kálmáns neuer Operette *Marinka*. Das Sujet stammte aus der Geschichte seiner österreichisch-ungarischen Heimat. Die Handlung der romantischen Tragödie beruht auf den Geschehnissen des Jahres 1889, als Kronprinz Rudolf von Österreich-Ungarn und seine Geliebte, die junge Baronesse Mary von Vetsera (»Marinka«), Selbstmord begingen. Sie erschossen sich im Schloß Mayerling in der Nähe von Wien, da sie einander liebten, jedoch nicht heiraten durften.

Im Juli 1945 fand die Premiere von *Marinka* mit großem Erfolg statt. Danach wurde Kálmán mit Angeboten überhäuft. Das Leben schien langsam wieder ins Lot zu kommen, doch Kálmán war um seine Verwandten besorgt, von denen nach wie vor jede Nachricht fehlte. Jeden Morgen studierte er die ungarischen Zeitungen und suchte nach Hinweisen. Als er eines Tages lesen mußte, daß seine beiden Schwestern im Winter 1944/45 gestorben waren, während man sie von einem KZ in ein anderes trieb, brach er zusammen. Bis an sein Lebensende würde ihn diese Vorstellung verfolgen: Winter, Schnee, Leichen von erfrorenen Mädchen. Viel später, bereits nach seinem Tod, fuhr Vera Kálmán in das Nachkriegsungarn und verbrachte dort Monate in Archiven mit dem Versuch, etwas Genaueres über das Schicksal ihrer Schwägerinnen zu erfahren.

Doch damals, im Sommer 1945, hastete Vera zwischen dem Krankenlager ihres Mannes, den Aufführungen der *Marinka* und unzähligen Interviews hin und her. Darüber hinaus bestand auch in Europa nach Kriegsende wieder eine starke Nachfrage nach Emmerich Kálmáns Operetten. Zu Weihnachten 1949 erhielten die Kálmáns so viele Glückwünsche und Geschenke aus aller Welt, daß diese ein ganzes Zimmer füllten. Doch die Weihnachtstage wurden überschattet von einem Schlaganfall Emmerichs. Nachts phantasierte er und rief nach seinen fernen ungarischen Verwandten. Da traf Vera die Entscheidung, mit der Familie nach Europa zurückzukehren. Sobald es Emmerichs Gesundheitszustand zuließ, wurde diese in die Tat umgesetzt. Bald nach ihrer Ankunft in Wien besuchten sie das Grab von Franz Lehár in Bad Ischl, und 1950 ließen sie sich schließlich in Paris nieder. Nach Budapest konnten sie nicht fahren, denn in der sozialistischen Republik waren Besuche von Emigranten nicht erwünscht.

In Paris erholte sich Emmerich Kálmán und begann sogar, eine neue Operette zu komponieren – *Arizona Lady*. Nachdem er am 30. Oktober 1953 noch daran gearbeitet hatte, legte er sich schlafen und wachte nicht wieder auf. Sein Sohn Charles komponierte später diese Operette zu Ende. Emmerich Kálmán wurde auf dem *Wiener Zentralfriedhof* in der Nachbarschaft von Beethoven, Brahms und Strauß beigesetzt. Mehr als zehntausend Trauergäste begleiteten ihn auf seinem letzten Weg. Kränze, Sträuße, ein Meer von Blumen und Tränen.

Auch der Sohn Charles wurde Komponist, die Tochter Lili wurde Malerin, und die jüngste Tochter, Yvonne, widmete sich der Literatur. 1988 erschienen die Erinnerungen von Yvonne Kálmán, in denen sie schildert: »Emmerich Kálmán war ein wunderbarer Vater. Ich fühlte mich ihm besonders eng verbunden. Als Kind hockte ich oft heimlich unter dem Flügel, wenn er seine Melodien überprüfte. Bei ihm zu sein, ihm nahe zu sein, war das Bedürfnis meiner Kinderseele.«

Auch Vera selbst hatte begonnen, ihre Memoiren zu schreiben, doch an einem Herbstmorgen mußte sie in einer Pariser Zeitung folgendes lesen: »Mehr als 20 Jahre nach dem Tod Emmerich Kálmáns geschieht etwas Ungeheuerliches! Elisabeth Lili Kálmán beschuldigt vor einem New Yorker Gericht ihre Mutter der ehelichen Untreue und fordert die Erhöhung ihres eigenen Erbteils. Die Klägerin behauptet, daß ihre Mutter dem Ehemann untreu und der Vater zwischen 1951 und 1953 nicht im Vollbesitz seiner geistigen Kräfte gewesen sei.«

Veras Hände begannen zu zittern. Sie erinnerte sich an einen Brief, den Kálmán 1932, als Lili gerade erst geboren war, an seine Verwandten geschrieben hatte: »Der gütige Gott hat mir eine neue Jugend geschenkt, eine neue Freude: eine Frau, einen Sohn und ein kleines Töchterchen. Ich bin nicht mehr allein. Sie sind gekommen, um die verhängten, verdunkelten Fenster meiner Seele zu öffnen, damit es hell werde und die Sonne zu scheinen beginne. Diese drei haben mir strahlendes Licht gebracht.«

Vera Kálmán eilte nach New York. Sie war das Gefühl nie losgeworden, daß die unselige Liebesaffäre sie noch einmal einholen würde, aber wie konnte dieser Fehler nach so vielen Jahren solche Schatten werfen? Und von welchem »höheren Erbteil« träumte Lili? Vera hatte während der letzten Jahre einen Fonds gebildet und die Mittel für Aufführungen und zur Verbreitung von Kálmáns Werken eingesetzt. Leider hatte sie selbst das gesamte kompromittierende Material geliefert, da sie beim Schreiben ihrer Autobiographie die Liebesaffäre nicht verschwiegen hatte. Der Erbstreit endete jedoch zum Glück friedlich. Lili zog ihre Klage zurück und versöhnte sich mit ihrer Mutter.

Vera Kálmán reiste bis ins hohe Alter unermüdlich durch die Welt, von einer Kálmán-Premiere zur nächsten, dabei die Worte ihrer Mutter befolgend: »Man muß im Heute leben, nicht alle haben ein Morgen.«

Für Vera Kálmán waren das Heute und das Morgen im letzten Jahr des 20. Jahrhunderts zu Ende. Sie starb am 25. November 1999 im Alter von 92 Jahren und wurde neben ihrem Mann beigesetzt.

Ich war an Vera Kálmáns Grab in Wien und später auch in Venedig am Grab der anderen russischen Vera, ihrer Freundin aus amerikanischen Tagen, Vera Strawinsky.

Wir fuhren mit dem Vaporetto zur Toteninsel San Michele. »Wissen Sie, es gibt einen alten Glauben, daß es sehr schwerfällt, an der Insel anzulegen, wenn jemand im Boot sitzt, der viel gesündigt hat«, sagte der Schiffsführer. »Was sollten wir schon für Sünden auf uns geladen haben?« fragte ich ihn scherzhaft. Doch plötzlich erhoben sich Wellen, die das Anlegen tatsächlich erschwerten. Der Friedhof empfing uns mit Stille, und es erwies sich als schwierig, die Grabstätte der Strawinskys zu finden. Schließlich entdeckten wir sie doch; einem uralten Brauch entsprechend, lagen auf den beiden schlichten großen Grabplatten kleine Steine ...

Die letzte Liebe von Henri Matisse

Lydia Delectorskaya (1910 – 1998)

Den Bildern von Henri Matisse (1869 – 1954) begegnete ich zum ersten Mal in einem Bildband, den ich in meiner Jugend bei einer Bekannten sah. Sie lebte in einem heruntergekommenen Zimmer in einer Moskauer Kommunalwohnung, in der es noch 16 andere Mitbewohner gab. Die Bewohnerin dieses Zimmerchens, eine alte Dame mit Höckernase und der erhabenen Haltung einer Fürstin in der Verbannung, zeigte mir voller Stolz den kleinen französischen Bildband und übersetzte mir die Bildunterschriften. Sie war eine ziemlich agile Person, obwohl sie ausschließlich von Kartoffeln und Kefir lebte. Ich erinnere mich noch genau, wie sie mir von der legendären Picasso-Ausstellung 1956 in Moskau erzählte, die von dem Schriftsteller Ilja Ehrenburg eröffnet worden war. Als das Publikum vor der Eröffnung ungeduldig wurde, sprach er die berühmt gewordenen Worte: »Sie haben 25 Jahre auf diese Ausstellung gewartet. Warten Sie bitte noch fünf Minuten!« Daraufhin lachte die Menge und beruhigte sich. »Doch eine Matisse-Ausstellung werden wir in Moskau wohl niemals sehen«, sagte die alte Dame damals voller Traurigkeit. Zum Glück irrte sie sich.

Im August 2010 fuhr ich nach Nizza, wo im *Musée Matisse* die Ausstellung *Lydia D., muse et modèle de Matisse* gezeigt wurde. Überall in dem großen Gebäude hingen Bilder, auf denen der berühmte Maler eine wunderschöne russische Frau dargestellt hat – Lydia Delectorskaya. Während ich von Bild zu Bild ging, spürte ich geradezu den eindringlichen Blick ihrer grünblauen Augen auf mir ruhen. Es fällt schwer, diesen Blick zu vergessen. Er trifft einen überall auf der Welt: in der *Ermitage* in St. Petersburg, im *Puschkin-Museum* in Moskau, im *Metropolitan Museum of Art* in New York, im *Prado* in Madrid, in Tokio und in Paris. Lydia Delectorskaya ist auf vielen Meisterwerken von Matisse in vielen Museen der Welt zu bewundern. Es scheint unmöglich, daß ihr Gesicht jemals in Vergessenheit gerät. Matisse sagte gern: »Es ist unbestreitbar: Frauen sind das Herrlichste auf der Welt.«

In meinem Studium während der Sowjetzeit endete die moderne Kunstgeschichte bei Gustave Courbet. Édouard Manet wurde lediglich noch als der Beginn des Niedergangs erwähnt. Anschließend tat sich ein schwarzes Loch von etwa 80 Jahren auf. Danach, so wurde uns beigebracht, würden sich im Westen zwei unterschiedliche Strömungen beobachten lassen. Zum einen gebe es »die Auswüchse des Häßlichen«, worunter alles gefaßt wurde, was sich nicht mit den Vorstellungen des Sozialistischen Realismus vereinbaren ließ. Zum anderen gebe es »die ausländischen Künstler im Kampf für den Frieden«. So war Picasso zu dieser Zeit bekannt und geschätzt, weil er in die kommunistische Partei eingetreten war und sich für den Frieden engagierte. Für ihn machte man eine Ausnahme, obwohl er alles andere als ein Künstler des Sozialistischen Realismus war. Für unsere Lehrbücher waren sie alle Impressionisten, sowohl van Gogh als auch Matisse. In den Sälen der *Ermitage* war Matisse nicht vertreten, seine Bilder befanden sich nur in den Magazinen. »Nur liberale Linksabweichler, Liebhaber der bürgerlichen Kunst, können Matisse bewundern. Ihr dürft die Worte Lenins nie vergessen, daß die Kunst dem Volk gehört und von ihm verstanden werden muß«, so sprach unser Dozent zu uns.

Erst später bekamen wir Zugang zur neuesten Kunst, zu den Werken von Matisse, Derain und anderen Meistern des 20. Jahrhunderts. Danach war es nur noch schwer zu verstehen, wie gleichgültig und linientreu wir früher diese Kunst abgelehnt hatten.

Dabei war Matisse in Rußland schon früh in bestimmten Kreisen bekannt gewesen. Der reiche Kaufmann Sergej Schtschukin, der mit orientalischen Stoffen handelte, reiste von Moskau nach Paris, um für seine Sammlung einige Bilder von Matisse zu erwerben. Und seine Intuition war richtig – Frankreich ignorierte Matisse damals noch, aber Schtschukin prophezeite ihm: »Das Publikum ist gegen Sie, aber die Zukunft gehört Ihnen!« Im Herbst 1911 reiste Matisse auf Einladung seines Mäzens mit zwei

Lydia Delectorskaya (1910 – 1998)

großen Gemälden nach Moskau, die in dessen Villa einen besonderen Platz fanden. Die beiden Werke – *Der Tanz* und *Die Musik* – hängen heute in der St. Petersburger *Ermitage*.

»Ich war besessen von Matisse«, bekannte Schtschukin. In seiner Sammlung befanden sich mehr als 200 Gemälde: 54 von Picasso, 37 von Matisse, 29 von Gauguin, 26 von Cézanne, 20 von Derain, 19 von Manet, 13 von Renoir, 7 von Rousseau und 4 von Denis. Mehr als alles andere auf der Welt liebte der Abstinenzler und Vegetarier Schtschukin zwei Werke von Matisse: *Frauenakt in Schwarz-Gold* und *Harmonie in Hellblau*.

Matisse hatte neben Lydia Delectorskaya ein weiteres russisches Modell – Dina Vierny (1919 – 2009), die auch für den Bildhauer Aristide Maillol Modell saß. Doch Lydia Delectorskaya wurde zum Lieblingsmodell von Matisse, weil er in ihr all das vereinigt fand, was schon lange in seiner Vorstellung als Ideal einer Frauengestalt existiert hatte. Und als er sie endlich fand, verliebte er sich in ihr außergewöhnliches sibirisches Wesen.

Nebenbei bemerkt: Wenn Sie einmal in Paris über die baumbeschatteten Wege der Tuilerien flanieren, erfreuen Sie sich doch an den in wundervollen Posen erstarrten weiblichen Bronzeakten von Aristide Maillol. Für sie stand Dina Vierny Modell; nach ihr ist auch ein Platz in der französischen Stadt Banyuls-sur-Mer, dem Geburtsort von Maillol, benannt. Dina Vierny war übrigens die Alleinerbin von Maillols künstlerischem Nachlaß.

Nach Maillols Tod im Jahr 1944 kamen Dinas Freunde Matisse und Lydia ihr zu Hilfe. Sie machten ihr den Vorschlag, eine Galerie zu eröffnen: In der Kunst kannte sich Dina schließlich bestens aus! Sie war diejenige gewesen, die dem Pariser Publikum die Arbeiten des russischen Emigranten Serge Poliakoff zugänglich gemacht hat. An Dinas Biographie haben mich drei Momente begeistert.

Erstens: Sie reiste zweimal nach Rußland (1959, 1969), um nach talentierten jungen Künstlern zu suchen. Ihr Interesse galt dabei aber nicht den »sozialistischen Realisten«, sondern denen, die offiziell nicht anerkannt waren – Nonkonformisten wie Ilja Kabakow und Oscar Rabin. Sie wurde nicht müde, durch Höfe zu laufen, auf Dachböden zu steigen, dorthin, wo diese Nicht-Anerkannten arbeiteten. Sie trank mit ihnen Wodka, sang mit ihnen Zigeuner-Romanzen, diskutierte bis zum Sonnenaufgang mit ihnen über Kunst. Dina hat vielen geholfen. Es ist ihr sogar gelungen, einige Werke dieser Künstler aus der UdSSR in den Westen zu schaffen und eine Ausstellung für sie zu organisieren.

Zweitens: Dina sammelte Lieder von Gefangenen, Lieder, die in den sowjetischen Gefängnissen entstanden waren. Und sie hat diese sogar selbst gesungen! Sie nahm ein Album auf, *Blatnyje Pesni* (Kriminelle Lieder), um das in der UdSSR Legenden kreisten!

Drittens: Sie hat es ganz alleine geschafft, das *Musée Maillol* in Paris zu gründen! Nachdem sie einige schöne, alte Häuser in der Rue de Grenelle besichtigt hatte, kaufte sie eins und zahlte es 15 Jahre lang in Raten ab. Sie mußte dazu ihre einzigartige Puppensammlung und ihre Autographensammlung verkaufen. 1995 wurde das Museum eröffnet.

Maillol und Matisse waren übrigens nicht die einzigen Künstler, die eine ausgeprägte Vorliebe für russische Frauen hegten. Das besondere Interesse an Russinnen kam in westeuropäischen Künstler- und Intellektuellenkreisen nach der Russischen Revolution und dem Ersten Weltkrieg auf. Angefangen bei Picasso über den Diplomaten und Publizisten Stéphane Hessel, den

Autor von *Empört Euch!*, bis hin zu dem berühmten italienischen Drehbuchautor Tonino Guerra, der ein langjähriger Mitarbeiter von Federico Fellini war ... Die Russen beziehen sich bei dem Versuch, diese Besonderheit zu erklären, gern auf den Historiker und Ethnologen Lew Gumiljow. Dieser vertritt in seinen Werken die These, daß junge Völker wie die Russen den abendländischen Völkern neue Impulse geben könnten. Diese Ansicht sehe man insbesondere bei Künstlern bestätigt, da es diese immer nach Neuem dürste.

Doch kehren wir zu Matisse und Lydia zurück. Matisse suchte lange nach seiner Muse; 21 Jahre intensiven Schaffens lagen bereits hinter ihm, als er in Nizza auf Lydia Delectorskaya traf. Sie erinnerte sich später voller Dankbarkeit an ihn, weil sie den großen Künstler bei der Arbeit begleiten konnte und er ihre Begeisterung und Liebe zur Kunst weckte und förderte. »Meine 22 Jahre im Hause Matisse vergingen wie ein einziger Tag.«

Wer könnte besser über ihr Leben mit Matisse erzählen als sie selbst? Zwar bleiben ihre Schilderungen rätselhaft und voll Unausgesprochenem, dennoch läßt sich in ihnen der Schlüssel zu dem schwierigen Verhältnis zwischen den beiden finden.

Ihre Beziehung war immer geheimnisvoll. Lydia sagte einmal: »Verstehen Sie, zwischen mir und dem großen Matisse lief nichts nach Ihren Regeln. Regeln mögen für alle gelten, aber nicht für mich und Matisse.«

Es gibt sowohl schamlos üppige Akte als auch keusche Porträts, aber immer wird die Anbetung des Künstlers für sein Modell deutlich.

Ihre lesenswerte Autobiographie ist bisher leider noch nicht in deutscher Übersetzung erschienen, daher hier eine längere Passage daraus: »Von 1934 bis 1939 habe ich viel für Matisse posiert oder ihm in seiner Werkstatt geholfen«, schrieb Lydia Delectorskaya. »Wer bin ich denn eigentlich? Die einzige Tochter eines Arztes, geboren in Tomsk, der Stadt, deren Name eng mit dem Franzosen Michel Strogoff verbunden ist. Anfang der 20er Jahre tobten in Sibirien Typhus- und Choleraepidemien, und 1922 verlor ich Vater und Mutter. Ein Jahr später nahm mich meine Tante zu sich und brachte mich mit ihren eigenen Kindern in die Mandschurei. Nach Beendigung meiner Ausbildung am russischen Lyzeum verschlug mich das Schicksal nach Frankreich. Doch hier wurde ich zu einer einfachen Emigrantin, des Französischen nicht mächtig, denn im Fernen Osten lernt man Englisch. Mit 19 Jahren heiratete ich in Paris einen Exilrussen, einen eingefleischten Junggesellen, doch bereits nach einem Jahr verließ ich ihn. Dies ist in Kürze die Beschreibung meiner Jugend. Zwei Jahre später, im Oktober 1932, ging ich in einer schwierigen Lebenssituation aus Paris fort und reiste nach Nizza, wo ich durch einen glücklichen Zufall zeitweilig Arbeit bei Matisse fand. Zu jener Zeit schuf er sein grandioses Werk *Der Tanz* und brauchte Hilfe in seiner Werkstatt. Nach einem Jahr war *Der Tanz* vollendet, und er kehrte zu seiner gewohnten Tafelmalerei zurück, so daß meine Hilfe nicht mehr benötigt wurde. Doch vier, fünf Monate später brauchte Madame Matisse, die seit vielen Jahren an einer schweren Krankheit litt, eine neue Pflegerin. Man erinnerte sich an mich, suchte mich auf, und im Oktober 1933 begann ich meinen Dienst. Zuerst kam ich nur tagsüber, aber dann bot man mir einen festen Monatslohn samt Kost und Logis, und ich willigte ein.

Und so lebte ich 22 Jahre bei Matisse. Das erste Jahr zeigte Matisse keinerlei Interesse an mir. Seine Arbeit beanspruchte ihn ganz und gar. Ich war nur ein nützlicher Mensch im Haus. Und als Matisse begann, mir nach einiger Zeit lange prüfende Blicke zuzuwerfen, maß ich dem keinerlei Bedeutung bei. Obwohl er am Anfang, als ich ihm in der Werkstatt geholfen hatte, drei oder vier Zeichnungen von mir angefertigt hatte, kam es mir nie in den Sinn, daß ich wieder für ihn posieren könnte.

Dafür gab es zwei Gründe: Als ich mich seinerzeit auf Arbeitssuche an Matisse gewandt hatte, gehörte ich zu der Kategorie der Emigranten, die nach französischem Recht keine Arbeitserlaubnis hatten. Eine Ausnahme bestand nur für wenige Berufe: Statistinnen beim Film, Mannequins, Kindermädchen und so weiter. Deshalb beschloß ich, da ich in äußerster Armut lebte und kaum französisch sprach, als Modell zu arbeiten. Ehe ich durch Zufall auf die Adresse des mir bis dahin völlig unbekannten Matisse stieß, hatte ich bereits in drei Ateliers posiert. Doch diese Tätigkeit war für mich eine regelrechte Qual, denn sie erforderte stundenlange Reglosigkeit und demonstratives Selbstbewußtsein. Die Rolle der Pflegerin erschien mir weitaus passender.

Außerdem hatte Matisse nach wenigen Zeichnungen die Arbeit mit mir beendet, und so meinte ich, als Modell für ihn nicht zu taugen. Das schien die Frage ein für allemal zu klären. Ich war wirklich nicht sein Typ. Matisse wurde ausschließlich von exotisch aussehenden Frauen inspiriert, die einzige Ausnahme bildete seine Tochter. Ich aber war blond, hellblond sogar. Wahrscheinlich wurde sein Blick deshalb jedes Mal nachdenklich und schwer, sobald er ihn auf mich richtete.

Ohne jemals die Grenzen des Erlaubten zu überschreiten, wurde meine Beziehung zu Matisse im Laufe der Zeit dennoch immer herzlicher. Ich widmete mich ganz und gar und mit vollem Herzen dem Haus und der Arbeit. Matisse und seine Frau begannen ihrerseits, mich mehr und mehr ins Herz zu schließen, und ließen sich immer mal Gründe einfallen, mich zu verwöhnen.

Jeden Tag, sobald ich meinen morgendlichen Verpflichtungen gegenüber Madame Matisse nachgekommen war, stürmte ich in das Atelier, wo mich Matisse voller Ungeduld erwartete, um endlich mit der ›richtigen‹ Arbeit beginnen zu können. Er malte stets direkt von der Natur, von seinem Modell, ich denke, sein ganzes Leben lang. Und wenn er Korrekturen vornehmen mußte, ohne das Objekt oder sein Modell vor sich zu haben, gab er einem Bild nie die endgültige Firnis, bevor er nicht noch einmal einen Blick auf das dargestellte Objekt oder die Person geworfen hatte.

Ich lernte im Laufe der Zeit ein recht gutes Französisch, da ich mit überaus gebildeten Franzosen zusammenlebte. Nur so war ich in der Lage, nach den Sitzungen mit Matisse seine Überlegungen und Ausführungen zu notieren.«

Ich finde die Berichte derjenigen Zeitgenossen, die das Glück hatten, Lydia Delectorskaya persönlich zu kennen, immer sehr interessant. Der Schriftsteller Daniil Granin erzählte über ein Treffen mit ihr in Paris 1956:

»Am Louvre kam Lydia Nikolajewna Delectorskaya auf Konstantin Paustowskij und mich zu. Sie hatte gewußt, daß Paustowskij in Paris weilte. Seit langem war sie seine Verehrerin. Lydia Nikolajewna setzte sich zu uns, stellte sich vor und lud uns zu sich ein. Wir verbrachten einige wunderbare Stunden miteinander, wunderbar, weil wir aus den Fragen und Antworten etwas aus dem Leben Lydia Nikolajewnas erfuhren. Das Wichtigste war, zumindest in meinen Augen, ihre Freundschaft mit Matisse. Viele Jahre, bis zu seinem Tod, war sie seine Sekretärin, Freundin und Geliebte. An den Wänden hingen Fotografien – St. Petersburg, Charbin, Paris. Lydia Nikolajewna hat sich auf ihnen nicht verändert, sie war immer noch genauso schön wie in jungen Jahren. 1940 arbeitete sie schon bei Matisse. Alles an ihrem Aussehen strahlte Klarheit aus. Sie war nicht im herkömmlichen Sinn schön zu nennen, doch Matisse zeichnete sie mit großer Bewunderung. In der langen Reihe seiner Liebschaften fiel ihr der Platz seiner Gehilfin zu und vielleicht auch der seiner letzten Leidenschaft.

In ihrer kleinen Zweizimmerwohnung hingen überall Bilder von Matisse. In jener Zeit erschien selbst mir als Bewohner einer kommunalen Wohnung diese Behausung äußerst bescheiden. Sie paßte so gar nicht zu den Bildern von Matisse mit ihren leuchtenden Farben.

Das geniale Talent von Matisse ist für mich unbestritten, obgleich er nicht ›mein‹ Künstler ist. In der Wohnung von Lydia Nikolajewna strahlten seine Arbeiten, kein anderer Schmuck war neben ihnen nötig, wäre sogar fehl am Platz gewesen. Nach dem Tod von Matisse erbte sie diese und andere Werke, einige seiner Grafiken und Collagen. Den größten Teil übergab sie dem *Puschkin-Museum* in Moskau und der *Ermitage* in St. Petersburg. Insgesamt stellten sie ein beträchtliches Vermögen dar, bereits damals wurde Matisse ausgesprochen hoch gehandelt. Paustowskij sagte mir, daß die von ihr geschenkten Bilder bei uns wohl auf absehbare Zeit kaum ausgestellt werden würden. In jenen Jahren waren ja sogar die Impressionisten in die Magazine verbannt worden. Matisse erwartete das gleiche Schicksal. Lydia Nikolajewna, die aus Rußland vertrieben worden war, schenkte ihrer Heimat trotz alledem das, was ihr ein luxuriöses Leben ermöglicht hätte. Darüber hinaus trennte sie sich von den ihr persönlich besonders wichtigen Werken, denen, die vor ihren Augen entstanden waren, die jetzt aber versteckt wurden. Sie hätte doch ... – Wir konstruierten einige glückliche Varianten ihres Schicksals. Wir wollten sie von der Undankbarkeit unserer Parteibonzen erlösen, für die Matisse etwas Feindliches verkörperte. Sie mußte sich damit auseinandersetzen. Niemand überschüttete sie in jenen Jahren mit Dankbarkeit, die Verantwortlichen beeindruckte ihr uneigennüt-

Lydia Delectorskaya (1910 – 1998)

ziges, großzügiges Geschenk nicht. Es brachte diese nur in unnötige Schwierigkeiten: Ablehnen ging nicht, und anzunehmen und nicht auszustellen hieß, ins Gerede zu kommen.

Wir kannten unsere sowjetische Wirklichkeit besser als sie, aber sie hatte auf eine andere, auf eine höhere Art und Weise recht: Sie glaubte an die unbesiegbare Kraft, an das Genie von Matisse, sie wußte um die zeitliche Begrenztheit der sowjetischen Unkultur und vielleicht sogar um die zeitliche Begrenztheit des sowjetischen Regimes selbst.

Seit jenem Pariser Treffen stand ich mit Lydia Delectorskaya in Briefwechsel. Mehrmals kam sie nach St. Petersburg (damals Leningrad), und die Begegnungen mit ihr waren Festtage. Sie liebte die Stadt, konnte sie mit den ›inneren Augen‹ sehen …«

Lydia Delectorskaya starb am 16. März 1998 in Paris und wurde in Pawlowsk bei St. Petersburg beigesetzt. Leider war ich noch nie an ihrem Grab. Doch ich weiß, daß die folgenden Worte in ihren Grabstein gemeißelt sind: »Matisse bewahrte ihre Schönheit für die Ewigkeit«. Man sagt, daß dort immer frische Blumen und manchmal auch Grußkarten lägen. Freunde erzählten mir, daß sie auf dem Grab schon einmal eine Kunstpostkarte gesehen hätten – *Fée au chapeau de clarté* von Matisse. Die Fee hat Lydias wunderschöne Augen und ihr geheimnisvolles Lächeln. Ich glaube, diese Geste eines Verehrers von Matisse hätte ihr sicherlich gefallen. Irgend jemand hat einmal gesagt, daß Lydia Delectorskaya auf eine ganz besondere Weise schön gewesen sei, auf eine Art, die zum Symbol einer ganzen Epoche wurde. Diese Epoche ist zu Ende gegangen, die Seite wurde umgeblättert …

Wie weise hat das Leben es doch eingerichtet, daß Lydia Delectorskayas Grab sich in ihrer russischen Heimat befindet. Ihre so viel Liebe ausstrahlende russische Seele ist dort in Pawlowsk zur Ruhe gekommen, inmitten herrlicher alter Paläste und atemberaubend schöner Parkanlagen.

Zwischen den Sprachen

Swetlana Geier (1923 – 2010)

Wenn ich auf mein Leben zurückblicke, erkenne ich darin viele Verluste, verursacht durch eigene Dummheit und Trägheit: eine ganze Reihe verpaßter Gelegenheiten. Mein Schicksal führte mich immer wieder mit den interessantesten Menschen zusammen, mit historischen Persönlichkeiten, die ich hätte näher kennenlernen können. Aber ich glitt vorbei, vorbei; ungeduldig eilte ich irgendwohin ... Würde ich eine Liste jener Verluste zusammenstellen, dann stünde darauf als erstes der aus der Sowjetunion emigrierte Germanist und Schriftsteller Lew Kopelew, der das Vorwort zu meinem ersten in Deutschland erschienenen Buch geschrieben hat. Einmal sagte er am Telefon zu mir: »Kommen Sie mich besuchen«, aber ich folgte seiner Einladung nicht. Erst einige Zeit später nahm ich mir vor, ihn zu treffen, aber da war es schon zu spät ...

Ähnlich erging es mir mit der Journalistin und Publizistin Marion Gräfin Dönhoff. Nachdem sie eines meiner Bücher gelesen hatte, schrieb sie mir einen wunderbaren Brief. Ich rief sie daraufhin an, und sie sagte: »Notieren Sie meine Adresse, wenn Sie in der Gegend sind, kommen Sie vorbei.« Doch ich fand nicht die Zeit, für ein Gespräch mit ihr nach Hamburg zu fahren. Am Telefon wechselten wir nur mehr oder weniger belanglose Worte ... Was für ein Jammer, wie leichtfertig und gedankenlos ich die nähere Bekanntschaft mit bedeutenden Menschen verpaßte!

So war es auch im Fall der Übersetzerin Swetlana Geier. Eine in Deutschland erscheinende russische Zeitung bat mich einmal, ein Interview mit ihr zu führen. Leider schob ich auch dieses Vorhaben immer wieder auf, bis sich keine Gelegenheit mehr dazu bot.

Kennen Sie übrigens diese Worte Puschkins? »Übersetzer sind die Postpferde der Bildung.« Das trifft eindeutig auf Swetlana Geier zu. Sie selbst sprach auch davon, daß ein Übersetzer ein Fährmann sei, der auf eigene Gefahr kulturelle Werte aus einem Land in ein anderes über-setzt.

Im Jahr 1914 schrieb der englische Journalist und Schriftsteller Gilbert Keith Chesterton: »Journalismus bedeutet mitzuteilen, daß Lord John gestorben ist, und zwar dies all jene wissen zu lassen, die bis dahin nicht einmal wußten, daß es Lord John überhaupt gab.« Diese Regel hat sich bis zum heutigen Tag erhalten. Als deutsche Zeitungen den Tod von Swetlana Geier meldeten, fragte sich die Mehrzahl der Leser, wer diese Frau gewesen sei. Ihr Name war keinem großen Kreis bekannt, doch es gab jene, die ihn kannten und ihre große Lebensleistung schätzten.

»Die Königin der Übersetzer«, wie Lew Kopelew Swetlana Geier nannte, starb 2010 im Alter von 87 Jahren in ihrem Haus in Freiburg. Sie war die bekannteste Übersetzerin aus der russischen Sprache, die dem deutschen Lesepublikum viele geniale russische Schriftsteller nahebrachte, insbesondere Fjodor Dostojewskij (1821 – 1881). Doch sie selbst sagte scherzhaft von sich, sie sei eine »falsche Übersetzerin«, weil sie aus der Muttersprache in die Fremdsprache übersetze, obwohl es gewöhnlich andersherum verlaufe. Und in der Tat ist es wahrscheinlich sehr selten, daß ein russischer Muttersprachler derart gelungen die schwierigsten Texte von Dostojewskij, Tolstoj, Bulgakow, Platonow und Solschenizyn ins Deutsche zu übertragen vermag.

Der große Dichter Wassilij Schukowskij hat einmal gesagt: »Der Übersetzer von Prosa ist ein Sklave, der Übersetzer von Versen ist ein Konkurrent.« Schade, daß er nicht mehr miterleben konnte, wie die Kunst der Prosaübersetzung im 20. Jahrhundert ungeahnte Höhen erreichte und eigene Theorien und Schulen hervorbrachte. Früher wurde in Rußland fremdsprachige Literatur geradezu sklavisch wortwörtlich übersetzt. Ich erinnere mich an einen Anfang des 20. Jahrhunderts herausgegebenen Dickens-Band aus der Bibliothek meines Vaters. Darin gibt es eine Wendung, die folgendermaßen übersetzt worden ist: »Die obere Hälfte des Vaters neigte sich zum Teich.«

Auch vor Swetlana Geier wurde Dostojewskij mehrmals ins Deutsche übersetzt. Aber wie viele Ungenauigkeiten, falsche Wörter, Sinnentstellungen, stilistische Mängel finden sich in diesen Übersetzungen! Selbst der Titel seines berühmtesten Werkes *Prestuplenije i nakasanije* wurde früher mit *Schuld und Sühne* ungenau übersetzt, Swetlana Geier übersetzte ihn präziser mit *Verbrechen und Strafe*. Ihre Arbeit ist das Werk einer Meisterin, die virtuos mit der Sprache umzugehen weiß. Anläßlich ihres 85. Geburtstags erschien ihre Biographie *Ein Leben zwischen den Sprachen*. Und es war ein ungewöhnlich interessantes Leben!

Swetlana Michailowna Iwanowa, mit Ehenamen Geier, wurde 1923 in eine gutbürgerliche Kiewer Familie geboren und lernte von frühester Kindheit an Französisch und Deutsch. Damals wußte sie noch nicht, daß die deutsche Sprache einmal eine so wichtige Rolle in ihrem Leben spielen sollte. In den Jahren der stalinistischen Repression wurde ihr Vater, ein Biologe, inhaftiert;

er starb an den Folgen der grausamen Verhöre. Swetlanas Mutter, Tochter eines zaristischen Offiziers, konnte den Mord an ihrem Mann durch die Bolschewiken nicht verschmerzen.

Im Jahr 1941 beendete Swetlana die Schule mit ausgezeichneten Noten und schrieb sich an der Universität Kiew als Studentin der Fakultät für westeuropäische Sprachen ein. Aber sie konnte ihr Studium nicht beginnen, denn die deutschen Truppen besetzten Kiew. Gemeinsam mit Tausenden anderen Menschen wurde Swetlanas beste Freundin in Babij Jar erschossen. »Das ist niemals Geschichte geworden, und auch wenn ich heute darüber spreche, ist es noch genauso schmerzhaft wie vor 60 Jahren«, offenbarte sie.

Eine Flucht kam für Swetlanas Mutter während des Krieges nicht in Frage, denn für sie bedeutete die Besetzung von Kiew die Befreiung von den Bolschewiken, die ihren Mann zu Tode gequält hatten. Um nicht zu verhungern, arbeitete sie wie viele andere Frauen in der besetzten Stadt auch für die einquartierten deutschen Offiziere; sie wusch deren Wäsche, spülte das Geschirr, wischte die Böden ... Wenn die Obrigkeit einen Dolmetscher benötigte, nahm sie ihre Tochter mit in die Kommandantur.

Einige Zeit später bekam Swetlana eine Stelle als Dolmetscherin in der Kiewer Niederlassung des Unternehmens *Dortmunder Brückenbau*. Für ihre Arbeit sollte sie ein Stipendium für ein Studium in Deutschland bekommen. Doch als im Herbst 1943 die sowjetischen Truppen immer näher an Kiew heranrückten, beendete das Unternehmen seine Tätigkeit in der Ukraine. Zu dieser Zeit war sich Swetlana bereits im klaren darüber, daß ihr eine Verurteilung wegen Kollaboration drohte. Sie hatte ihre Entscheidung in dem Moment getroffen, als sie die Stelle angenommen hatte. Die Weichen waren somit gestellt, und daher verließen Swetlana und ihre Mutter gemeinsam mit den deutschen Truppen Kiew.

In Dortmund kamen die beiden zunächst in ein Lager, aber dank der Intervention und Hilfe deutscher Freunde waren sie nach einem halben Jahr wieder in Freiheit. Aufgrund ihrer sprachlichen Fähigkeiten erhielt Swetlana ein Humboldt-Stipendium und konnte bereits 1944 an der Universität Freiburg ein Studium der Literaturwissenschaft und der vergleichenden Linguistik beginnen. Ihr großes Glück war, daß Freiburg später zur französischen und nicht zur sowjetischen Besatzungszone gehörte, denn sonst wäre sie nie Dozentin für die russische Sprache in Deutschland geworden.

Swetlana Geier wurde nie verziehen, daß sie ihre Heimat gemeinsam mit den Faschisten verlassen hatte. Nicht alle Russen konnten diese Tatsache in ihrer Biographie akzeptieren. Der Name Geier wurde lange Jahre nicht erwähnt, und nur sehr wenige russische Zeitungen schrieben einen Nachruf auf diese begnadete Übersetzerin. In der Zeitung *Russkij Berlin* stand am 15. November 2010: »Swetlana Geier hat so viel für die russische Sprache und Literatur getan, daß es ihren Verrat bei weitem aufwiegt.«

Das Wort Verrat trifft auf Swetlana Geiers Verhalten auch gar nicht zu. Sie war immer ein unabhängiger, freier Mensch und traf bewußt ihre eigenen Entscheidungen. Ihr Leben lang war sie voller Hingabe, nicht für das Rußland der Bürokraten und Plutokraten, wohl aber für das große leuchtende und mächtige Rußland Dostojewskijs und Tolstojs, das sie immer in ihrem Herzen trug.

Nach dem Krieg heiratete sie einen Musiker, brachte zwei Kinder zur Welt und unterrichtete 35 Jahre lang an der Universität, an der sie selbst studiert hatte. Ab 1953 begann sie, sich aus reinem Interesse mit literarischen Übersetzungen zu beschäftigen, noch nicht ahnend, daß dies einmal ihre wahre Berufung werden würde.

Eine ihrer bedeutendsten Übersetzungen ist die von Dostojewskijs Roman *Der Spieler*, die sie, nebenbei bemerkt, erst mit 65 Jahren begann.

»Ein Übersetzer muß alles über den Schriftsteller wissen. Warum hat ausgerechnet Dostojewskij und nicht Gogol oder Tschechow in die Abgründe der menschlichen Seele geschaut?« fragte Swetlana Geier sich. »Hier kann man Dostojewskijs Meinung vertrauen, der einmal schrieb, daß es ohne die schweren Schicksalsprüfungen in seinem Leben den Schriftsteller Dostojewskij nicht gegeben hätte. Stoisch ertrug er Verbannung und Zwangsarbeit in Sibirien. In seinen späteren Jahren verfiel er zeitweilig in tiefste Depressionen, er war süchtig nach dem Roulettespiel und infolgedessen hoch verschuldet. Um seine Schulden irgendwie bezahlen zu können, mußte er schreiben. Manchmal schickte er Verlegern den Beginn eines Werkes, ohne die geringste

Vorstellung davon zu haben, wie er es beenden würde. *Den Spieler* schrieb er in dem unglaublichen Zeitraum von nur 26 Tagen. Und erneut spielte er, verlor und erniedrigte sich und war ohne Hilfe nicht in der Lage, sich aus dieser Sucht zu befreien. Später schickte ihn sogar seine Frau, Anna Snitkina, ins Kasino, weil ihr klar war, daß er nicht würde schreiben können, solange er nicht all das erlebt hätte – Verzweiflung und Erniedrigung durch eine erneute Niederlage im Spiel mit dem Schicksal. Er würde nicht zur Feder greifen, bevor er sich nicht selber moralisch zugrunde gerichtet hätte. Deshalb war das Roulettespiel Dostojewskijs Schicksalsspiel. Und es ist wesentlich, dieses Gefühl bei der Übersetzung von *Dem Spieler* ins Deutsche wiederzugeben.«

In den letzten 15 Jahren ihres Lebens arbeitete Swetlana Geier hauptsächlich an den wichtigsten Werken Dostojewskijs – in der Tat eine gigantische Aufgabe, sowohl hinsichtlich der inneren Anspannung als auch des Umfangs. Nicht ohne Grund nannte sie ihre Übersetzungen von Dostojewskijs Werken scherzhaft ihre »Elefanten«. Darin steckt viel Wahres – allein der 2006 erschienene Band *Ein grüner Junge* umfaßt 800 Seiten.

Die »Elefantenmetapher« schaffte es sogar bis auf die Kinoleinwand. Der Drehbuchautor und Regisseur Vadim Jendreyko drehte einen Dokumentarfilm in Spielfilmlänge über *Die Frau mit den fünf Elefanten*. Der Film handelt von Swetlana Geier und ihrer Arbeit an den Werken Dostojewskijs – den Romanen *Verbrechen und Strafe* (1994), *Der Idiot* (1996), *Böse Geister* (1998), *Die Brüder Karamasow* (2004) und *Ein grüner Junge* (2006).

Auf die Frage, warum sie für ihre Übersetzungen ausgerechnet Dostojewskij gewählt habe, antwortete sie: »Wofür leben wir? Diese Frage quälte Dostojewskij, und sie beschäftigt uns alle. Wir alle stellen uns die Frage: Wozu das Ganze? Dostojewskij zwingt uns, durch die dunklen Korridore des Unterbewußtseins zu streifen, in jedes finstere Zimmer und jeden noch so versteckten Winkel, und er führt uns hin zu dem Gedanken: Auch in mir ist ein Stück von dem Dämonen Stawrogin, dem geradezu heiligen Aljoscha Karamasow, dem Fürsten Myschkin und dem Mörder Raskolnikow. Diese Gedanken stürzen auf dich ein, zwingen dich widerstrebend zu der Erkenntnis: Ja, auch ich kenne diese Abgründe, habe schon gefühlt, was sie alle durchmachen müssen.

Swetlana Geier (1923 – 2010)

Nach dem russisch-orthodoxen Glauben bedeutet bereits der Gedanke an eine sündhafte Tat eine Sünde; es gibt praktisch keinen Unterschied zwischen dem Gedanken und der Handlung. Dostojewskij bringt diese Gedanken in uns ans helle Tageslicht und zerfetzt die Maskierungen des zufriedenen, gesetzestreuen Bürgers, der von sich denkt: ›Ich lebe mein kleines Leben und bin kein schlechter Mensch, versündige mich nicht.‹ Doch Dostojewskij beharrt darauf: ›Nein! Du sündigst sehr wohl! Auch in dir stecken sowohl der Schänder Swidrigailow wie auch der speichelleckende Widerling Smerdjakow!‹

Mich als Übersetzerin beeindruckten folgende Worte Dostojewskijs: ›Ich schreibe größtenteils über die Gedanken der Menschen. Und aus diesen Gedanken entsteht dann die Person. Doch gerade ihre Gedanken sind es, deren sich die Menschen häufig schämen.‹

Und bis ans Ende seiner Tage quälten ihn Zweifel daran, ob er die Seele des Menschen richtig erfaßt habe. Deshalb ist dieser Schriftsteller für mich so interessant.«

Natürlich sind die Betrachtungen Swetlana Geiers nicht literaturwissenschaftlich im eigentlichen Sinn. Die Übersetzerin beschäftigte sich vielmehr mit dem Leben und Werk des großen Schriftstellers, um für uns Leser Zeile für Zeile sowohl die Hitze als auch die Kälte spürbar werden zu lassen.

»Als ich an den *Brüdern Karamasow* arbeitete«, berichtete Swetlana Geier, »mußte ich oft an Dostojewskijs Tod denken. War es Verhängnis, war es Schicksal? Nachdem er im Herbst 1880 *Die Brüder Karamasow* beendet hatte, lebte er nur noch ein halbes Jahr. Dieser Roman sollte den Anfang eines Zyklus bilden, *Das Leben eines großen Sünders*, tatsächlich wurde er aber das Finale eines bedeutenden Schriftstellerlebens. Und wissen Sie, woran er starb? Dostojewskij drehte sich gern eine Papirossa und benutzte dabei einen Federhalter zum Feststopfen des Tabaks. Als er sich wieder einmal eine Zigarette drehte, fiel ihm der Federhalter hin und rollte unter ein Schränkchen. Er versuchte, das Schränkchen beiseite zu schieben, nachdem er sein Schreibgerät nicht hatte erreichen können. Die Anstrengung war so groß, daß er Blut zu speien begann. Und kurze Zeit später war er tot.«

Aus den vielen Interviews, die mit Swetlana Geier in ihren letzten Jahren geführt wurden, haben mich zwei Momente besonders beeindruckt. Sie erzählte einmal, daß der heilige Hieronymus, der Schutzheilige der Übersetzer, ihr Ideal sei. Sie habe immer davon geträumt, ein weibliches Ebenbild von Hieronymus zu sein, denn sie sei von seinem kargen Einsiedlerleben und seinem geistigen Schaffen fasziniert. Sie verehre ihn weniger wegen seiner Standhaftigkeit gegen teuflische Versuchungen als vielmehr wegen seiner Geistesgröße.

Ihren Arbeitstag beschrieb Swetlana Geier folgendermaßen: »Meine Assistentin kommt jeden Morgen um 8:45 Uhr zu mir und bringt Brötchen mit. Bis dahin habe ich bereits das Tagespensum fürs Übersetzen zusammengestellt und den russischen Originaltext auswendig gelernt. Es bleibt nur noch, den Text ins Deutsche zu übertragen wie Musik auf Notenpapier. Ich diktiere den Text, weil mich meine langjährige Erfahrung gelehrt hat, daß das gesprochene Wort unmittelbarer ist als das geschriebene. Außerdem sehe ich so nicht, was auf dem Papier steht, denn sähe ich es, würde ich sofort anfangen zu verbessern und käme entschieden langsamer zum Ziel. Wenn der Text geschrieben ist, kommt ein anderer Assistent zu mir, ein Musiker und sehr belesener Mensch. Er liest mir den ausgedruckten deutschen Text vor, und als ob dies mich von ihm distanzierte, nehme ich den Text als etwas Fremdes wahr und beginne, ihn erneut zu bearbeiten.«

Swetlana Geier stellte sich selbst die Frage, warum es ihr so wichtig sei, der deutschen Leserschaft die Werke Dostojewskijs nahezubringen. Ihre Antwort darauf war, daß gerade Dostojewskijs Werk ein Heilmittel für die Gesellschaft sein könne. Aber helfen könne er nur denjenigen Seelen, die sich wie der Schriftsteller selbst mit der Frage quälen: Wozu dies alles? Wozu sind wir auf diese Welt gekommen?

»Dostojewskij hat bis an sein Lebensende an der These festgehalten, man sei nur für ein Experiment auf diese Welt geworfen worden: Um zu prüfen, ob es gelingen könne. Die Antwort auf diese Frage hat auch er nicht gefunden.«

»Für mich ist es schon zu spät, um Pessimist zu sein.«

Tatjana Kuschtewskaja (* 1947)

Anfang 2011 teilte das russische Amt für Statistik der Presse mit, daß in den letzten Jahren 1,25 Millionen Menschen Rußland verlassen hätten. Die gegenwärtige Emigration ist vergleichbar mit der Auswanderungswelle nach der Oktoberrevolution 1917, als zwei Millionen Menschen aus Rußland flüchteten. Die heutigen Russen drücken ihren Protest nicht durch Demonstrationen, sondern durch das Verlassen des Landes aus.

Aus meiner weitverzweigten Familie ist allerdings nie jemand ausgewandert, auch wenn beispielsweise eine meiner Großmütter eine unbezwingbare Neigung zu Abenteuern hatte. Sie stürzte sich mit dem Wagemut eines Glücksspielers in das Revolutionsgeschehen des Jahres 1917. Die Militäruniform, den Revolver im Gürtel, das Recht, zu kommandieren und flammende Reden zu halten – etwas Besseres läßt sich doch nicht ausdenken. Sie erzählte mir, daß sie damals nur ein Umstand gestört habe, nämlich, daß man sie gezwungen habe, eine eigenartige Sprache zu erlernen. Ich war verblüfft zu hören, um welche Sprache es sich dabei handelte. Was glauben Sie, welche Sprache man allen hohen Funktionären der *Internationale* zu lernen empfahl? Sie werden im Leben nicht darauf kommen: Esperanto!

Der Volkskommissar Lew Trotzkij beließ es nicht bei einer Empfehlung, sondern erteilte allen Roten Kommandeuren den Befehl, inmitten der Bürgerkriegswirren Esperanto zu lernen. Für die Weltrevolution brauchte es eine gemeinsame Sprache, und so sollten alle Esperanto sprechen.

»Für mich ist es schon zu spät, um Pessimist zu sein.«

Möglicherweise hatte die Begeisterung meiner Großmutter für die Revolution auf mich den paradoxen Einfluß, daß ich mich seit meiner Jugend weder für Politik begeistere, noch Politiker leiden kann. Politiker sind für gewöhnlich langweilige Menschen, und schon die Namen der Parteien bringen mich zum Gähnen. In dieser Reihe von drögen Parteinamen habe ich nur ein einziges Mal einen interessanten entdeckt: *Fianna Fáil*, was in der Übersetzung »Soldaten des Schicksals« bedeutet. Diesen Namen trägt eine im Jahr 1926 gegründete irische Partei.

Meine andere Großmutter war sehr religiös und hatte in ihrer Jugend sogar darüber nachgedacht, ins Kloster zu gehen. Als die Bolschewiken in den 1920er Jahren begannen, Kirchen zu zerstören, erhob sich eine kleine Gruppe von Gläubigen, zu denen auch meine Großmutter gehörte, um sie zu verteidigen. Sie wurden festgenommen, und meine Großmutter erzählte mir davon: »Nach dem Verhör brachte mich ein Offizier in den Keller. Er zog seine Pistole und sagte: ›Wenn du sagst, daß du nicht an Gott glaubst, bleibst du am Leben. Wenn du am Glauben festhältst, erschieße ich dich als Volksfeind.‹ Ich antwortete ihm: ›Ich glaube an Gott. Schieß nur.‹ Und ich zeigte keine Angst. Plötzlich sagte er zu mir: ›Verschwinde. Ich wollte nur wissen, ob es noch jemanden gibt, der bereit ist, für seinen Glauben zu sterben.‹«

Während meines ganzen Lebens in der Heimat mußte ich erleben, daß die Machthaber der Kunst mit einem verbissenen Ernst begegneten. Mit überzogenen Edikten gingen sie selbst gegen unschuldige, eher randständige, unwichtige Schriftsteller vor. Man verfolgte alle Kontakte von harmlosen Träumern. Als der Anwältin Irina Ratuschinskaja 1987 die Staatsbürgerschaft aberkannt wurde, kursierte in der Sowjetunion ein ebenso populärer wie trauriger Witz: Eine Dissidentin klebt auf dem Roten Platz Zettel an. Ein Mitarbeiter der Staatssicherheit hält sie an und fragt erstaunt: »Warum steht denn nichts auf Ihren Handzetteln?« Sie entgegnet: »Was soll man schon schreiben? Es ist doch auch so alles klar.«

Allen war »alles klar«, doch trotzdem wollten weder meine Freunde noch ich die Heimat verlassen.

Einmal erzählte mir der Dramatiker Alexander Wolodin, daß er 1968 betrunken in einem Restaurant gerufen habe: »Spitzel, nehmt eure Bleistifte und Notizblöcke: Ich bin für Freiheit, für

Tatjana Kuschtewskaja (* 1947)

Demokratie und für die Tschechoslowakei.« Und es stellte sich heraus, daß am Tisch ausschließlich Spitzel saßen! Doch als ich ihn fragte, ob er das Land verlassen wolle, war er erstaunt: »Wie kommst du denn darauf?!«

Als erste zog eine meiner Freundinnen ins Ausland. Von der Ausbildung her war sie Drehbuchautorin, sie arbeitete offiziell als Verkäuferin in einem Kiosk und inoffiziell, aber dafür umso einträglicher, als Hundefrisörin. Ihren ersten Brief aus den USA kenne ich immer noch nahezu auswendig: »Tanja, eine Fremdsprache ist wie ein hochhackiger Schuh. Es ist gut, in ihnen auszugehen, aber danach muß man zu Hause in die bequemen alten Schlappen schlüpfen.« Als meine Freundin 1990 emigrierte, verließen etwa

400.000 Menschen die auseinanderfallende UdSSR. Als ich 1991 der Liebe wegen ausreiste, emigrierte eine halbe Million.

Meine ersten Schritte in Deutschland verliefen folgendermaßen: »So, in einer Woche haben Sie Ihren Filmabend in unserer *Black Box*«, erinnerte mich am Ende unseres Gesprächs der Leiter des Düsseldorfer *Filmmuseums*, Hartmut Redottée, ein sympathischer Mensch, der in das Kino verliebt war. »Wir werden Ihre russischen Dokumentarfilme zeigen: ... *und aus den Netzen des Teufels befreie mich!*, *Die Fahrlässigen* und *Von Irdischem und Himmlischem*. Danach lesen Sie, wenn Sie wollen, noch ein paar Seiten aus Ihrem Manuskript. Rechnen Sie damit, daß ein intellektuelles Publikum zu Ihnen kommt. Es wird Fragen stellen. Und einige Studenten planen eine Diskussion.« Als Redottée sah, daß ich bei diesen Worten den Kopf ein wenig hängen ließ, lächelte er mir aufmunternd zu: »Tatjana, Sie sind in Moskau oft aufgetreten und das sowohl auf literarischen Veranstaltungen wie auch auf Filmabenden. Sie haben doch Erfahrung, wie ich hoffe ...«

Es war in Düsseldorf im Jahr 1995. Ich erinnere mich, wie ich ganz langsam am Rheinufer entlangging. Meine Beine waren vor Angst wie gelähmt. Ich hielt das Programmheft der *Black Box* in der Hand und schimpfte mich selbst mit barschen Worten aus: »Ach, warum, warum nur habe ich in dieses Vorhaben eingewilligt? Es wird doch ein totaler Reinfall werden! Ganz abgesehen davon, daß ich deutsch mit starkem Akzent spreche, vergesse ich womöglich vor Aufregung auch noch die richtigen Worte. Wie kann es dann eine Diskussion geben?! Vor dem deutschen Publikum habe ich solche Angst, daß mir die Knie zittern. Mein russisches Publikum – das ist eine Sache; das deutsche Publikum aber eine ganz andere! Die Studenten werden vielleicht Fragen stellen, die ich nicht verstehen werde. Oder sie halten mich am Ende gar für eine Kommunistin, die gekommen ist, um zu agitieren. Dabei habe ich doch mein Leben lang keiner Partei angehört.« Außerdem brachte mich der Gedanke geradezu um, daß ich meinen Freund Dieter Karrenberg in Verlegenheit bringen würde, diesen großen Liebhaber der Literatur, diesen uneigennützigen, klugen Menschen, der mich mit Herrn Redottée bekannt gemacht hatte. Gerade durch ihn hatte ich auch in dieser Stadt neue Freunde kennengelernt. Und eine Stadt, in der einem Menschen nahestehen, ist schon nicht mehr irgendeine beliebige Stadt.

Tatjana Kuschtewskaja (* 1947)

Doch an diesem Januarabend ging ich ganz allein durch Düsseldorf und mir kamen beinahe die Tränen. Dabei fühlte ich so stark wie nie zuvor, daß ich Ausländerin war. Ich ging und erinnerte mich, wie einmal unser Kameramann im *Jermolowa-Theater* in Moskau eine Szene aus einem Stück mit dem Titel *Sprich ...* aufgenommen hatte. Man sieht die Versammlung einer Kolchose. Eine ältere Bäuerin liest stockend irgendeine für sie geschriebene Rede vor. Der Vorsitzende der Kolchose unterbricht sie: »Sprich ohne Papier ... Sprich ... Und sprich mit deinen, deinen Worten, verstehst du, und nicht mit fremden Worten ...« Die Bäuerin verliert die Fassung, weil man sie so viele Jahre gelehrt hat, auf der Tribüne nur fremde Worte zu sprechen. Doch hinter ihrem Rücken bewegen sich die Schatten der Mitbewohner ihres Dorfes, alles gequälte, arme Leute wie sie, und diese flüstern ihr zu: »Sprich ... sprich ... sprich ...« Und die Frau bemüht sich, etwas zu sagen, doch sie schafft es noch nicht, und Tränen fließen über ihr erschöpftes Gesicht. Ich fühlte mich auch wie diese Bäuerin ...

Da merkte ich überhaupt erst, daß ich durch die hellerleuchteten Straßen der Altstadt ging und meine Augen ganz feucht waren. Durch die offenstehende Tür eines Bierlokals drangen fröhliche Stimmen, ich hörte Gläserklirren und Lachen. Und da hatte ich plötzlich eine Idee. Wie wäre es, wenn ich mich zusammenrisse, eine selbstbewußte Miene aufsetzte und versuchte, mein Deutsch in einem harmlosen Gespräch mit den Gästen des Lokals auf die Probe zu stellen? Ich schwankte, doch eine innere Stimme sagte bestimmt: »Jetzt oder nie! Nur Mut! Geh! Und wenn dir dieser Abend gelingt, wird das fast vergessene Gefühl der Kraft und Freiheit zu dir zurückkehren. Vorwärts!«

Ich setzte mich an die Theke, und nach einigen Minuten wußten alle, daß ich nach dem Krieg geboren wurde, daß mein Vater als Arzt im Lazarett Dienst getan hatte, daß ich aus Moskau bin und daß ich an einem Buch schreibe. In einer deutschen Gaststätte gibt es keine Fremden. Alle sind gleichberechtigt. Und Hauptperson ist diejenige, die sich mit einer interessanten Geschichte lautstark in Szene zu setzen versteht. Nun denn, ich erzählte mit energischer Stimme eine Begebenheit, die ich oft bei meinen Lesungen wiederhole: von meinem Vater, einem deutschen Soldaten und einer kleinen Elefantenfigur aus Elfenbein. Dann erzählte ich ohne Atempause noch ein paar Geschichten aus meinem künftigen Buch mit Reportagen aus Rußland: von Tabu-Themen, vom Friedhof der Wale im Norden und davon, wie in meiner Kindheit in der Wüste Karakum eine Schlange auf die Veranda unseres Hauses kroch und ich sie mit Milch fütterte ...

Nach einer Stunde hatte ich schon deutliche Fortschritte gemacht, sowohl mit dem Erzählen als auch mit dem Anhören von Berichten über Sportereignisse, von Meinungen zu Gewerkschaftsproblemen, von politischen Ansichten und von Histörchen und Witzen. Mit dem Thekennachbarn an meiner rechten Seite, einem dicken Elektriker, konnte ich mich schon darüber streiten, in welcher Stadt sich das *Zeppelin-Museum* befindet, und die Nachbarn an meiner linken Seite luden mich zum Geburtstag ihres Enkels ein.

Doch die Hauptsache – alle hatten mich verstanden! Und mein Akzent hatte niemanden gestört! Und auch ich hatte alle verstanden, und wenn ich etwas nicht verstanden hatte, erriet ich es am Tonfall und konnte das Gespräch aufrechterhalten. Ich verstand sogar, worüber die beiden Maurer neben mir an der Theke sprachen: »Sie hat mir einen Kasten Bier gekauft und denkt, daß ich damit zufrieden bin. Doch für mich sind diese zwei Stunden in der Kneipe meine zwei Stunden Freiheit und Unabhängigkeit. Nur hier fühle ich mich als Mann!«

Die Prüfung, die ich mir selbst auferlegt hatte, war damit bestanden. Ich war das erste Mal in meinem Leben allein in einer solchen Gaststätte gewesen. Mehr als drei Stunden hatte ich dort verbracht, und es war mir sogar gelungen, eine Diskussion über den Sozialismus anzufangen. Ich fühlte mich erschöpft, aber glücklich. Meine Gesprächspartner wollten mich auf keinen Fall fortlassen; sie nahmen mir das Versprechen ab, ihr Stammlokal bald wieder zu besuchen. Und einer von ihnen bat mich sogar, einen Brief an Gorbatschow zu übermitteln.

An diesem Januartag verließen mich Angst, Hemmungen und mangelndes Vertrauen in mein Deutsch für immer. Und das Leben schien schön und unendlich zu sein.

Meine Veranstaltung in der *Black Box* am 1. Februar 1995 war ein voller Erfolg, zumal sehr lebendige, von Interesse zeugende Gespräche über meine Filme und meine schriftstellerische Arbeit stattfanden.

Tatjana Kuschtewskaja (* 1947)

So begann mein literarisches Leben in Düsseldorf. Dennoch dauerte es bis zu meiner ersten Buchveröffentlichung in Deutschland noch zwei Jahre. 1997 kam der Band *Ich lebte tausend Leben. Reportagen aus Rußland* mit einem Vorwort von Lew Kopelew im Velberter Verlag *edition cicero* heraus. 1999 folgte mein zweites Buch: *Russische Szenen*, erschienen im Berliner *Wostok Verlag*.

Das sind die ersten Sätze, die ich in Deutschland zu Papier brachte und die später in meinem ersten Buch veröffentlicht wurden:

»Meine Helden waren Selbstmörder und Zauberer, Mönche und Künstler, Landstreicher und Piloten, Häftlinge und Bauern. Um das Leben eines jeden von ihnen verstehen zu lernen, lebte ich wochenlang im Gefängnis, hörte ich mir Hunderte von Bekenntnissen an, wanderte auf Tausenden von asiatischen Straßen, saß tagelang im Sattel, überquerte Gebirge, badete in sibirischen Eisquellen, zahlte dafür mit Fieber und Schüttelfrost, flog in Überschallflugzeugen des Militärs, streifte mit Dorfhexen durch die dunklen Wälder von Wologda, ging vorbei an Aussätzigen, die auf den Trottoiren afrikanischer Städte lagen, wo Nobelkarossen über den Asphalt jagten und an der nächsten Ampel bei Rot neben einem Kamel anhielten.

Um ehrlich zu sein, ich liebe solche Gegensätze. Alles wollte ich kennenlernen, alles probieren: den Studenten die Grundlagen des Filmens nahebringen, mich anderntags mit einem Mönch des Walaamsker Klosters unterhalten, dann einen ganzen Monat lang auf der Suche nach einer Zarenchronik für mein Buch in Filmarchiven wühlen und schließlich mit Vulkanologen in das Tal der Geiser auf der Halbinsel Kamtschatka fahren. Es gibt eine Redensart: ›Das Leben in vollen Zügen leben.‹ Ich kenne dieses starke Verlangen. Das Wichtigste für mich war, ist und wird sein: immer und überall ich selbst zu bleiben, mich nicht unterzuordnen, nicht zu heucheln. Ich habe aber auch begriffen, wie unerläßlich es ist, sich unter veränderten Lebensbedingungen zurechtzufinden, Veränderungen seelisch zu bewältigen und zu spüren, wie immens die Bandbreite menschlicher Gefühle und Gedanken ist. Und in jedem einzelnen Fall drängte das Gesehene, das Erlittene, in Worte gefaßt zu werden, zuweilen unter inneren Schmerzen. Und so schrieb ich Drehbücher, gelegentlich Essays, Erzählungen und Gedichte. Nur so kann man seine existentiellen Probleme lösen, indem man seine Gedanken und Ideen dem Papier anvertraut.«

Hier eine kleine Auswahl meiner bisher in Deutschland veröffentlichten Bücher: Reisebücher wie *Transsibirische Eisenbahn. Geschichte und Geschichten*, der dokumentarische Roman *Meine sibirische Flickendecke*, das literarisch-kulinarische Buch *Die Poesie der russischen Küche*, das Buch über russische Friedhöfe »*Hier liegt Freund Puschkin* ...« und der Band mit biographischen Essays über berühmte russische Frauen *Liebe – Macht – Passion*.

Wissen Sie, welche Frage die deutschen Leser mir am häufigsten stellen? »Wie sind Sie nach Deutschland gekommen?« Ich antworte darauf je nach Laune immer verschieden. Beim *Bücherbummel auf der Kö* sagte ich im Scherz zu einem jungen Paar in Hippie-Kleidung: »Einem Mann habe ich einmal geschworen, ihn nie zu verlassen. Der russischen Heimat leistete ich niemals einen solchen Schwur.« Sie lachten und kauften unerwartet zwei meiner Bücher. Ich war sehr gerührt über dieses Interesse an Rußland.

»Warum haben Sie Rußland verlassen?« hat man mich schon tausendmal gefragt. Ich antworte ernsthaft, daß ich als Russin, die ihr Land liebt, auch andere Länder kennenlernen möchte und diese ebenso lieben könnte. Und daß ich mehr als alles andere auf der Welt die Grenzen zwischen Ländern hasse. Die Welt teilt sich für mich nicht in die »unsrige« und die »andere«, die »eigene« und die »fremde«. Ganz Europa war für mich immer interessant und mir nahe. Ich fühlte und fühle mich als Weltbürgerin, als Europäerin in jenem hohen Sinne, der Goethe und Heine, Gogol, Schukowskij und Turgenjew eigen war.

Nun möchte ich noch von einer für mich besonders interessanten Begegnung berichten. Es geschah am 24. Juni 1998. Die Ökologin und Schriftstellerin Elisabeth Mann Borgese, das damals letzte noch lebende Kind Thomas Manns, hatte am selben Tag wie ich eine Autorenlesung in Düsseldorf. Nachdem meine Veranstaltung zu Ende war, eilte ich sogleich zu ihrer Lesung ins *Goethe-Museum*. Sie las eine wundervolle Erzählung aus ihrem neuen Buch *Der unsterbliche Fisch*. Man konnte deutlich spüren, was in der Seele dieser nicht mehr jungen Frau vorging, die ihrem berühmten Vater äußerlich und charakterlich so ähnlich war. In ihrer leidenschaftlichen, starken Stimme schwang etwas mit, das zugleich gewissenhaft-angespannt und vertrauensvoll wirkte. Nach der Lesung ging ich zu ihr, um ihr mein Buch zu schenken. – »Sie sind Russin?« Ihre müden Augen blickten plötzlich klug und lustig. Sie schlug die Seite mit dem Inhaltsverzeichnis auf und las laut einige Kapitelüberschriften. »Sie schreiben dokumentarische Prosa?« fragte sie. Kurz, sehr kurz erzählte ich, wovon mein Buch handelt. Und da sprach sie einen Satz, den ich seitdem ständig wie eine Gebetsformel wiederhole: »Das Leben schreibt die besten Geschichten.«

Nach der Veranstaltung ging ich durch das abendliche Düsseldorf und dachte mit bebendem Herzen: »Der Name Mann – das ist ein bedeutendes Kapitel der deutschen Literaturgeschichte: Von Elisabeth Mann Borgese verläuft eine direkte Verbindungslinie zur großen deutschen Literatur, zu so bedeutenden Werken wie dem von mir seit meiner Jugend geliebten Roman *Joseph und seine Brüder*.«

Schon sehr früh hatte ich davon geträumt, das Heimatland von Thomas Mann zu sehen. Mein Wunsch wurde in den 1980er Jahren endlich Wirklichkeit, als ich mit einer sowjetischen Reisegruppe das erste Mal die Bundesrepublik Deutschland besuchte. Während dieser Reise hatten wir fast ständig Angst vor »feindlichen Provokationen«. Vor unserer Abreise war uns eingeschärft worden, auf keinen Fall alleine unterwegs zu sein, da es überall Spione gebe, die versuchen würden, uns anzuwerben. Die Reise verlief letztendlich ohne besondere Zwischenfälle. Ich erinnere mich daran, daß ich nach meiner Rückkehr vor Erleichterung die Lokomotive küßte, die uns in die Heimat zurückgebracht hatte.

Heute lebt keine meiner Freundinnen aus der damaligen Reisegruppe mehr in Rußland. Eine Freundin lebt als Geschäftsfrau in Kalifornien, eine andere als Fremdenführerin in Rom und eine weitere lebt seit 20 Jahren auf Bali, wo es drei Dörfer gibt, in denen zahlreiche russische Surfer leben …

Das Leben bringt ständig Veränderungen mit sich, aber es gibt einen Ausspruch, der mich fortwährend leitet, die Worte meines Vaters: »Für mich ist es schon zu spät, um Pessimist zu sein.«

Tatjana Kuschtewskaja im Grupello Verlag

Meine sibirische Flickendecke
Dokumentarischer Roman
Aus dem Russischen von Ilse Tschörtner
Mit 11 schamanischen Zeichnungen
204 Seiten · gebunden · Schutzumschlag
€ 19,80 · ISBN 3-89978-026-4

»Sie läßt die Natur und die Menschen aufleben, auch das Verhältnis von Mensch und Natur, bringt dem Leser die faszinierende Welt der Schamanen und ihrer geheimnisvollen Kenntnisse ebenso nahe wie die Welt der Tschuktschen, zugleich den Alltag jener Zeit.« *Wostok*

*

Die Poesie der russischen Küche
Kulinarische Streifzüge
durch die russische Literatur
Mit zahlreichen Rezepten
und 24 Linolschnitten
von Janina Kuschtewskaja
Mitarbeit von Lilia Baischewa
160 Seiten
gebunden · Schutzumschlag
€ 22,80 · ISBN 978-3-89978-009-3

»eine literarisch-kulinarische Reise durch die Gedankenwelten bedeutender russischer Autoren« *WAZ*

»ein wunderbar illustriertes Lesebuch, das Appetit macht auf mehr.«
Der Tagesspiegel

Leseproben und Bestellungen unter www.grupello.de

Tatjana Kuschtewskaja im Grupello Verlag

»Hier liegt Freund Puschkin ...«
Spaziergänge auf russischen Friedhöfen
Aus dem Russischen v. Ilse Tschörtner
Mit 61 Schwarzweiß-Fotografien
224 Seiten
gebunden · Schutzumschlag
€ 22,90 · ISBN 978-3-89978-059-8

»Sorgfältig Recherchiertes verbindet sich mit Legenden und Anekdoten, die das Bizarre ebenso wie das Mystische streifen. Was für Geschichten!«
Neue Zürcher Zeitung

*

Küssen auf russisch
Ein Alphabet
Aus dem Russischen
von Ilse Tschörtner
Mit 26 Tuschezeichnungen
von Janina Kuschtewskaja
168 Seiten
gebunden · Schutzumschlag
€ 22,90 · ISBN 978-3-89978-077-2

»Eine ganz eigentümliche Geschichte der russischen Literatur ist da entstanden, die mit ihren vielen kleinen Beschreibungen von Kußszenen immer wieder Lust zu weiterer Erkundung macht.«   *Neues Deutschland*

Leseproben und Bestellungen unter www.grupello.de

Tatjana Kuschtewskaja im Grupello Verlag

Liebe – Macht – Passion
Berühmte russische Frauen
Aus dem Russischen
von Ilse Tschörtner und Alfred Frank
Mit 30 Illustrationen
von Janina Kuschtewskaja
320 Seiten
Klappenbroschur
€ 19,90 · ISBN 978-3-89978-110-6

»Das Buch kommt so leicht daher, wie eine Einladung zum Tee. Die Autorin erzählt von berühmten russischen Frauen, geradeso, als wären sie allesamt gute Bekannte.« *FrauenBuchKritik*

»Greift man zu diesem Buch, kann man sich kaum davon losreißen, so spannend lesen sich die Lebensläufe.« *Neue Zürcher Zeitung*

Leseproben und Bestellungen unter www.grupello.de